Terra mátria

Karl-Josef Kuschel
Frido Mann
Paulo Astor Soethe

Terra mátria

A família de Thomas Mann e o Brasil

Tradução de
Sibele Paulino

CIVILIZAÇÃO BRASILEIRA

Rio de Janeiro
2013

Copyright © 2009 Bibliographisches Institut Gmbtt/Artemis & Winkler, Mannheim

TÍTULO ORIGINAL EM ALEMÃO
Mutterland – Die Familie Mann und Brasilien

CAPA
Axel Sande

DIAGRAMAÇÃO DE MIOLO
Editoriarte

CIP-BRASIL. CATALOGAÇÃO NA FONTE
SINDICATO NACIONAL DOS EDITORES DE LIVROS, RJ

K98t   Kuschel, Karl-Josef, 1948-
        Terra-mátria: a família de Thomas Mann e o Brasil / Karl-Josef Kuschel,
        Frido Mann, Paulo Astor Soethe; tradução Sibele Paulino. — 1. ed. —
        Rio de Janeiro: Civilização Brasileira, 2013.
        322 p. : il. ; 23 cm.

        Tradução de: Mutterland
        Inclui bibliografia e índice
        ISBN 9788520011812

        1. Mann, Thomas, 1875-1955 — Família. 2. Mann, Heinrich, 1871-1950.
        3. Mann, Julia, 1851-1923. 4. Escritores alemães. 5. Literatura alemã —
        História e crítica. 6. Literatura e sociedade. 7. Brasileiros — Alemanha
        — História. 8. Influência (Literária, artística, etc). I. Mann, Frido.
        II. Soethe, Paulo Astor. III. Título.

                              CDD: 830
13-01096   CDU: 821.112.2

Texto revisado segundo o novo Acordo Ortográfico da Língua Portuguesa.

Direitos desta tradução adquiridos pela
EDITORA CIVILIZAÇÃO BRASILEIRA
Um selo da
EDITORA JOSÉ OLYMPIO LTDA.
Rua Argentina, 171 — 20921-380 — Rio de Janeiro, RJ —
Tel.: 2585-2000

Seja um leitor preferencial Record.
Cadastre-se e receba informações sobre nossos lançamentos e nossas promoções.

Atendimento e venda direta ao leitor:
mdireto@record.com.br ou (21) 2585-2002

Impresso no Brasil
2013

Agradecimentos

Autores e editora agradecem à editora S. Fischer Verlag, Frankfurt/M., a gentileza de ceder a licença para publicação das cartas inéditas de Thomas Mann; à editora Williams, Londres/Zurique, a licença para publicação das cartas inéditas de Stefan Zweig; e a Jürgen Pump, Berlim, a licença para publicação da carta inédita fac-similar de Ludwig Renn.

Agradecem também o apoio e auxílio das seguintes instituições:

Fundação Alexander von Humbold, Bonn

Arquivo Literário Alemão, Marbach

Arquivo Heinrich Mann/Arquivo Literário da Academia de Artes, Berlim

Arquivo Literário Municipal de Munique (Monacensia)

Seção de manuscritos da Biblioteca Nacional Austríaca, Viena

Arquivo Herbert Caro/Instituto Cultural Judaico Marc Chagall, Porto Alegre

Arquivo Thomas Mann, Zurique

Buddenbrookhaus/Centro Heinrich e Thomas Mann, Lübeck

Dedicamos este livro a

Eloá Di Pierro Heise, germanista da Universidade de São Paulo. Com competência profissional e afetuosidade pessoal, ela soube desenvolver sua área no Brasil de maneira segura e encorajar seus doutorandos a uma colaboração produtiva com colegas falantes de alemão.

Gerda Poppinga, Rio de Janeiro. Como membro da diretoria da Casa Mann do Brasil, ela contribuiu decisivamente por muitos anos para o desenvolvimento da associação, sobretudo em conjunto com Charlotte Emmerich, ao preparar o festival pelos 150 anos de nascimento de Julia Mann em agosto de 2001, no Rio de Janeiro.

Sabina Wenzel. Como representante administrativa da Casa Mann do Brasil, ela participou do planejamento para a construção do Centro Cultural Julia Mann em Paraty e jamais se cansou de colocar à disposição sua casa hospitaleira na cidade histórica.

Por fim, à memória de:

Izabela Furtado Kestler, da Universidade Federal do Rio de Janeiro. Por meio de suas pesquisas sobre a literatura de exilados de língua alemã no Brasil, ela pôs em evidência as relações entre os irmãos Mann e o Brasil. Em 1º de junho de 2009, Izabela faleceu em decorrência de acidente aéreo em viagem que fazia do Brasil à Europa.

Sumário

PRÓLOGO   13

    1. Uma família entre dois continentes e duas culturas   15

    2. Colonização alemã e imagens do Brasil em obras de escritores alemães   17

    3. O debate sobre o Brasil na literatura de língua alemã do século XX   22

I. *"Vinda de longe." A mãe — uma brasileira: Julia da Silva-Bruhns*   25

    1. "O retrato da mãe"   27

    2. Ascensão e queda de Paraty na virada do século   29

    3. Nascida na floresta, "transplantada" para a Alemanha   31

    4. Sem pátria na nova pátria   36

II. *Heinrich Mann e o romance* Entre as raças   45

    1. Língua materna   48

    2. Memórias da mãe, romance do filho   50

    3. "Não sou deste lugar": cisão na alma infantil   52

    4. "Você é mesmo brasileira"   55

    5. O que significa "entre"? O que significa "raça"?   57

    6. Um romance sobre a igualdade de gêneros   61

    7. "Preferível é ser casada no Brasil"   64

III. *Thomas Mann e a sua "terra mátria"*   69

    1. Seus olhos — "negros e brasileiros": o retrato de Adorno   71

    2. "Livre de sangue judeu e negro"? Estrangeiridade em *A montanha mágica*   74

3. "A beleza dos lepidópteros": disfarces da mãe no romance *Doutor Fausto*   80

4. A América do Sul como lugar de fuga: Christian Buddenbrook no Chile   90

5. A América do Sul como lugar de degredo: Erik Pringsheim na Argentina   96

6. Para a América do Sul em viagem pelo mundo: Felix Krull em Lisboa   101

7. A luta por uma Alemanha liberta — também no Brasil   109

8. Minha "terra mátria": confissão de Thomas Mann   114

9. Erico Verissimo, Thomas Mann — Herbert Caro como intermediário   123

10. Recepção produtiva de Thomas Mann no Brasil: *Ana em Veneza*   128

IV. *Destino brasileiro: Stefan Zweig e a família Mann*   139

1. Em conflito com Klaus Mann   142

2. A primeira viagem ao Brasil e seus desdobramentos: 1936   143

3. Um primeiro retrato do Brasil   145

4. O plano para um livro sobre o Brasil   147

5. Contextos históricos mundiais: *Fernão de Magalhães* (1938)   151

6. Correspondência com Klaus Mann: declaração de amor pelo Brasil   154

7. "País do futuro": o livro sobre o Brasil como ideia (1941)   157

8. O livro e sua crítica   162

9. Morte no "paraíso"   167

10. A morte de Zweig: reações de Thomas e Klaus Mann   172

11. O destino de Zweig na obra *Hexenkinder* [Filhos de feiticeiras], de Frido Mann   176

12. Consequências para uma discussão sobre o Brasil hoje   179

V. *Entre os continentes: as gerações depois de Julia Mann*   183

1. Exílio forçado: Thomas Mann   185

2. Entre os mundos: Klaus e Erika Mann   186

3. Identidades fluidas: Golo, Monika, Elisabeth e Michael Mann   188

4. Ausência de pátria: Heinrich Mann e os seus   189

5. O destino dos descendentes   190

Depoimento literário   193

De volta ao Brasil: um relato de Frido Mann   193

1. Volta às raízes brasileiras   195

2. O Brasil como desafio literário   199

3. O primeiro romance sobre o Brasil: *Brasa* (1999)   202

4. O romance *Hexenkinder* [Filhos de feiticeiras] (2000)   211

5. O romance *Nachthorn* [Cor de nuit] (2002)   220

OBSERVAÇÕES   229

REFERÊNCIAS BIBLIOGRÁFICAS   231

ANEXOS   253

1. Carta inédita de Julia Mann a Heinrich Mann   253

2. Correspondência inédita entre Thomas Mann e Karl Lustig-Prean   255

3. Cartas inéditas de Karl Lustig-Prean a Heinrich Mann   274

4. Correspondência entre Thomas Mann e Herbert Caro   280

5. Cartas inéditas de Stefan Zweig a Klaus Mann   284

6. À procura da Casa Mann: um relato de Peter K. Wehrli   288

7. O Festival Julia Mann em Paraty, 1997: um relato de Dieter Strauss   291

8. A comemoração pelos 150 anos do nascimento de Julia Mann no Museu da República, no Rio de Janeiro, agosto de 2001: um relato de Frido Mann   294

CRONOLOGIA   297

POSFÁCIO   301

NOTAS   305

Prólogo

Espero que não se rompa por completo a ligação com a Europa! A mera possibilidade faz crescer em mim o desejo de que você queira se unir à Europa transatlântica neste país [EUA], ao qual pertencerá, queira-se ou não, a liderança do mundo. O "exílio" tornou-se algo bem diferente do que comumente era: não é mais uma situação de espera, de desejo de retorno, ele aponta agora para uma dissolução da nação e para a unificação do mundo.

Thomas Mann a Karl Kerényi, 18 de fevereiro de 1941

1. UMA FAMÍLIA ENTRE DOIS CONTINENTES E DUAS CULTURAS

A família de escritores Mann, por causa de seu "líder" espiritual Thomas Mann, foi associada incisivamente à cultura *alemã*, ao espaço de língua *alemã*, à mentalidade e ao modo de pensar *alemães*. Tal simplificação não se sustenta mais. Diante do fato de que os Mann são uma família internacional, em trânsito entre os continentes europeu e americano, sua presença no espaço público ganhou em modernidade e atualidade.

Com a ampla ramificação de suas gerações predecessoras em diversos países, essa família também representa nos dias de hoje, com a globalização, um número significativo de pessoas e grupos étnicos. Caracterizam-na um desconforto por causa da estrangeiridade, a ausência de identidade, a falta de pertencimento a um círculo cultural definido e consolidado e a consciência de não se estar em casa em lugar algum.[1]

O reverso dessa falta de pertencimento a uma pátria em âmbito global, em nossa época de retraimento do papel do Estado nacional, leva também a um sentimento de pertencer a um universo intercultural e uma cidadania internacional multifacetada, com todas as suas vantagens e chances. Juntamente com isso, permanecem ainda espaços de atrito, com seu inquietante potencial de conflito e a urgência permanente de orientação de valores e de nova formação espiritual contra cada deslize em direção ao desordenamento e a um retraimento ameaçador.

O ponto de partida da peregrinação intercontinental dessa *amazing family* já nas várias gerações é, na Alemanha, a constatação ainda pouco conhecida e nem sempre muito bem vista, de que a mãe dos dois irmãos escritores Heinrich e Thomas Mann era brasileira. Ela proveio de um país cuja história, já desde o início, caracteriza-se pela multiplicidade étnica e por uma mistura quase irreconhecível de raças, mentalidades, culturas e religiões de praticamente todos os continentes do mundo, e isso mais do que em qualquer outro lugar. Thomas Mann chamou o Brasil de *Mutterland*, "terra mátria": talvez também levasse em conta, nessa formulação, o caráter acolhedor do país.*

Julia da Silva-Bruhns nasceu em 14 de agosto de 1851, durante a mudança de domicílio de seus pais, no meio da floresta da costa atlântica, ao sul do Rio de Janeiro, "entre macacos e papagaios". Nos seus primeiros anos de vida, ela cresceu no "paraíso" ensolarado da região litorânea dos trópicos. Seus pais? Uma mãe brasileira e um pai alemão. Infelizmente não existem fotografias de Julia nesse lugar de sua primeira infância feliz e despreocupada. A sua vida lá nos é apresentada por uma Julia de cinquenta anos depois, sob uma escrita claramente matizada pelas distorções que a lembrança ocasiona, em seu livro de memórias *Aus Dodos Kindheit* [Da infância de Dodô], escrito em 1903 e publicado em 1958; no Brasil, foi traduzido como "Lembranças da infância de Dodo" e publicado em *Cartas e esboços literários*, em 1993.

Em seu livro, ela se descreve como uma criança muito viva e fortemente interessada pelo mundo, de cabelos louros e cacheados, vestida com uma pequena camisa presa por um cinto, que saltita com os pés descalços pela fazenda até a praia e que se maravilha com a natureza tropical, seus milhares de plantas coloridas e perfumadas e os pássaros exóticos. No mar e na floresta, a criança vivencia todo tipo de aventura e participa de todas as festas populares belíssimas e da igreja, em sua pequena cidade portuária.[2] Por fim, a morte de sua mãe, de apenas 28 anos, em trabalho de parto, arranca a menina de 5 anos de seu paraíso. Dois anos depois, em 1858, Julia, seu pai e seus irmãos deixam a casa, suas plantações e seus cafezais. Ela teve de se despedir de seus amigos e companheiros de brincadeiras, que provinham, sobretudo, de famílias

---

* *Vaterland*, em alemão, significa pátria. A palavra é composta pela justaposição de duas outras: *Vater*, pai, e *Land*, país, terra. *Mutterland*, em lugar de "Vater", tem *Mutter*, que significa mãe. A diversidade de significados de "Mutterland" encontra-se no item 8 do capítulo III. (*N. da T.*)

de escravos. E isso de uma vez por todas. Apenas sua ama negra, Ana, os acompanhou. Depois de dois meses em viagem de navio pelo Atlântico, chegaram a Lübeck, no norte da Alemanha, que se tornou a nova pátria de Julia. Uma nova vida começou para ela, Julia da Silva-Bruhns. O Brasil ela nunca esqueceu. Os vestígios que esse país deixou em sua família é o que pretendemos investigar neste livro.

Isso não sem antes traçarmos um breve histórico da presença alemã no Brasil — o que explica também a presença neste país de Johann Ludwig Hermann Bruhns, pai de Julia. A seguir, adentraremos o contexto da produção literária de língua alemã que dialoga com ambas as culturas: a alemã e a brasileira.

2. COLONIZAÇÃO ALEMÃ E IMAGENS DO BRASIL EM OBRAS DE ESCRITORES ALEMÃES

No início do século XIX a presença isolada de imigrantes germânicos no Brasil, como era o caso do pai da menina Julia da Silva-Bruhns, deu lugar às primeiras ondas de imigração coletiva de europeus para a América do Sul. Cerca de 350 mil alemães emigraram para o Brasil entre 1824 e 1952. Presume-se que, hoje, cerca de cinco milhões de brasileiros descendam de alemães.

As áreas de imigração alemã, com exceção de algumas regiões isoladas no Sudeste, concentram-se no Sul do país. No estado do Rio Grande do Sul, com seus mais de 10 milhões de habitantes, a parcela de descendentes dos referidos imigrantes é de cerca de 12% da população total. Com o surgimento de cidades médias na região (como Joinville, Pomerode e Blumenau, no estado de Santa Catarina), e com a migração interna de alemães ou seus descendentes para cidades grandes (como Curitiba e Porto Alegre), a língua alemã se consolidou como um importante elemento da vida cultural urbana do sul do Brasil a partir da metade do século XIX, mas principalmente nos anos 20 e 30 do século XX.

A integração da língua e da cultura alemãs na vida social brasileira da época possibilitou o surgimento e desenvolvimento de um bom sistema de ensino (cerca de mil escolas de língua alemã) e de uma imprensa no idioma desses imigrantes, bem como a fundação e desdobramento de associações sociais e culturais de música, esporte e teatro.[3] Essas instituições marcavam a vida diária de muitas cidades. Também surgiu uma literatura de língua alemã no Brasil.[4] O idioma e elementos da cultura alemã, com exceção de um breve interstício durante a Primeira Guerra Mundial, viveram no Brasil, até 1937, um período muito favorável.

A política de nacionalização do Estado Novo, que proibiu o uso da língua alemã em todo o país, por um lado, e o avanço da ameaça nazista com a eclosão da Segunda Guerra Mundial, por outro, conduziram ao quase desaparecimento da língua alemã no espaço público brasileiro, situação que se estendeu por cerca de três décadas. Até hoje parte da sociedade brasileira ressente-se do apagamento desse componente linguístico e cultural da história de muitas famílias, comunidades e localidades brasileiras. Apesar da intensificação das relações econômicas e científicas entre o Brasil e os países de língua alemã a partir da década de 1970, não se garantiu até hoje uma oferta na rede pública de ensino no Brasil que faça jus à forte presença alemã no país.

E para os escritores de língua alemã nos países europeus? Desde quando o Brasil é uma questão para eles?[5] No âmbito científico, apenas um número relativamente pequeno de trabalhos ocupa-se com esse tema.[6] Em 1994, Dietrich Briesemeister publicou o artigo "Das deutsche Brasilienbild im 19. und 20. Jahrhundert" [A imagem alemã do Brasil nos séculos XIX e XX]. Seus resultados não são ilusórios:

> A imagem do Brasil na Alemanha apresenta-se ao longo de quase dois séculos imprecisa e desfigurada. Nesse período, as condições gerais para relações e intercâmbio no cenário mundial (...) modificaram-se consideravelmente. No entanto, as figurações sobre o Brasil permanecem imutáveis e são marcadas por preconceitos, clichês, projeções, preferências e equívocos enrijecidos.[7]

Segundo Briesemeister, o Brasil era, ainda no começo dos anos 1990, uma *terra incognita,* descrita ainda por meio de formulações de senso comum, como "país do futuro", "país onde o Gênesis ainda não chegou ao fim", "a potência do amanhã"; ora uma Babilônia de riqueza e luxo, ora o país do horror. Nesse ínterim, há sinalizações contrárias ao diagnóstico de Briesemeister, ainda que modestas, se considerada a opinião pública alemã em seu todo.

Na área dos Estudos Literários, foi publicada em Portugal, em 2003, uma coleção com trabalhos sobre a presença do Brasil na literatura de língua alemã.[8] Destacam-se a contribuição de Mario Matos sobre as imagens do Brasil na República Democrática Alemã (RDA) e o artigo de Alfred Opitz a respeito da literatura de língua alemã sobre o Brasil no começo do século XX. Mais recentemente, Jeroen Dewulf (2007) trouxe a público seu trabalho sobre a presença do Brasil na literatura da Suíça.

No que concerne ao tema do estrangeiro de maneira geral, merecem destaque como fundamentos teóricos deste livro o projeto de uma "história cultural alemã do estrangeiro", coordenado por Alexander Honold e Klaus Scherpe,[9] assim como a obra do romanista Ottmar Ette. Desde a publicação de seu livro *Literatur in Bewegung* [Literatura em movimento], Ette argumenta de forma ampla em prol do valor cognitivo e poético de uma "dinâmica de escrita literária que transgride as fronteiras entre a Europa e a América" (como aponta o próprio subtítulo desse estudo).[10]

Serão apresentados, a seguir, alguns textos literários alemães que se dedicam à América do Sul, em especial ao Brasil, e que se caracterizam pelas diferentes formas do encontro com o estrangeiro. Tais textos serão abordados brevemente e, em sua maioria, têm como característica a pouca atenção que lhes dedicou até hoje a cena acadêmica alemã.

Heinrich Mann publicou o romance *Entre as raças* em 1907. Como fonte para sua escrita, ele usou, entre outras, as memórias de sua mãe Julia, escritas em 1903, como mencionado anteriormente. No capítulo 2 do presente livro, iremos tratar desse assunto com mais profundidade. O sobrinho-neto de Heinrich, Frido Mann, deu continuidade à transformação literária da história da família em *Brasa* (1999), primeiro romance da trilogia dedicada à figuração literária de temas e elementos brasileiros.[11] Frido Mann prosseguiu com a criação literária em torno do Brasil em mais dois romances: *Hexenkinder* [Filhos de bruxas] (2000) e *Nachthorn* [Cor-de-nuit] (2002). Uma seção específica deste livro, mais adiante, trará informações detalhadas sobre essas obras, em depoimento literário de seu autor.

Da escola literária expressionista, tem-se o exemplo da obra *Tropen. Der Mythos der Reise* [Trópicos. O mito da viagem], publicada em 1915 pelo austríaco Robert Müller. Nesse romance, saem pela floresta venezuelana e brasileira em busca de um tesouro o personagem e narrador Brandlberger, engenheiro alemão; um americano de origem árabe, Jack Slim, variação do nome árabe Salim; e um holandês, van den Dusen. Rapidamente o narrador Brandlberger perde "os preconceitos poéticos pegajosos" da "cultura de origem".[12] Com uma índia, pretende criar uma nova humanidade como se ambos fossem um "outro casal primevo", "Adão e Eva". Essa humanidade fundaria uma nova cultura em que vive o homem do futuro, que "carrega os trópicos em si".

A partir de uma nova consciência da escrita e do projeto utópico revelados no intento poético de Brandlberger, a obra revela considerações críticas bastante atuais em relação ao conceito de cultura e às práticas culturais. Veja-se sua observação sobre o Brasil, por exemplo, marcada pelo tom patético e o viés cômico:

> Oh, o Brasil é imenso e um país do futuro. E quem sabe mais do Brasil e de sua alma senão eu, o poeta? Só eu poderei ser o seu imperador. Não fundarei apenas um reino, senão que uma nova raça. Eu inventarei para ela uma alma moderna própria do mais novo talho. Eu criarei um tipo humano brasileiro nobre em que os talentos de todos os organismos se unem. (...) Ou talvez eu devesse ser mais humilde e juntar apenas todo o grande vilarejo e percorrer as grandes cidades europeias em uma turnê de circo?[13]

Em 1937-1938, uma editora de exilados em Amsterdã lançou do conhecido escritor Alfred Döblin sua trilogia sobre a América do Sul intitulada *Amazonas*.[14] A obra é uma prova admirável da crítica radical e precoce de Döblin ao extermínio de culturas estrangeiras e ao aniquilamento de sua natureza por meio da exploração eurocêntrica sempre em busca de vantagens. O primeiro volume apresenta a irrupção destrutiva dos europeus na vida dos povos da floresta da bacia do Amazonas. Em vista de tal dinâmica de exploração desencadeada, nem mesmo um cristão como o monge dominicano Bartolomeo de Las Casas é capaz de fazer alguma coisa. O segundo volume, que se passa no Brasil, em boa parte às margens do rio Paraná, e tem Manoel da Nóbrega e Anchieta como personagens, entre muitos outros, descreve a tentativa dos jesuítas missionários de não explorar os seres humanos da floresta, mas de viver com eles em comunidade. O terceiro volume se passa no século XX e caracteriza-se pela fusão de temporalidades. O cenário natural latino-americano mescla-se ao território europeu. Aparentemente incólumes, as florestas do Amazonas invadem a História, porém de antemão já marcadas pelas mudanças da civilização tecnológica da Europa.[15]

Outros autores, diferentemente de Döblin, tiveram contato direto com o Brasil em vista do domínio nazista e da decorrente coerção ao exílio.[16] É o caso de Stefan Zweig, que encontrou para si um fim trágico no Brasil. Zweig suicidou-se em fevereiro de 1942, justamente no país que ele apresentara para todo o mundo como o "país do futuro".[17] Trataremos dessa história em um capítulo próprio, sempre a partir da relação do escritor austríaco com a família Mann. Para Stefan Zweig, o Brasil é um "país do futuro" porque logra manter e cultivar *unidade*, a despeito (e mesmo por causa) da *multiplicidade* de culturas e raças que abriga. Em seu livro, Zweig recorre a uma comparação com os "milhões de combinações" de um jogo de xadrez, para caracterizar as pessoas no Brasil:

> Encontram-se aqui todos os matizes, fisiológicos e de caráter. Quem anda pelas ruas do Rio, em uma hora vê mais tipos mesclados e até indefinidos do que em qualquer outra cidade durante um ano inteiro. Mesmo o jogo de xadrez com seus milhões de combinações, das quais nenhuma se repete, parece pobre em comparação com esse caos de variantes, cruzamentos e mesclas, nos quais a inesgotável natureza se deleitou durante quatro séculos. (*Brasil, um país do futuro*, p. 126)

3. O DEBATE SOBRE O BRASIL NA LITERATURA DE LÍNGUA ALEMÃ DO SÉCULO XX

Unidade na multiplicidade: eis o que caracteriza o Brasil também em um importante ensaio cujo título programático é *Brasilien oder die Suche nach dem neuen Menschen. Für eine Phänomenologie der Unterentwicklung* [Brasil ou a busca do novo ser humano. Para uma fenomenologia do subdesenvolvimento] (1994). Seu autor, Vilém Flusser, é outro nome significativo no debate de intelectuais de língua alemã no século XX sobre o Brasil. Flusser, que nasceu em Praga, emigrou em 1938 para o Brasil, mas escreveu seus textos apenas nas décadas de 1960 e 1970. O pensador compreendia-se como parte da sociedade brasileira; no entanto, abandonou o país no começo dos anos 1970, possivelmente pela sua não recontratação na Universidade de São Paulo (USP) após a reforma universitária. Pouco menos de três décadas depois da morte de Stefan Zweig, Flusser reafirmou a preservação da unidade na multiplicidade como tarefa e vocação da sociedade brasileira. Em suas palavras:

> Em duas ou três grandes cidades e em uma região interiorana que se estende a perder de vista, um comerciante árabe esbarra em um agricultor judeu; um alfaiate judeu e russo, em um negro que trabalha no plantio de banana; um agricultor ucraniano, em um fazendeiro aristocrata. Um sacerdote do xintoísmo depara-se com um monge ortodoxo; um preletor árabe das escrituras sagradas, com um filólogo alemão; um pintor italiano, com um entalhador negro. Esse é o fundamento de nossa realidade social, são esses os problemas com os quais nós temos de nos defrontar. A partir desses elementos nós somos chamados a articular uma cultura.[18]

Depois da Segunda Guerra Mundial, novos autores e autoras fizeram contato com o Brasil ou produziram a partir do contato que haviam tido com o país: Marie Luise Kaschnitz, Ulrich Becher e Hugo Loetscher, Curt Mayer-Clason, Robert Menasse, Hubert Fichte, Peter K. Wehrli, Christoph Ransmayr, para citar apenas os mais conhecidos.[19] Como exemplo na literatura contemporânea mais recente, vale mencionar o romance *A última página* (1995, em alemão: 1993), de Michael Krüger. A obra narra a história de um etnólogo alemão que veio ao Brasil durante o período nazista para desenvolver pesquisa etnográfica entre os índios brasileiros, e relata sua atitude escusa diante do judeu Leo Himmelfarb, que lhe serve de guia na expedição à floresta.[20] Outro exemplo de produção recente é a novela *Arraia* (2004), de Anne Zielke, que narra o conflito entre dois teólogos alemães durante viagem empreendida por eles pela região amazônica.[21] Muitos são os motivos para uma aproximação ao Brasil: origem familiar, experiências vividas no país, interesses intelectuais.

O foco do presente livro são as obras e documentos de relevância literária dos descendentes de Julia Mann, relacionados ao Brasil, no contexto do debate de literatos e intelectuais de língua alemã do século XX sobre o país latino-americano. Apontamentos importantes ganharão destaque, como os problemas fundamentais da figuração recíproca de culturas, do significado da comunicação intercultural em uma sociedade mundial integrada, assim como da superação da mera "tolerância", por meio do reconhecimento da diferença e da alteridade. Três gerações da família Mann oferecem aqui modelos peculiares de perspectivação de experiências da condição estrangeira em meio ao que é pretensamente próprio e do que é próprio em meio ao que se descobre repentinamente alheio.[22]

CAPÍTULO I

"Vinda de longe."
A mãe — uma brasileira:
Julia da Silva-Bruhns

Antepassados, quando se faz jus ao que são, devem ter vindo de lugares longínquos, de todas as regiões da Terra. Naturalmente eles também podem assentar-se juntos, em clãs numerosos, unidos linhagem após linhagem, geração após geração no mesmo lugar [...]. No entanto, o leitor se entretém mais e o trabalho do narrador flui melhor se os antepassados revelam mobilidade maior: se eles vêm de longe ao encontro uns dos outros, das profundezas do tempo e de lugares longínquos do mundo, para que aconteça algo benfazejo; e se o lugar e o tempo transformam o encontro deles em uma unidade com a qual ninguém podia contar, por ser ela mesma uma obra de arte da própria vida.

Peter de Mendelssohn, *Der Zauberer* [O mágico] (1975)

1. O "RETRATO DA MÃE"

No princípio era a mãe. Sem ela é impossível existir, sem ela ninguém pode entender a si mesmo. Thomas Mann bem o sabia. Ele tem seus 55 anos e é um escritor famoso. Um ano antes, em 1929, tinha recebido o Prêmio Nobel de Literatura. Os críticos já haviam começado a se interessar pela sua origem e ascendência. Este deveria ter sido o motivo pelo qual ele se sentiu desafiado a pronunciar-se sobre o "retrato de sua mãe" em 1930.

Os críticos tinham sugerido diferentes alusões autobiográficas à mãe, Julia Mann, em seus textos literários. Thomas Mann revidou, pois procurava explicar não serem as coisas tão simples. Muitos intérpretes "teriam sido rápidos demais" ao identificar personagens de suas histórias com a vida real. E se havia superposições entre a própria mãe e personagens femininas de seus textos (Gerda Arnoldsen, mãe de Hanno no romance *Os Buddenbrook*, ou Consuelo, a mãe de Tonio Kröger), o que as unia eram apenas "dois motivos, a musicalidade e o vir de longe". Também sua mãe teria sido dotada de musicalidade intensa e teria vindo "de longe". Em 1930, em um texto curto denominado "O retrato da mãe", que reproduzimos integralmente na seção de Anexos deste livro, Thomas Mann escreveu:

> Minha mãe era natural do Rio de Janeiro, mas tinha um pai alemão, de modo que nosso sangue está misturado ao latino-americano em apenas um quarto. A nós quando crianças ela contava sobre a beleza paradisíaca da Baía da Ilha Grande, sobre as cobras venenosas que apareciam na plantação de seu pai e que os escravos negros tratavam de matar a pau-

ladas. Com 7 anos ela foi transplantada para Lübeck — e a primeira neve que viu achou que fosse açúcar. Lá cresceu, num pensionato para moças, dirigido por uma mulher culta, pequena e corcunda, chamada Therese Bousset, e muito jovem desposou o homem elegante, vivaz e ambiciosamente empenhado que viria a ser nosso pai.[23]

Julia da Silva-Bruhns nasceu em agosto de 1851, "na selva, ao lado do oceano Atlântico, ao sul do equador, 'entre macacos e papagaios'".[24] Sua família estava de mudança, indo de uma fazenda em Angra dos Reis para outra em Paraty, a 250 km da capital do Rio de Janeiro. A ampla casa colonial onde a mãe de Thomas Mann (apelidada de Dodô) viveu até os 7 anos existe até hoje. Assim como a igreja onde ela fora batizada e em cujos livros registrou-se o acontecimento: a Igreja Matriz de Nossa Senhora dos Remédios. Em 1903, Julia Mann escreveu um livro despretensioso sobre sua primeira infância no Brasil e a ida definitiva à Alemanha, chamado *Lembranças da infância de Dodô*, um relato vivo e pungente, sob a perspectiva da criança que Julia tinha sido. Um relato prenhe de detalhes sobre uma vida intensa no Brasil, em meados do século XIX.

O pai de Julia, Johann Ludwig Hermann (ou João Luiz Germano) Bruhns (1821-1893) provinha de Lübeck e era um entre muitos alemães ricos vindos para o Brasil no início do século XIX que acabaram por se fixar no país, mesmo antes do início da imigração em massa. A partir de um primeiro decreto brasileiro para atrair imigrantes estrangeiros, assinado em 1820 pelo rei de Portugal, dom João VI, grupos bem-sucedidos de estrangeiros passaram a assentar-se no Rio.[25] Bruhns era filho de uma família de comerciantes e teve grande êxito com o negócio de café e açúcar. Enriqueceu e já em 1846, com apenas 25 anos de idade, tinha propriedades em muitas localidades do sudeste brasileiro.

Em 1847 casou-se com uma filha de fazendeiro, Maria Senhorinha da Silva (1828-1856), de Angra dos Reis, o que não poderia ter sido possível sem seu sucesso econômico, pois o pai de Maria, Manuel, era muito rico e respeitado. A família Silva era de uma linhagem rural portuguesa e encontrava-se já na quarta geração no Brasil. Os avós de Manuel, João e Maria da Silva, deixaram Portugal para tentar a sorte no Brasil.[26] Em sua biografia sobre Thomas Mann, Peter de Mendelssohn atenta para o fato de que os Silva não provinham de uma linhagem nobre.[27] Ao se referir ao filho do casal imigrante, o biógrafo afirma:

> O seu filho Miguel da Silva, que se casara com Teresa de Jesus, era fazendeiro da ilha de São Sebastião em Santos e seu filho e herdeiro Manuel Caetano, por sua vez, agregou as enormes plantações de café e açúcar das terras abundantes e férteis da Ilha Grande, por meio do casamento com uma parente chamada Maria da Silva. Desse modo, Manuel pôde se tornar um grande proprietário rural. A ilha onde se encontrava a casa-grande da família Da Silva situava-se defronte à terra firme do Rio de Janeiro e ficava diretamente em frente à propriedade de Luiz Germano Bruhns em Angra dos Reis. Assim, não é nenhuma surpresa que o homem de Lübeck tivesse se tornado conhecido na casa-grande. Poderia se pensar que o fazendeiro português tivesse relações de negócio com o comerciante alemão vindo de além-mar.[28]

Do casamento de Johann Bruhns com Maria Senhorinha nasceram cinco crianças, e Julia era a quarta delas. O mais novo, Paulo (apelidado de Nenê), nasceu em Paraty, onde os Bruhns se fixaram durante o período de ápice da produção de café. Lá Johann Bruhns adquiriu a Fazenda Boa Vista e presenciou a morte de sua esposa durante o parto do sexto filho do casal, em março de 1856. A criança morreu junto com a mãe.

2. ASCENSÃO E QUEDA DE PARATY NA VIRADA DO SÉCULO

No tempo de Julia, Paraty era considerada uma das cidades comerciais mais prósperas e culturalmente mais ricas na região litorânea do sudeste brasileiro. Já no período colonial eram exportados de lá para Portugal açúcar, cachaça e pau-brasil. Na metade do século XVII, o rei de Portugal concedeu a Paraty o estatuto de cidade. No século XVIII, ela entrou definitivamente para a história do Brasil por causa da busca desenfreada por ouro. Antes disso, no entanto, ela nem mesmo estava assinalada nos mapas. Os colonizadores, por conta dos crescentes ataques de piratas franceses a navios portugueses, queriam construir um porto mais seguro na região do Rio de Janeiro, de preferência num lugar menor, escondido no fim de uma baía, de modo que pudessem resguardar seu carregamento de ouro e pedras preciosas.

As enormes quantidades desses produtos extraídos das regiões montanhosas do interior e depois exportados para a metrópole, aliadas ao comércio já antigo de especiarias, sal e mantimentos, trouxeram à pequena cidade e aos seus cidadãos uma riqueza sem tamanho. Mais ainda: no século XIX, Paraty, além das suas mais de duzentas destilarias e engenhos, tornou-se um Eldorado do cultivo de café e de açúcar. Plantações imensas surgiram; casarões ao estilo colonial português foram construídos e decorados com mármore italiano, mosaicos, azulejos e ladrilhos franceses. Não demorou para que surgisse um pequeno teatro de comédia que depois ficaria famoso.

Paraty deve seu nome aos indígenas e a um peixe de água doce muito abundante nos rios da região. Aos indígenas também se deveu um caminho para as minas. Por ele passaram muitas mulas e escravos carregando ouro, que era levado para o porto da cidade e de lá seguia de navio para Lisboa. Em meados do século XIX Paraty contava com 16 mil moradores, aproximadamente a metade eram escravos africanos.

A mãe de Julia Mann faleceu em 1856, com apenas 28 anos. Johann Bruhns tornou-se viúvo aos 35, portanto. E porque tinha cinco filhos para cuidar, não viu outra possibilidade senão deixar o Brasil algum tempo depois, em 1858, quando um surto de febre amarela apressou sua decisão.

A crescente ameaça de epidemias, a diminuição da produção agrícola com a deterioração dos solos e a abolição da escravatura conduziram à derrocada econômica de Paraty. A construção de uma estrada de ferro nas imediações interioranas selou o isolamento da cidade. Ela só voltou a se restabelecer em meados do século XX, depois de redescoberta por funcionários públicos e intelectuais ligados à preservação do patrimônio histórico.

Depois de haver deixado a cidade, Johann Ludwig Hermann Bruhns mudou-se para Lübeck junto com seus três filhos, Manuel ("Manu"),

Luiz e Paulo ("Nenê"), e suas duas filhas, Maria Louise ("Mana") e Julia ("Dodô"). Segundo ele, decidira-se por deixar o Brasil "para educar e procurar hum melhor futuro a seus filhos, de quem hé o Supplicante Tutor...".[29] Ana, a babá negra, acompanhou a família, o que não passou em branco na Lübeck do fim do século XIX.[30] Julia Mann narra em suas memórias a chegada à cidade hanseática: "Elas [as crianças Julia e seus irmãos] também eram aguardadas por uma tia-avó idosa, que em várias ocasiões já havia perguntado num dialeto *Plattdeutsch*: 'Quando é que vêm os pequenos negrinhos de Ludwig?' Ela imaginara que os pequenos eram negros!"[31]

A pequena Julia passou algum tempo com a avó paterna, Marie Louise Bruhns, até seguir para o pensionato de Madame Therese Bousset, também em Lübeck. Seu pai retornou ao Brasil. Casou-se pela segunda vez em 1873, em meio a idas e vindas de um país a outro, até regressar de vez à Alemanha, onde morreu aos 72 anos, em Kassel, na casa de sua filha Maria.

3. NASCIDA NA FLORESTA, "TRANSPLANTADA" PARA A ALEMANHA

O abandono do paraíso infantil dos trópicos, à revelia de sua vontade, era parte de uma sequência de perdas que marcaram Julia por toda sua vida. Depois de ter perdido a mãe, ainda no Brasil, aos 5 anos de idade, e, dois anos depois, sua pátria, ela perdeu também, e muito rapidamente, a própria língua materna. Julia não tinha apenas talentos musicais e teatrais, mas também linguísticos: junto com inglês e francês, em pouco tempo ela aprendeu alemão e até mesmo o dialeto de Lübeck, da mesma maneira como esqueceu quase por completo o português. Esse "quase" se restringia, por exemplo, à canção de ninar *Molequinho de meu pai*, que Julia aprendera com escravos da fazenda e que depois repassou aos próprios filhos, na Alemanha. A canção tem um claro "componente edipiano", como observou o escritor João Silvério Trevisan, que usou o destino de Julia Mann para compor seu romance *Ana em Veneza* (1994, tradução alemã: 1997). O romance de Trevisan merecerá nossa atenção mais adiante. Segundo o escritor, a canção de ninar "conta a história de uma menina órfã de mãe, que é enterrada viva pela madrasta, mas salva pelo pai, com quem acaba vivendo feliz para sempre. Sintomaticamente, Julia ninava seus filhos com essa canção."[32]

E mais: com a educação protestante em Lübeck, muito valorizada por seu pai, Julia perdeu sua identidade religiosa católica. Não é fácil imaginar a "conversão" da menina ao protestantismo luterano no norte da Alemanha, ela que fora batizada pela Igreja Católica no Brasil. Não é por acaso que Julia se refere a essa perda da origem católica em suas memórias:

A Manu, o irmão mais velho, que contava 10 ou 11 anos, foi perguntado se gostaria de se tornar protestante; disso dependia a mudança de religião dos outros irmãos. Manu quis tornar-se protestante — provavelmente por terem tentado convencê-lo da necessidade disso —, e assim ocorreu a bênção, e as crianças passaram a pertencer à comunidade protestante por obra de um bom religioso, que era a perfeita imagem do pastor: sua expressão facial e o longo cabelo prateado, o rosto distinto, seus movimentos, sua figura, enfim. Como a personificação do mais alto respeito.[33]

Marcas católicas, como a adoração de Maria, ainda permaneceram na memória de Julia Mann. Comprova-o a narração de um episódio ocorrido na viagem de navio do Brasil para a Europa:

Quando o mar estava calmo, eles [os marinheiros] contavam à menina sobre a "Madre de Deus" que acompanhava o navio e que naquele instante se tornava visível. Eles então mostravam a ela, na sombra azul que o navio projetava na água, figuras desenhadas pelo ar e em parte pela correnteza, as quais os marinheiros afirmavam convictamente ser a "Madre de Deus". Era importante que Dodô também a reconhecesse, e ela se esforçou por fazê-lo, até que mesmo ela pôde ver o reflexo, sempre interrompido por uma onda saltitante, de um manto azul e um torso. Todos aqueles que a viam poderiam ficar sossegados a respeito do fim que a viagem teria. Após dois meses de

32

viagem houve um alegre alvoroço, quando finalmente puderam ver a terra firme.[34]

A conversão de Julia ao protestantismo cumpriu-se em definitivo no ano de 1866, quando aconteceu a cerimônia de sua confirmação (que corresponde na tradição luterana, de certo modo, ao crisma católico).

A sucessão de perdas teve ainda outra dimensão. Quando seu pai regressou ao Brasil com os três filhos homens e deixou Julia com sua irmã mais velha, Maria, em um pensionato de Lübeck, ela perdeu seu último elo com o país de origem: o pai. Ele voltou à Europa inúmeras vezes, e casou-se pela segunda vez, em uma dessas viagens, com a viúva de seu irmão Edgar. Com a nova esposa, Johann regressou em definitivo ao Brasil — mas novamente *sem* Julia.

Assim, ainda sem ter completado 18 anos, Julia casou-se em Lübeck com o "senador" da orgulhosa cidade hanseática, Thomas Heinrich Mann, dez anos mais velho que ela. Era um homem do comércio, muito respeitado na cidade por conta de sua disciplina e seu senso de dever. A cerimônia aconteceu em 4 de junho de 1869 na igreja de Santa Maria. Tudo isso não sem a intervenção incisiva de Bruhns, que havia impelido Julia a abrir mão de seu verdadeiro amor: Paul Stolterfoht, irmão de seu genro Nicolaus Stolterfoht, que Julia conhecera na ocasião do casamento de sua irmã. Diante desse fato, e somada a isso sua beleza peculiar e chamativa, Julia procurou ajustar seu comportamento ao código moral de Lübeck. Traços brasileiros mantinham-se. Quando seu primeiro filho, Heinrich, nasceu, em 27 de março de 1871, ele recebeu também um outro prenome, *Luiz*, como referência ao pai e a um dos irmãos mais velhos, o que acentuou nele a "origem e ascendência da mãe Julia da Silva Bruhns".[35] O nome brasileiro também coadunou-se com o interesse de Luiz Heinrich pelo país estrangeiro, o que se revelará mais adiante, em capítulo específico.

No que se refere a Thomas Mann, ele associou à origem brasileira da mãe a importância considerável da musicalidade em sua vida. Em uma carta de junho de 1939 à mecenas americana Agnes E. Meyer, o escritor fala de modo significativo sobre uma "propensão ao 'Sul', à arte e à boemia",* que sempre estivera presente em sua mãe. O texto é outra das poucas declarações de Thomas Mann sobre o tema "mãe":

> Minha herança paterna e materna divide-se exatamente segundo o modelo goethiano: do pai a "estatura", ao menos uma dose disso, e "o jeito sisudo de ser"; da "mãezinha", tudo que G. [Goethe] resume simbolicamente nas palavras "alegria, candura" e a "vontade de histórias tecer", o que nela assumia formas bem diferentes, é claro. Sua natureza pré-artística e sensível expressava-se na musicalidade, em seu piano tocado com bom gosto e com a aptidão proporcionada por uma formação burguesa consistente, e em sua refinada arte de cantar, à qual devo meu bom conhecimento da canção alemã. Ela foi levada a Lübeck ainda em tenra idade e enquanto durou lá sua lida com as obrigações da casa comportou-se como uma boa filha da cidade e de seus extratos sociais mais elevados; uma corrente interior de propensão ao "Sul", à arte e à boemia, no entanto, jamais deixou de estar claramente presente. (*Cartas* II, p. 100; port.: Paulino *et al.*, 2009, p. 30)

De fato, Julia Mann promovia *salões* e bailes em sua casa de Lübeck e deixava-se cortejar por oficiais, músicos e pessoas do teatro. Katia Mann, esposa de Thomas, considerava-a um "pássaro estrangeiro"[36] na sociedade de Lübeck. Seu filho a descreveu no já referido retrato de 1930:

> Nossa mãe era de beleza extraordinária; sua presença, espanhola, não restava dúvida — voltei a encontrá-la em certos traços da raça e do habitus em dançarinas famosas —, irradiava o esplendor sulino de marfim; era nobre o feitio de seu nariz, e a boca, formosa como jamais vi

---

* "Sul", para a cultura do norte da Europa, significa a referência a países do hemisfério sul ou a países ou regiões próximos a ele, como a Itália, mais ensolarados, alegres e sensuais. Exemplo clássico disso é a presença da cidade de Veneza na literatura de língua alemã, lugar a que os germânicos disciplinados e "racionais" iam para vivenciar mais intensamente os "sentidos", por assim dizer. Na literatura, têm-se os exemplos de Goethe, Schiller e o próprio Thomas Mann, que se apropriaram da temática em obras suas. (*N. da T.*)

outra. [...] e mesmo que nós, eu e meus irmãos, enquanto crianças, estivéssemos sob a responsabilidade de uma governanta para os cuidados principais, o lar ainda conservava um caráter suficientemente burguês para que sempre houvesse contato entre nós e nossa mãe, e ela com frequência nos dedicava suas noites livres, quando lia histórias de Fritz Reuter para nós, sob a luminária da mesa da sala. Era surpreendente como o dialeto de Mecklenburg soava bastante bem em sua boca exótica e ela o dominava melhor do que qualquer outra pessoa em casa.[37]

Em outubro de 1891, falecia o marido de Julia, com 51 anos. Ela, então, libertou-se da Hansa eternamente cinzenta e mudou-se em junho de 1893 para a alegre metrópole bávara, Munique. Ali ela esperava poder vivenciar mais fortemente suas extravagâncias, sua arte e musicalidade, o que outrora estava quase que totalmente excluído. Fotos dos tempos da virada do século mostram uma Julia Mann de 50 anos que florescera a olhos vistos. Em suas anotações autobiográficas, Karl Ehrenberg, um amigo antigo da família, comenta sobre a casa da senadora Mann, "uma casa hospitaleira, 'um ponto de encontro de jovens animados e interessados pelas artes, onde vivíamos horas inesquecíveis e cuja atração e interesse eram ainda realçados pela amabilidade da anfitriã e de suas belas filhas Julia e Karla..."[38] Ehrenberg menciona ainda os saraus de leitura na casa de Julia e também as reuniões musicais incansáveis. Thomas Mann confirmou em seu retrato materno esse carisma musical peculiar de Julia da Silva-Bruhns:

Mais ainda me agradava acompanhar minha mãe quando ela se dedicava à música. Seu piano de cauda Bechstein ficava no salão, um cômodo claro com sacadas, em que o estilo burguês pomposo de 1880 tratava de abrigar com bom gosto uma paz sem vencidos nem vencedores, e ali eu ficava sentado horas e horas em uma das poltronas cinza-claro estofadas e ouvia a música bem executada e sensualmente acurada de minha mãe, que eu percebia mais alegre nos Études e Noturnos de Chopin.[39]

Durante esse período, o mais feliz de sua vida, Julia escreveu suas memórias *Lembranças da infância de Dodô* quase que concomitantemente à publicação do romance *Os Buddenbrook*, de Thomas Mann. Essas memórias não são apenas elucidativas, são também um olhar retrospectivo, saudoso e dolorido sobre sua pátria para sempre perdida, sobre sua existência despreocupada na natureza dos trópicos, sobre o amor por sua "mai", sua ama negra Ana, seus avós maternos da Ilha Grande e seus amigos de infância. Mais ainda: esse olhar retrospectivo deixa entrever o choque que a pequena Julia de 7 anos teve de sofrer por causa da emigração ao mundo hanseático do norte da Alemanha, completamente estranho a ela. Assim, lemos em suas memórias:

> Com a idade, Dodo passou a lembrar de sua infância com mais e mais afeição, procurando desvendar com ânsia crescente a névoa que ia se espessando com o tempo. A infância de Dodo surgia diante de seus próprios olhos parecendo-se cada vez mais com um conto de fadas, inacessível e cheia de sombras, emergindo de um mundo esquecido.[40]

4. SEM PÁTRIA NA NOVA PÁTRIA

Outros documentos apontam na mesma direção. Tomamos conhecimento de escritos peculiares de Julia, até então inéditos e produzidos apenas alguns anos após a redação de suas memórias, em que se vislumbra, em vestígios mínimos mas muito expressivos, a saudade da pátria de origem e de sua língua materna (ver carta sua a Heinrich na seção de Documentação). Em 1905, na cidade de Florença, seu filho mais velho apaixonara-se por uma argentina com quem permaneceu por cinco anos, inclusive sob um noivado. Em 1908, Julia escreveu uma carta ao filho, inserindo ao final algumas palavras em italiano. Arrisca-se então em português, com uma saudação à noiva argentina de Heinrich (pensando que ela fosse entender bem essa língua): "Recomendarão-me a Inez" é o que consta literalmente na missiva. Segue-se uma frase mesclada de alemão e português, em que a parte em português (que destacamos em itálico) agora está perfeitamente correta: "Deine [Tua] *mai, que muito te estima*". A carta termina com uma observação lastimosa de Julia, toda ela em alemão: "Ah! Pudera eu ainda usar minha língua materna!"

Teria sido possível de fato uma vida melhor na "luminosa" Munique, como Julia almejava? Diante dos vários endereços que ela teve na cidade — Rambergstraße 2, Herzogstraße 3 ou Nikolaiplatz 1 — notam-se permanências muito curtas e, de maneira geral, uma compensação insuficiente para o paraíso infantil que se perdera. O suicídio de sua filha Carla (em 28 de julho de 1910, em Polling), a Primeira Guerra Mundial e o Pós-guerra sob o signo da fome e da desvalorização da moeda puseram ponto final a uma fase de felicidade despreocupada. Ao eclodir a Primeira Guerra, Julia Mann manteve-se plenamente ao lado dos alemães. Isso se comprova a partir de uma carta de 1º de outubro de 1914 a seu filho, o sempre crítico Heinrich — autor de *Der Untertan* [O súdito], concluído dois meses antes da eclosão da guerra. Julia escreve a ele:

> Mas eu não posso deixar que você responsabilize a Alemanha pela guerra. Você tem de levar em consideração que toda a Social-Democracia, em uníssono, não *teria tido necessidade* de permitir a guerra *nem* de participar dela. Eles confessaram que foi necessário recorrer às armas. Meu querido e bom Heinrich, não fale assim contra a sua pátria, porque ela agora procura se defender com *toda a força* que lhe é possível, por todos os lados. Ela só quis ser fiel aos seus *aliados* e foi compelida a essa luta terrível que deveria agora lhe custar a vida, como seus inimigos desejam. (Julia Mann, 1993, p. 169)

Os últimos anos de Julia Mann até sua morte em 1923 são marcados por uma forte inquietação. Ela trocava de pensão ou de casa com muita frequência, isso na própria Munique ou região. Ela passara a viver uma vida solitária, sem um lar de fato, em constante fuga de si mesma. Suas estações foram Munique, Polling, Augsburgo, novamente Polling, novamente Munique, Polling uma terceira vez e por fim Weßling. Thomas Mann visitou sua mãe em Polling em 10 de fevereiro de 1920. Suas impressões sobre essa visita a Julia de quase 70 anos estão resumidas em seu diário:

No último sábado bem cedo, ou seja, depois de $1^{1/2}$ semana, viajei a Polling para visitar mamãe. Reencontro o lugar, familiar e simpático, enredado em melancolia. Mamãe preocupada e carinhosa, com muitas reclamações das senhoras V. e H. Passeio no escuro, no qual eu me perdi. Sete horas já de pé e, antes do café da manhã e do nascer do sol, a lua estava ainda relativamente alta, passeio dado em pleno frio gélido (ontem). A região gelada antes do nascer do dia, com as pedreiras e a cadeia montanhosa coberta por neve grossa, produz o efeito de uma paisagem lunar. Sensação de uma vida pura e campestre; piedade como algo sensitivo e corporal (o pastor em *A montanha mágica*). "O ser humano religioso pensa apenas em si mesmo." — Também em Polling prossigo com a escrita da cena e apronto a correspondência. [...] — À noite desenterrando memórias de família, fotografias, cartas etc., por causa da luz muito escura para leitura. Mistura de aconchego, tédio e melancolia. (*Diários*, 10/12/1920)

Nesse tempo, Thomas Mann trabalhava em *A montanha mágica*. As experiências da natureza descritas acima remetem-nos aos retratos grandiosos da paisagem nesse romance, sobretudo ao famoso trecho da neve no sexto capítulo. O encontro com a mãe leva Thomas Mann a imergir uma vez mais na história da família. As palavras-chave escondem mais do que pretendem ocultar, silenciam mais do que falam, mas são peculiares em seu encadeamento: "Aconchego, tédio e melancolia."

A vida de Julia Mann permaneceu inquieta até o fim, o que não passou despercebido a seu filho Thomas. Tal fato foi tão importante para o escritor que tratou de relatá-lo em seu *Lebensabriß* [Um esboço de minha vida], de 1930, texto escrito em decorrência do recebimento do Prêmio Nobel de 1929, a pedido da academia sueca. Aí ele não silencia o acontecimento terrível da morte da sua irmã Carla, consumada "ante os olhos de nossa pobre mãe no campo, em Polling, no distrito de Wilhelm, na Alta Baviera" (*Ensaios*, v. III, p. 199). Logo após receber um telefonema, ele teria se apressado até Polling, "para os braços de nossa mãe", para "acolher em seu peito" a dor lancinante que ela sentia. O "coração dela, que de qualquer modo já estava fraco e apreensivo", havia sido "ferido irreversivelmente pelo choque". Ela sobreviveu uns 12 anos a Carla, sua filha mais nova. No entanto, teria vivido seus últimos anos, "um tempo de derrocada, inflação, fome", "de maneira acomodada, com expectativas cada vez mais modestas, abaixo de seu padrão" e "preocupada, por morar no campo, com prover seus filhos de mantimentos".

É curioso também que Thomas Mann comece o ensaio "Um esboço de minha vida" indicando de modo bastante "incisivo" a origem de sua mãe, descendente de uma "brasileira portuguesa crioula", e que destaque em sua mãe o "tipo românico pronunciado" (*Ensaios*, v. III, p. 177). Pode-se reconhecer o interesse em acentuar a internacionalidade da própria origem por conta de uma premiação internacional como o Nobel. O encontro com o historiador Sérgio Buarque de Holanda em 18 de dezembro de 1929, em Berlim, também deve ter encorajado Thomas Mann a isso. Sérgio Buarque relatou o encontro com o premiado escritor em 16 de fevereiro de 1930, em um artigo para O *Jornal*, do Rio de Janeiro, intitulado "Thomas Mann e o Brasil". O brasileiro informa, orgulhoso, que ele teria sido um dos poucos escolhidos, entre muitos jornalistas, para entrevistar o escritor alemão. Mann teria emitido palavras amigáveis sobre o Brasil e sobre a porção brasileira de seu ser, que ele havia herdado da mãe. Ele teria dito ainda literalmente: "Penso que nunca será demais acentuar essa influência [a herança materna] quando se critique a minha obra ou a de meu irmão Heinrich."[41]

Mas o tom meramente amigável sobre sua mãe não haveria de permanecer. Thomas Mann era por demais realista para isso. Ele sabia como sua mãe havia passado seus últimos anos. Os anos da velhice contrastavam com os passados em Lübeck e Munique. Em carta a Agnes E. Meyer de junho de 1939, já mencionada anteriormente, Mann é bastante sóbrio:

Em sua juventude ela havia sido muito bonita, e ao estilo hispânico, e envelhecer causava nela sofrimentos visíveis — a personagem da grã-duquesa em *Sua Alteza Real* é uma lembrança disso. Envelhecer e murchar levaram-na a uma crescente necessidade de reclusão e simplificação de sua vida, à solidão; mas também uma frieza peculiar de seu caráter estava em jogo, algo como um relacionamento com amigas afetuosas — e talvez com os seres humanos de maneira geral, desde que não estivesse em jogo a sensualidade. (*Cartas II*, p. 101)

Vamos nos deparar de novo com a menção à "frieza" do caráter materno quando nos voltarmos à vida e obra de Thomas Mann no terceiro capítulo deste livro.

A última fase da vida de Julia Mann é retratada de maneira impressionante por Viktor, seu filho mais novo, e Golo, um de seus netos. Em *Erinnerungen und Gedanken* [Memórias e pensamentos], de Golo Mann, publicado em 1986, com o subtítulo de *Uma juventude na Alemanha*, destaca-se o distanciamento com que o neto descreve Julia, já idosa. No outono de 1922, ou seja, meio ano antes de sua morte, a "senhora senadora", como ela ainda era chamada, vivia na casa de Katia e Thomas Mann, "perto de mim", como Golo literalmente expressou, "no quarto de meu irmão, que naquela época encontrava-se no internato Odenwaldschule". Essa mulher de fato havia sido "bonita", ele observa, "musicalmente talentosa", além de ter "descrito belamente" sua "infância brasileira". Mas "muito esperta" ela não havia sido, "nenhuma intelectual". Ela era "alienada" à atmosfera da casa dos Mann e Pringsheim. Isso tudo era dito não sem um tom de condescendência, com o qual Golo, em seguida, expressou completa simpatia por sua avó, talvez com um tanto de compaixão e porque ele mesmo tivesse uma situação difícil como criança na casa dos pais. Ele escreve:

> A doença, motivo pelo qual ela fora trazida à nossa casa, era, na verdade, um estado de fraqueza causado pela fome e pelo frio. Para ela, ainda era importante pagar pela refeição, porém com cédulas que faziam minha mãe e Erika se divertirem. Eu sentia muito pela vó. Porque ela não compartilhava do espírito geral da casa, o que no fundo nos tornava próximos: a existência principiava a tornar-se difícil. (*Erinnerungen und Gedanken*, p. 92)

Muito mais empáticas, no entanto, são as memórias do filho mais novo de Julia Mann, Viktor. Não por acaso ele dedica seu livro *Wir waren fünf. Bildnis der Familie Mann* [Éramos cinco. Retrato da Família Mann] (1949) à memória de sua "querida mãe": "Senhora Senadora

Julia Mann, nascida da Silva-Bruhns, em Angra dos Reis (Brasil), falecida em Weßling, na Alta Baviera."[42] Essa dedicatória fora pensada como um recado e assim permaneceu: a origem brasileira da mãe deveria continuar sendo recordada em público. Embora a "Senhora Senadora" viesse em primeiro lugar, não se ocultou o mundo de Angra dos Reis. Somado a isso, "Weßling, na Alta Baviera", um pequeno ninho onde Julia Mann morre, em março de 1923. Bem se pode imaginar a tensão na vida dessa mulher, expressada de forma lapidar na modesta dedicatória: Brasil — Lübeck — Weßling. No princípio, a floresta; depois a cidade grande; por fim, uma vila pobre, 25 km a sudoeste de Munique, situada na rua e na estrada de ferro que conduzia ao lago Ammer.

Viktor Mann pergunta se Julia, já idosa e mãe de muitos filhos, não poderia alegrar-se "com os muitos netos" ou as artes, a música e a literatura, e prontamente responde de maneira negativa, com um lamento: "Ah! Nada disso preenchia o grande vazio."[43] A situação de sua mãe nos últimos anos parecia ser a seguinte:

> Mas, com o esvair da vontade de viver, a já sempre [sic] existente prontidão de mudar de domicílio passou a se tornar uma instabilidade doentia. Se antes as várias mudanças e estadas improvisadas sempre tiveram algum tipo de relacionamento [sic] com a nossa situação de vida — como, por exemplo, quando mamãe instalou-se num apartamento menor após o casamento de Julia, ou então se mudou comigo para Augsburgo e Polling — agora a vida em pequenas pensões em Munique, em Solln, mais uma vez em Polling, e depois de novo em outras aldeias quaisquer, só podia ser chamada de um fugir insistente, não se sabia de quê.[44]

Saberíamos dar a resposta hoje? Nós, que sabemos mais que os outros sobre o desenraizamento dessa mulher na primeira infância? Será que reside aqui, nesse desenraizamento, a causa mais profunda para a instabilidade irrompida com a idade, para o "esvair da vontade de viver", o "fugir insistente"? Acreditamos que podemos pressupor tal coisa, e que devemos fazê-lo. O desenraizamento marca o início da vida de Julia; seu fim, a impossibilidade de se radicar onde quer que fosse. Do começo ao fim a falta de um lugar que considerasse seu. O próprio Viktor Mann nos transmite um dos testemunhos mais impressionantes a respeito da presença do Brasil nas camadas mais profundas do psicológico de Julia. Em março de 1923, ele visitou sua mãe pela última vez. Ela se encontrava em uma hospedagem em Weßling. Ali, Viktor presenciou a morte de sua mãe:

> Então eu me sentei na beira da cama e escutava aquela voz, que tinha perdido quase todo o tom familiar. Naturalmente eu sabia que a obstrução das vias respiratórias e a fraqueza eram responsáveis por isso, mas havia também algo de excepcional que me tocava, como que proveniente de alguma esfera distante: mamãe sempre havia falado bastante rapidamente, num alemão puro e perfeito, com uma leve entonação de Lübeck, e agora falava devagar, com um tom mais baixo e pronunciando o "r" com ressonância. Era como — sim, assim soava quando espanhóis ou portugueses falavam alemão. Portugueses, portanto, também brasileiros. Maria da Silva talvez tivesse falado assim também com seu esposo alemão, e decerto também a pequena Dodo, quando aprendeu a falar alemão no nosso nevoento norte. E agora, ao morrer, voltava o som de "lá", do colorido país ensolarado.[45]

Ao fim, "o som de 'lá'", um certo matiz escuro da língua, no qual a língua da mãe, Maria da Silva, se fez novamente ouvida. Ao fim, o som inconfundível do português brasileiro, inevitável, a ausência da pátria na nova pátria, um retorno às origens.

Assim, cabe perguntar: teria sido Julia Mann, vinda do Brasil, a filha "repatriada" do imigrante de Lübeck Johann Ludwig Bruhns, segundo formulação de um estudioso?[46] Se isso estivesse correto, desde o começo ela jamais teria tido uma identidade brasileira e teria sido levada de volta ao lugar a que supostamente sempre pertenceu: a Lübeck. Pelo contrário, foi no Brasil que ela experienciou a marca decisiva de sua vida. Muito mais do que antes, hoje sabemos da psicologia quão decisivas são as experiências da primeira infância para a vida de uma pessoa. Julia Mann retransmitiu essas influências a seus filhos de maneira metamorfoseada. Diante disso e da influência de Julia sobre os filhos mais famosos, o escritor brasileiro João Silvério Trevisan, cujo romance já mencionamos, foi ao ponto quando constatou o seguinte:

[...] foi a presença disruptiva de Julia que permitiu a vocação literária de Heinrich e Thomas. Em suas memórias, Thomas Mann é enfático ao mencionar como seu interesse artístico despertou, por intermédio da mãe, que cantava e tocava piano muito bem. Ao contrário do marido, que os queria dirigindo sua empresa de exportação de cereais, Julia incentivou a carreira literária dos filhos. Foi ela quem financiou o primeiro romance de Heinrich, logo que o rapaz rompeu com o pai para se dedicar à literatura. Conta-se também que ela visitava zelosamente as livrarias, protestando caso as obras de seus filhos estivessem mal expostas.[47]

Julia Mann "repatriada"? Caso fosse assim, então a emigração dela para a Alemanha teria sido uma "expatriação", ao menos do ponto de vista psicológico de uma garota de 7 anos.[48] Embora Julia Mann tenha assumido a identidade alemã — ocasionalmente um nacionalismo alemão —, ela não esqueceu sua origem brasileira enquanto mulher adulta. E embora inicialmente tenha exercido uma influência discreta sobre seus filhos Heinrich e Thomas, seu carisma "tropical" brasileiro, sua "musicalidade" e seu "vir-de-longe" irão ressoar mais tarde, sob o interesse de seu bisneto Frido Mann. Ele procurou rastrear as raízes de sua origem brasileira, aprendeu até mesmo a língua de Julia, que por sua vez a perdera na Alemanha: o português brasileiro.

Mas primeiro sigamos com um vislumbre da obra de Heinrich Mann e de sua confrontação com a origem materna.

CAPÍTULO II Heinrich Mann e o romance *Entre as raças*

Quando eu morava na França, veio me visitar um diplomata brasileiro com sua mulher nascida na Toscana. Nós nos sentamos por um instante para conversar, então eu mencionei que minha mãe tinha vindo do Brasil para a Alemanha por volta de 1860 e que sua mãe, já morta na época, era brasileira nativa. "Agora eu sei por que nós nos entendemos imediatamente", ele disse. Olhei para ele e pensei: "Tivesse mamãe permanecido lá, eu talvez teria sido o que ele é!"

Heinrich Mann, *Ein Zeitalter wird besichtigt* [Uma época revisitada] (1945)

Em 5 de dezembro de 1905, Thomas Mann escreve a seu irmão Heinrich: "O que você está fazendo? Ouvi de mamãe que você está escrevendo um romance, cujo começo é baseado nas memórias dela. Posso saber do que se trata?"[49] O romance, concluído dois anos depois, era *Entre as raças*, que Heinrich Mann vinha escrevendo desde julho de 1904. As "memórias de mamãe" são as que já mencionamos acima: as *Lembranças da infância de Dodô*, escritas em 1903 e que terão publicação póstuma em 1958.

A mais famosa rusga de irmãos na história da literatura de língua alemã[50] estava prestes a acontecer. Profundas diferenças políticas e artísticas começavam a afastar Heinrich e Thomas Mann. Aumentavam as desconfianças entre os dois, e alcançavam o âmbito pessoal e familiar. Nesse ínterim, Thomas havia se estabelecido como escritor com sua obra primogênita *Os Buddenbrook* (1901). Seu irmão mais velho, a quem inicialmente admirava, passara a ser visto por ele como um escritor de pouca consideração e que procurava tão somente o sucesso fácil. Em apenas dez anos, Heinrich Mann tinha publicado cinco romances, entre eles *In einer Familie* [Em uma família] (1894), *Jagd nach Liebe* [Caça ao amor] (1903) e *Professor Unrat* (1905). *Entre as raças* viria a ser o sexto.

Daí as perguntas pouco amigáveis e desconfiadas de Thomas a seu irmão não serem propriamente perguntas: "O que você está fazendo?" e "O que você anda fazendo com as memórias de mamãe?" soam mais como reprimendas. O que no começo Thomas Mann silenciava, seu irmão tratava de elaborar literariamente e de modo incisivo: a origem da própria mãe.[51] Para *Luiz* Heinrich, o primogênito de Julia Mann, tal origem constitui um desafio. Ele procura entendê-la e, a partir dela, tirar conclusões a respeito da sociedade guilhermina em que vivia. Resultou daí um romance em que a origem brasileira da protagonista tem papel fundamental.

1. LÍNGUA MATERNA

O romance *Entre as raças* surgiu em um tempo de intenso contato entre Heinrich Mann e a mãe. Cartas trocadas entre ambos revelam o quanto Julia Mann mostrava-se engajada em favor do sucesso literário de seu filho mais velho: "Eu desejo *de todo o meu coração* que sua obra alcance reconhecimento, pois sem ele um escritor não pode existir",[52] ela escreve de Augsburgo em 20 de novembro de 1904. Essa mesma carta comprova também os cuidados da mãe com a felicidade de Heinrich no âmbito do relacionamento do filho com as mulheres: "Continue vivendo sossegadamente, caro Heinrich, e procure companhia fina e agradável, não ande muito só; dê preferência às companhias *femininas* mais requintadas." Ela prossegue com a afirmação de que sabia claramente não estar falando com "alguém que apenas agora está descobrindo o mundo",[53] porém com alguém suscetível ao engano devido ao fato de ser idealista, segundo Julia.

De fato, poucos meses depois, Heinrich Mann conheceu em Florença Inés Schmied, filha de um empresário de Buenos Aires descendente de alemães, em viagem pela Europa com a mãe e o irmão. Como já mencionamos, essa relação durou ao todo cinco anos, chegou até a um noivado formal, que se desfez, no entanto, em 1910.[54] O fato de Inés ser sul-americana despertou em Heinrich um interesse acentuado pela origem da própria mãe. O mesmo se deu com Julia, que conheceu a noiva de Heinrich em 1908. Julia viu-se novamente confrontada com sentimentos que, já em 1903, a motivaram a escrever suas lembranças da infância. Exemplo disso é uma carta ainda inédita de 19 de março de 1908, em que Julia descreve o primeiro contato com Inés Schmied (ver o texto completo na Documentação deste volume):

Tua noiva causou em mim profunda impressão. Ela parece uma fada; ela é o *Dichterliebe* [*Amor de poeta*, de Robert Schumann] e, acima de tudo, tão natural, alegre, tão prestativa a mim e delicada, que eu logo passei a querê-la muito bem.

Depois que viu em Inés uma "fada" e um "amor de poeta" e depois de ficar preocupada quanto a Heinrich ainda não ter entregue um "presente de noivado" à sua noiva, Julia escreve uma despedida em italiano: "Addio mio querido Enrico", ao que seguem saudações a Inés e a despedida de Heinrich em português, na forma que ainda lhe era conhecida da infância e adolescência, pela correspondência com o próprio pai. Como já mencionamos no primeiro capítulo, ela encerra a carta com o lamento: "Ah! Pudera eu ainda usar minha língua materna!"

Tais comentários comprovam que Julia conseguiu manter na memória ao menos alguns fragmentos de sua língua materna. Uma outra comprovação encontra-se em *Lembranças da infância de Dodô*, quando Julia se lembra da palavra "beija-flor" (no original em alemão, a palavra encontra-se de fato em português): "E como era encantador no jardim, quando a pequena vagava entre as flores coloridas, com perfume de azaleia, e os *beija-flores* voavam ao redor qual centelhas douradas."[55]

O mesmo vale para outras palavras como "pinhão", "guayava" ou "jalea" (sua grafia para "geleia"):

Ah, quanta coisa boa e bonita não havia por lá! Além de cocos e bananas, viam-se ainda *pinhão*, mandiocas, abacaxis, grandes e suculentas romãs vermelho-escuras, *guayava* e grandes limões doces, dos quais a mãe fazia uma *jalea* deliciosa, e assim por diante.[56]

O interesse pela origem materna, por meio do encontro com Inés Schmied, motivou Heinrich Mann a escrever um novo romance. Para isso ele se baseou nas memórias da mãe. Em seu caderno de notas para a nova obra (documento 467 no Arquivo Heinrich Mann da Academia de Artes de Berlim) encontram-se vocábulos e passagens do texto de Julia que foram integrados mais tarde à própria obra. Na página 15 do caderno, por exemplo, há a comprovação de uma leitura exata do texto da mãe. Ali chama a atenção especialmente a designação para a palavra "pai", que ele mantém em português e em inicial maiúscula, "Pai", e a grafia corrente de "mãe" do início do século XIX, "Mai". Também chama a atenção a mistura das línguas, o que é comum para a situação de Julia Mann, como ocorre com a palavra *Großpai* (avô, em alemão, é *Großvater*). O procedimento de escrita "transcultural" persiste na carta citada de 1908, ou seja, cinco anos depois da composição das memórias ("*Deine* Mai, que muito te estima", ou seja, "*Tua* mãe..."). Com o romance do filho, esse procedimento de Julia entra para a história da literatura de língua alemã.

2. MEMÓRIAS DA MÃE, ROMANCE DO FILHO

Não é nossa intenção analisar e interpretar aqui um romance de aproximadamente 460 páginas.[57] Iremos nos concentrar apenas nas partes relevantes sobre a presença do Brasil. *Entre as raças* foi publicado em maio de 1907 pela editora Albert Langen, de Munique, e divide-se em três partes. A primeira parte, que compreende um décimo da extensão do romance, relata em três capítulos a infância brasileira da "heroína" Lola Gabriel, sua "transplantação" para a Alemanha (não se menciona um lugar específico) e sua solidão nos primeiros anos, apesar da dedicação e carinho da educadora Erneste no pensionato de moças para o qual foi levada.

A saudade do pai e as dificuldades de adaptação da jovem ao seu novo entorno cultural estrangeiro (o que se reflete na relação de Lola com suas amigas, que ocorre não sem alguma tensão) são aspectos que dão intensidade psicológica à narrativa sobre a primeira fase da vida de Lola. Heinrich Mann tematiza o ódio e, ao mesmo tempo, o amor da garota pelo pai. Afinal, o "Pai" havia deixado sua filha para trás, na Alemanha. Retornou ao Brasil sem dar importância aos sentimentos da menina. Diferentemente do que acontece na biografia de Julia Mann, a mãe de Lola, "Mai", ainda vive no Brasil. Será o pai da personagem quem morrerá naquele país. Em seguida à morte dele, a mãe resolve se mudar para a Europa. O enredo da primeira parte termina com sua chegada.

Do ponto de vista literário, uma comparação entre o romance do filho e as lembranças da mãe é particularmente instigante para nós, leitores. Já na primeira página encontra-se a passagem abaixo:

A criança aprendia a falar com sua ama negra e a andar sobre a areia entre floresta e mar. À beira do mar apanhava conchas que se desprendiam de rochas e à borda da floresta colhia cocos caídos ao chão, de onde os criados, com ajuda de espetos incandescentes, extraíam leite doce. (*ER*, p. 11)

Essas mesmas imagens, na mesma sequência e com a mesma escolha lexical, encontram-se nas *Lembranças da infância de Dodô*, de Julia Mann:

Dodô cresceu entre o mar e a floresta. [...] A menina ficava [...] aos cuidados da preta Ana ou da mulata Leocádia. Andava e corria descalça, com um vestidinho preso com um cinto. Às vezes, ia para a frente da casa, para a praia, catar conchas e mariscos das rochas enormes, os quais eram assados no fogão; outras vezes ela saía para o fundo da casa, até a beira da floresta, onde colhia cocos e bananas caídos ao solo. Os cocos eram abertos pelos criados negros, que enfiavam espetos incandescentes nos três pontinhos pretos da casca, retirando a doce água para Dodô e os irmãos.[58]

Outro exemplo bastante claro de intertextualidade é o episódio com o pássaro canoro que a pequena Lola, já na Alemanha, encontra no jardim: "Certo dia encontrou num arbusto um passarinho caído do ninho, que procurava adejar em vão, e levou-o para casa" (*ER*, p. 58). Com o consentimento da educadora Erneste, a garota pode ficar com o pássaro como bicho de estimação. No entanto, Lola negligencia o cuidado do animal, e ele morre de fome. Nas *Lembranças da infância de Dodô* vê-se uma cena semelhante:

Mana e Dodo haviam recebido como presente de Natal um canário que cantava divinamente e que dia a dia se tornava mais manso. Ambas alimentavam o pássaro — mas, com frequência, quando uma delas não tinha tempo de cumprir a tarefa, confiava na outra para cuidar de Hans, como elas o chamavam. Entretanto, pouco a pouco elas foram abandonando a responsabilidade de tratar regularmente do pobre animal, que passava dias sem comida ou água fresca. O pequeno resto que as irmãs viam no potinho era água parada havia muito tempo, que Hans não queria mais, e o que pareciam ser grãos eram apenas cascas vazias. Hans certamente piou mais do que cantou, mas não despertou a atenção de Dodo e Mana, que de nada desconfiavam. Um dia, ele foi encontrado deitado de costas num canto da gaiola, as patinhas curvas, estático — morto! Que tristeza! Dodo teve muito pesar; era terrível seu sentimento de culpa. Não entendia como algo tão terrível pôde acontecer.[59]

3. "NÃO SOU DESTE LUGAR": CISÃO NA ALMA INFANTIL

Heinrich Mann valorizou esse episódio aparentemente despretensioso e o transformou em símbolo de uma experiência fundamental de Lola. No romance, ele é distribuído em diversas passagens. Considerações sobre a própria identidade de Lola, cogitações sobre um provável rancor dela pelo pai e, diante disso, um sentimento de culpa são intercalados na narrativa. Já na primeira conversa com a educadora sobre o passarinho recém-encontrado, é bastante peculiar a valorização do episódio. Sob a perspectiva infantil, lança-se a questão da identidade:

— Mas que bicho é esse? — Erneste disse.
   — Não importa — Lola explicou. — Eu gosto dele.
   — Vamos verificar em um livro quando formos à cidade.
   — Não, por favor, não! Eu não me preocupo com a espécie dele ou qualquer outra coisa. Talvez ele seja um pequeno estranho: eu gosto dele.
   — Criança, você é incomum; mas como quiser.
   Lola ficou durante metade do dia no quarto com o pássaro [...]. Quando ele começou a voar, Lola fechou a janela, colocou-o sobre a mesa à sua frente [...] e ela imaginou que estariam em uma jaula, os dois presos ali. (*ER*, p. 58f)

Depois ela acabou se esquecendo do animal, porque seu interesse se direcionou para uma pequena intriga com as amigas. Então uma amiga o achou morto na gaiola. A partir daí, segue na reação de Lola uma clara alusão ao texto de Julia Mann:

> [...] ele realmente estava caído. Contrariada, esticou um de seus dedos entre as grades e puxou-o rapidamente de volta. "Na tigela ainda havia muitos grãos, já fazia tempo que ele não comia mais. E ontem à noite ainda cantou: eu tinha de ter coberto a gaiola." (*ER*, p. 66)

É nesse exato momento que Lola recebe uma carta de seu irmão Paolo com a notícia da morte de seu pai no Brasil. E qual a sua reação?

> "Pai morreu?" — Lola pensou. "Mas ele queria vir até aqui!" Seu olhar perdido buscou a gaiola do pássaro e então reparou: "Há somente cascas vazias! Na verdade não há grão de alpiste algum. Morreu de fome! Deixei-o passar fome! Meu Deus! Mas eu tinha amor por ele!" (*ER*, p. 66)

A morte do pássaro é colocada em paralelo com a do pai. A relação de Julia com ambos é controversa. Ela pensa "no momento em que encontrara o pequeno pássaro e o levara com ela", e imputa culpas a si mesma:

> Como poderia ter acontecido que ela esquecesse seu grande amor? Por mais que o pobre animal a tenha aborrecido, ela o deixaria passar fome? Então não estamos seguros de nosso coração? Que terrível! "Era só por interesse próprio que eu o amava. Deveria tê-lo deixado em seu bosque. Mas ele também tinha amor por mim: mais do que eu a ele. Ele assobiava quando eu entrava no quarto e assim que eu colocava meus lábios à sua frente, ele punha o bico entre eles. Ontem à noite ele ainda cantou: talvez para dizer-me que não estava bravo comigo. (*ER*, p. 67)

Com a consciência do "amor negligenciado", Lola também compreende agora a perda de seu pai. Soluçando, ela balbucia: "Pai está morto!" E já no primeiro momento da dor, Lola (e também o leitor) dispõe de uma imagem alegórica com a qual os movimentos da psique da personagem tornam-se evidentes. Cuidados e sentimento de culpa, expectativa e rancor, mesclam-se por meio do entrecruzamento de dois casos de morte diferentes. Lola pode colocar-se no papel do pássaro, mas também no do pai, e, desse modo, evidenciar seus sentimentos e dar nome a eles:

> Pai está morto! Tudo que havia pensado até agora era apenas como um ofegar antes que brotassem as lágrimas pesadas. Somente agora Lola sabia: "Pai está morto!"; e isso caía de todos os lados sobre ela: "Você não teve amor por ele. Você foi maldosa com ele, não o entendeu. Ele queria o melhor para você e trabalhou o tempo todo para isso. (*ER*, p. 67)

Que Heinrich Mann tenha utilizado as memórias da mãe para caracterizar suas personagens literárias é evidente. E mais ainda: com o motivo da origem estrangeira, o escritor tematiza problemas de integração social e de exclusão; por outro lado, alude às consequências psicológicas do desenraizamento familiar.

Em uma cena anterior, também enfática em sentido psicológico, Heinrich Mann já havia narrado o temor de Lola de não se sentir em casa no novo meio, de não pertencer a ele, o que se reforça pela incapacidade de Lola de se lembrar das imagens da infância. Lola está sozinha em seu quarto, lembrando-se "de determinados sonhos, sentimentos e intuições melancólicas que, quando vieram à tona, ninguém foi capaz de compreender. Deixaram-na como estava, estranha e abalada." (*ER*, p. 42) Então, Lola diz "alto para si mesma":

> O motivo de tudo isso é por eu ser de outra terra? Quando todos se queixam do verão, eu me sinto bem. Claro: não sou deste lugar. Minha casa, ah! Como era melhor na minha casa! (ER, p. 42)

E imediatamente depois:

> Alguma das imagens reluzentes apareceu inesperadamente, da época em que estava no jardim de infância; ela prendeu a respiração: mas a imagem se foi. Queria, em pensamento, recuperar os sentimentos de outro-

ra: não vinha mais nada; e quando achou que havia alcançado algum, deu-se conta de ser apenas a lembrança de um panorama dos trópicos que vira fazia pouco tempo em uma revista. Lamuriosa, deu um passo à janela, os ombros erguidos, como se fosse juntar-se à chuva que batia no vidro. "Não me tornei nativa deste lugar; e o que era minha terra, disso esqueci. A que lugar eu pertenço? Minha família e meus amigos estão no além-mar. Lá todos me entendem. Lá eu era feliz." (*ER*, p. 42f)

4. "VOCÊ É MESMO BRASILEIRA"

No romance, frases-chave são formuladas de modo significativo: "Não sou deste lugar", "Não me tornei nativa deste lugar", "A que lugar eu pertenço?" Heinrich Mann dá muito valor ao retratar o desenraiza-mento de sua "heroína" com todas as consequências psicológicas impli-cadas: ausência de pátria é desenraizamento, e este, por sua vez, é perda de identidade. O que se segue é a dupla incapacidade de encontrar uma nova pátria e uma identidade, assim como de reconquistar as antigas pátria e identidade: "A que lugar eu pertenço? Minha família e meus amigos estão no além-mar. Lá todos me entendem. Lá eu era feliz." Essa projeção do passado de uma felicidade sonhada e suposta, mas não real, mostra apenas o grau de estranhamento que a protagonista supos-tamente vivencia na nova pátria.

Justamente a cena da janela que acabou de ser evocada, em que a chuva fria bate no vidro, é altamente reveladora em termos cênicos e gestuais. A falta de identificação com o novo meio na Alemanha, assim como a tentativa frustrada de reconstruir visualmente o universo da própria infância no Brasil por meio do esforço da memória, deixa Lola muito insatisfeita. Seu sentimento é simbolizado espacial e esteticamen-te por meio da postura corporal na janela: o corpo reage como se tives-se sentido a chuva fria. As imediações espaciais, que estão visualmente presentes, mas que não podem ser sentidas pelo tato, surtem, no entan-to, um efeito aparentemente tátil em Lola. Com isso, é apresentado ao leitor um jogo de inversão: aquilo que se procurou e não se alcançou visualmente — a pátria, clara e quente — é colocado em oposição ao que é visualmente presente — chuva e umidade —, que deveria ser repelido com a mediação do vidro e que parece tocar o corpo de Lola de modo indesejado.

Pouco depois, quando Lola está sozinha no quarto observando-se no espelho, a questão do espaço onde ela se encontra é declarada de modo explícito:

> Diante de si, observava a própria figura no espelho, em um espaço que não era seu: um espaço que a envolveu por sete anos e agora mais parecia uma acomodação casual, para o pernoite e nada mais. Ela imaginava seu rosto ao lado dos outros lá fora, por toda a volta: muitos rostos com traços diferentes, modelados por um sangue estranho. Ouvia vozes na sua mente: vozes diferentes, arautos de costumes estranhos. (*ER*, p. 44)

O narrador relaciona, de um lado, a percepção do espaço interno desconcertante e, de outro, o estranhamento das companheiras. A passagem acima antecipa a cena apresentada a seguir, em que Lola cai em conflito com garotas nativas por ser estrangeira:

> No domingo à tarde, Jenny [a principal antagonista de Lola] apresentou-se: cantou um repertório muito piegas, mirando o céu e pousando as pontas dos dedos no peito. Lola falou alto, do fundo de sua alma:
> — Isso é de mau gosto para além da conta!
> As aliadas de Jenny não concordaram; mesmo entre as amigas de Lola não havia muitas que partilhassem sua opinião. A filha de um parlamentar do *Reichstag* disse:
> — Foi muito alemão.
> — Foi de mau gosto! — disparou Lola. — E se foi alemão, então foi algo alemão de muito mau gosto!
> Fez-se silêncio; e quando Lola virou-se para as suas aliadas em busca de ajuda, elas desviaram seus olhares, e afastaram-se, ombros para lá, ombros para cá, até que Lola ficasse isolada. Do outro lado veio mais uma provocação:
> — Afinal, você é mesmo brasileira!
> — Se fosse isso, ao menos — esquivou-se a filha do parlamentar. — Mas ela é nada: ela é...

E forçando-se a pronunciar a palavra, torcendo o nariz, disse entre os dentes:

— Internacional!

A aversão no rosto da filha do parlamentar contaminou todos os outros olhares; e como se tivessem ao lado um motivo de vergonha, cada uma saiu calada à busca de outras coisas que fazer. (*ER*, p. 46)

Os grupos claramente distintos (de Lola e de Jenny) se chocam de imediato assim que a identidade não alemã de Lola é mencionada e trazida não por acaso pela "filha de um parlamentar do *Reichstag*".*A questão da origem é repentinamente lançada a partir de um viés político. De repente Lola é isolada e tachada de não alemã, o que é explicado pelo grupo: Lola "é mesmo uma brasileira". Mais ainda: a sua existência brasileira é desmascarada imediatamente depois, pois se pensava que Lola tivesse ao menos uma identidade nacional. Em vez disso, ela é etiquetada com a palavra depreciativa "internacional", o que causou "aversão no rosto da filha do parlamentar". Ser "internacional" significa ser "nada", do ponto de vista social é uma "vergonha". Heinrich Mann leva ao extremo o motivo brasileiro sob o viés político. Ele se apropria da temática de um conflito fundamental entre os polos da nacionalidade e da internacionalidade.

5. O QUE SIGNIFICA "ENTRE"? O QUE SIGNIFICA "RAÇA"?

"Nação" ou "raça" são conceitos coletivos abstratos. No romance, eles são figurados em personagens concretas. Estados de ânimo individuais e confrontos interpessoais ganham forma plástica no fluxo narrativo. Segundo Elke Emrich, Heinrich Mann usa o conceito de raça "de modo diversificado, qual seja no sentido de sangue, linhagem, espécie e nação".[60] Na verdade, na época da gênese do romance a terminologia ainda não havia sido fixada com rigor. A palavra "raça" não havia sido

---

* Designação para a instituição e o prédio em que o parlamento do Império Alemão exerceu suas funções. (*N. da T.*)

contaminada pela ideologia do fascismo alemão e instrumentalizada para fins homicidas.

Para Heinrich Mann, a palavra "raça" se referia às singularidades das nações, o escritor não sentiu necessidade de uma delimitação conceitual mais precisa. Para compreender o estado da questão e sua relevância, publicou-se em 2007, no *Heinrich-Mann-Jahrbuch* [Anuário Heinrich Mann], um artigo bastante elucidativo sob o título "Racismo e cosmopolitismo no romance *Entre as raças*, de Heinrich Mann". A autora, Gabriele Dürbeck, refere-se às "teorias raciais do século XIX e de meados de 1900"[61] e presume que Heinrich Mann tenha acompanhado "o assim chamado debate sobre o casamento misto"*. A questão dos mestiços, também chamados de "bastardos", foi um "tema cultural da época do Império", discutido de modo "bastante controverso" na Alemanha colonial.[62]

Um resenhista da época do lançamento do romance interpretou-o como reação a um novo sentimento de época, após a virada do século. Ludwig Ewers, um grande amigo e interlocutor literário de Heinrich Mann, escreve no jornal *Königsberger Allgemein* de setembro de 1907:

Os países da Terra ficam cada vez mais próximos, quanto mais firme se entrelaçam os liames do tráfego moderno; os povos se atritam uns com os outros e misturam suas opiniões, costumes e também seu sangue. Ainda assim, permanecem diferenças significativas condicionadas pelo clima, modo de vida e tradição cultural. Só que essas diferenças vão desaparecendo mais e mais da superfície e recolhem-se à vida interior. Assim, para o observador que examina com as lentes da psicologia e para o poeta que rastreia com os sentidos, tanto mais atraente vai se tornando a tarefa de evidenciar os polos que atraem e afastam na vida anímica das nacionalidades e raças, e evidenciar portanto as contradições quase imperceptíveis aos olhos do leigo. Apenas a maestria no manejo da língua poderá configurá-la de modo claro e acessível na obra artística.[63]

---

* O debate sobre tais casamentos mistos, *Mischehen* em alemão, culminou com a lei decretada pelos nazistas em 15 de setembro de 1935, que previa punições severas, até mesmo pena de morte, a casamentos mistos, sobretudo entre judeus e alemães. (*N. da T.*)

Gabriele Dürbeck observa de maneira acertada que para o autor Heinrich Mann o Brasil não é "esboçado como país não europeu com um contexto cultural e social próprio", ou é esboçado assim "de maneira apenas secundária". No romance, o Brasil é "colocado no mesmo patamar cultural de países do sul da Europa, como Itália e Portugal".[64] Sob esse aspecto, Lola se encontra "entre as raças" e em um contexto interno europeu por assim dizer, de tal modo que o significado de "raça" no romance é um símbolo para determinadas tendências do âmbito ético e político.

De fato, Lola experiencia, de modo brasileiro e alemão e em razão de seu "vir de longe", a situação da "internacionalidade", do "ser-entre-as-nações", tornando-se, assim, uma *personagem exemplar* para Heinrich Mann. Seu caminho formativo faz com que ela se torne humanista e democrática, livre e libertária, justamente por ser capaz de manter certa distância em relação ao que é nacional, por causa da sua origem. Assim, ela se torna uma "heroína", tal como Heinrich Mann deseja e necessita politicamente. Em uma carta de 31 de outubro de 1906, ou seja, no período de concepção do romance, escrita de Berlim para o já mencionado Ludwig Ewers, Heinrich Mann afirma: "[...] eu quero propor heróis, heróis reais, seres humanos generosos, claros e filantrópicos, ao contrário da geração de hoje, misantrópica e passiva". E prossegue:

> Desde que eu estou em Berlin, vivo sob a pressão dessa massa escrava sem ideais. Aqui a massividade mecânica da cidade global [*Weltstadt*] alcançou o antigo espírito militar prussiano, que menospreza os seres humanos, e o resultado é um declínio da dignidade humana a patamares ainda desconhecidos.[65]

Não passou despercebido a Heinrich Mann que o debate público sobre diferenças raciais também impulsionava uma prática discriminatória de exclusão. Ele mesmo viria a ser difamado como filho de "mestiça", anos mais tarde. O jornal *Völkischer Beobachter*, por exemplo, "a folha de campanha do movimento nacional-socialista da grande Alemanha", atacou Heinrich Mann com argumentos "raciais". Em alusão a um famoso verso do *Fausto* de Goethe, o jornal nazista intitulou um artigo difamatório contra o escritor como a seguir: "Um Heinrich a mais que nos causa horror... Vida e feitos do presidente da Academia de Escritores" (em alemão: *"Auch ein Heinrich, vor dem uns graute... Leben und Taten des Dichterakademie-Präsidenten Mann"*). O artigo, publicado na edição de 18/19 de fevereiro de 1933, comentava positivamente o afastamento de Heinrich Mann do posto de presidente do departamento literário da Academia Prussiana de Artes. Acusava-o de ser um autor "cuja fantasia se exaure fundamentalmente em temas eróticos — isso também por causa de seu sangue, já que a mãe dos Mann era *portuguesa*". Falaremos mais sobre esse tema no capítulo dedicado a Thomas Mann, mas também antecipamos aqui uma passagem da obra *Jüdische Herkunft und Literaturwissenschaft* [Origem judaica e estudos literários] (1925), do historiador literário Alfred Bartels, antissemita declarado:

> A origem judaica dos Mann é contestada por eles mesmos. Eles querem descender de uma antiga família de comerciantes de Lübeck, no entanto se admite que Heinrich e Thomas Mann tenham uma mãe crioula. Eu preciso confessar que, desde sempre, eu acreditava haver neles algo de sangue judeu, isso por causa do sangue português, por exemplo, embora eu não tenha colocado em dúvida a explicação de Thomas. Considero Heinrich Mann (de Lübeck, nascido em 1871) o mais desagradável, apesar de ele ter caracterizado de maneira valiosa o judaísmo berlinense em *Im Schlaraffenland* [No país da Cocanha]. Seu *Der Untertan* [O súdito] é, de certo ponto de vista, a mais judia de toda a literatura moderna.[66]

Quando dá à "brasileira" Lola Gabriel o estatuto de cidadã do Império guilhermino, Heinrich Mann passa a dispor, já em 1907, de uma personagem com a qual logra problematizar de modo exemplar as tensões entre o próximo e o distante, o povo e os demais povos, nacionalidade e internacionalidade, ou seja, justamente as tensões daquele "entre-mundos", que havia se tornado, em sua opinião, a marca das pessoas em tempos modernos.

A isso se soma o fato de que Heinrich Mann, em seu romance, descreve a situação de Lola enquanto *mulher*, não apenas em uma sociedade profundamente alemã e nacionalista, como também em uma sociedade profundamente patriarcal. Segundo afirma com propriedade Gabriele Dürbeck, o romance de fato retira sua pungência "de uma conexão estreita com mecanismos de desvalorização racistas e específicos de gênero, os quais cabe superar por meio de um conceito de cosmopolitismo".[67] Isso se torna mais nítido a partir de outras alusões ao Brasil em ambas as partes do romance que serão apresentadas a seguir.

6. UM ROMANCE SOBRE A IGUALDADE DE GÊNEROS

A segunda parte de *Entre as raças* descreve o começo da vida adulta de Lola Gabriel, marcado pelas várias viagens em companhia de sua mãe recém-chegada do Brasil. No início, ambas levam "uma vida nômade e inquieta pelo sul da Europa marcadamente romântico"[68] e, no começo da segunda parte, encontram-se em Barcelona entre "folhas de palmeira" (*ER*, p. 75). A partir daí, a bela mãe, viúva recente, e a filha ainda inexperiente nas coisas do amor passam a viver em concorrência uma com a outra no que se refere aos homens com os quais elas têm contato, sem que isso, no entanto, impossibilite o convívio entre ambas.

De volta à Alemanha, elas visitam parentes na Alta Baviera e conhecem ali a vida simples dos camponeses. Em boa disposição, Lola trava amizade com Arnold Acton, um escritor do vilarejo. Ele se caracteriza como um homem de espírito melancólico e reflexivo e, *nesse* sentido, revela-se grande afinidade entre os dois. No âmbito político, Arnold põe sob suspeita a "vontade de poder" típica de sua época. Em vez disso, ele recorre a "um socialismo que propõe substituir a vontade de poder por uma ajuda mútua e ativa. Os mais fracos não devem almejar propriedade para com isso oprimir o outro, mas manter-se um ao lado do outro e assim alcançar a força solidária",[69] como resume Stefan Ringel em sua biografia de Heinrich Mann.

Logo, porém, a figura de Arnold empalidece, pois entra em cena um conde italiano de Florença, Cesare Augusto Pardi, que começa a cativar a jovem Lola com sua energia e elã erótico. Ao contrário de Acton, ele incorpora em cada fibra de sua existência a "vontade de poder". Mais ainda: Lola vê nele o típico "homem" mediterrâneo, comparável a um felino, inescrupuloso, egoísta, forte. Lola sentiu-se atraída por Pardi a ponto de, após sua partida, segui-lo até a Itália.

Segue-se uma história dramática de relacionamento entre ambos, que alcança seu auge quando Lola simula um *affaire* com um dos rivais de Pardi; furioso de ciúme, Pardi pretende desafiá-lo a um duelo. Quando Lola percebe que tudo estava se tornando tão sério, ou seja, que um ser humano seria capaz de matar por sua causa, ainda mais sob falsas condições, ela desafia Pardi, como que por teimosia, a pedi-la em casamento:

> — Então case-se comigo! O Sr. não percebe que me deve isso há muito tempo? O que o impede? Sou de família respeitável, que em breve será rica. O Sr. acredita ter de se envergonhar de mim? Não, não: é justamente por vaidade que me ama! E qualquer uma que o Sr. ama de outro modo consegue afastá-lo de mim.
> — A Srta. está errada...
> — Então fale!
> Como aquilo parecia odiável e sem saída: a oscilação, a falta de honestidade e de confiança desse homem atormentado pelos próprios humores, entregue às mulheres — todas! E algo assim é que se tinha que desejar: bem isso! (*ER*, p. 247s)

Max Brod, o conhecido amigo de Franz Kafka, escreveu uma resenha entusiasmada sobre o romance, logo após seu lançamento: "é um dos melhores livros que conheço". Apesar do tom próprio a uma resenha elogiosa, ele de fato vai ao ponto: "Lola, filha de uma brasileira e de um alemão, oscila entre as raças, entre dois amantes, entre o místico [Acton] e o sensual [Pardi]." Para Brod, que publica seu texto em Praga, o romance trata "substancialmente da emancipação feminina", também de temas como "o direito às primeiras núpcias, greve geral na Itália", "socialismo" e "dissolubilidade do casamento".[70]

De fato, a dimensão política assume significado crescente na terceira parte do romance. Heinrich Mann estava claramente informado da discussão ético-política sobre divórcio, que ocorria na Itália na virada do século. Ele estudou minuciosamente um trabalho do jurista Carlo

Giachetti sobre o assunto: *La questione del divorzio*.[71] As anotações na
última página em branco do exemplar de Heinrich Mann, que se encontra no arquivo da Academia de Artes de Berlim, comprovam esse
dado e também o emaranhado intertextual de citações por meio de
traduções diretas do tratado teórico-jurídico que Heinrich Mann inte-
grou ao seu romance, ao fim da segunda parte.[72]

O interesse politicamente inovador e "democrático" de Heinrich
Mann se expressa no romance justamente na questão dos gêneros. O
autor faz sua "heroína" sofrer humilhações desde o começo do casamento com Pardi. A ambivalência do erótico já tinha se tornado evidente na cena citada há pouco: "E algo assim é que se tinha que desejar:
bem isso!" (*ER*, p. 247). Lola sente essa ambivalência na própria carne,
literalmente, pois os abusos sexuais cometidos por seu marido tornam-
se para ela cada vez mais insuportáveis ao longo do tempo. Lola começa a perceber que seu marido lida com todos os seus subalternos de
modo tirano e injusto e que ele a trata também como uma subalterna.[73]

Em resposta a isso, ela se distancia. Se antes o fascínio erótico e sexual pelo marido era intenso, com o passar do tempo Lola se ressente
da falta de qualquer sintonia espiritual entre os dois. Assim como no
começo a força do marido havia despertado nela o prazer dos sentidos
de maneira intensa, do mesmo modo ela passa a dar pela falta de um
elemento importante para seu relacionamento:

> Como era possível que em dois corpos cujo abraço apertado os trans-
> formava em um só corpo gêmeo as almas não houvessem aprendido a
> se entender, a se abraçar? (*ER*, p. 315)

Lola começa a passar por um processo de libertação e autoafirma-
ção, sobretudo porque o conflito com Pardi vai chegando ao fundo do
poço. Uma de suas amigas, Claudia, havia sido assassinada pelo próprio
marido ciumento. Como se isso não fosse tragédia suficiente, Lola descobre que Claudia tinha sido uma das amantes de Pardi e morrera por
isso. Desse modo, Lola ficou em uma posição não só de mulher usada
fisicamente como também de mulher enganada. Ela é vítima de uma
moral ambivalente, que Pardi assume para si com a maior naturalidade.

De mulheres casadas, como Lola, exige-se fidelidade, enquanto os maridos podem se servir de amantes à vontade. Pardi defende a "indissolubilidade do casamento", inclusive no âmbito político-partidário. Como homem de grande influência na região, ele se candidata a uma cadeira no parlamento. Sua bandeira política é justamente a causa da "indissolubilidade do casamento" ou da "impossibilidade do divórcio".

Nesse ponto do enredo, surge novamente Arnold Acton e Lola reconhece que ele é o amor de sua vida. O livro se encerra com a decisão de Arnold quanto a ter Lola de volta até as últimas consequências. Para isso, aceita duelar com Pardi. Desse modo, Lola e os outros subalternos do conde podem nutrir esperanças de se libertar do jugo de Pardi, caso haja um desfecho feliz para Arnold. O romance termina com essa perspectiva em aberto.

7. "PREFERÍVEL É SER CASADA NO BRASIL"

"O aparentemente individual e privado é paradigma para o geral", sublinha Elke Emrich em seu posfácio mencionado acima.[74] De fato, nesse livro também se trata fundamentalmente da tensão entre tirania praticada e idealismo inerte e sonhador, corporificados nas personagens Pardi e Acton.[75] Ao mesmo tempo, os caminhos de formação de Lola e Acton possibilitam o surgimento de "formas mistas e de mediação",[76] segundo as denominou Gabriele Dürbeck. Do que resulta:

> A vida e o sofrimento [de Lola compõem-se] dos estágios de desenraizamento, apatridia e solidão, passando por humilhações, autodestruição, penitência e submissão ao marido, até a resistência e autodeterminação emancipada ao lado de Arnold. Todos os estágios são marcados por impulsos ambivalentes de Lola. Com isso, fica evidente que "hibridez", no sentido de uma diferença nivelada e de um jogo com diferentes identidades, não é para ela uma opção de ação colocada positivamente. Para ela, trata-se muito mais de se opor à opressão, marginalização e eliminação de sua identidade. Ao lado de Arnold, que respeita sua pessoa, ela encontra no fim sua felicidade.[77]

De maneira análoga, encontra-se no fim do romance uma contraparte às cenas de isolamento e discriminação que vemos ocorrer na juventude de Lola. Como mulher adulta, Lola percebe a atmosfera democrática nas ruas da Itália e, em tais "ares", ela não se sente mais "estrangeira":

> Lola respirou mais profundamente naquele ar em movimento: agitada pela bondade prodigiosa da democracia, da força, do despertar da dignidade, para amadurecer a humanidade, dissipar a paz. Sentia-se como uma mão que queria libertá-la: ela também. Ela deveria ser igual para todo o povo, deveria aliviar. Em torno todos a viam livre e grosseiramente, sem restrição, sem tal estranheza cortês. Ela não era uma estrangeira; ela era uma mulher como as outras [...] (*ER*, p. 450)

Além disso, construções aparentemente mais singelas, na obra, são conectadas de modo consciente pelo autor a questões políticas, sociais e de teoria jurídica. Por exemplo, no conflito entre Lola e Pardi, é tratada de modo consequente a questão da posição legal da mulher no começo do século XX. Sob a perspectiva da história do Direito e da história das ideias, Elge Segelcke discute essa questão em seu estudo *Heinrich Manns Beitrag zur Justizkritik der Moderne* [Contribuição de Heinrich Mann para a crítica jurídica na modernidade]:

> Por conta de sua vontade de poder e de vingança ante sua mulher liberal e intelectual, Pardi vê diante de si a ocasião de propor uma votação para o parlamento, a fim de impedir o novo projeto de lei sobre o divórcio e, ao mesmo tempo, a fim de obrigar legalmente sua mulher à companhia permanente do marido.[78]

Se Heinrich Mann, no entanto, faz de uma mulher jovem na Europa de seu tempo alguém "liberal e intelectual", e se ele a impregna do "espírito da democracia" — no que concerne à emancipação feminina —, isso o primogênito de Julia Mann atribui em boa parte ao país de origem de sua mãe, que é também o país de origem de sua heroína fictícia: o Brasil. Isso não é de surpreender quando se pensar que o país de origem de Lola Gabriel já não era mais uma monarquia no período de surgimento do romance. Em 1889, a proclamação da República no Brasil causou sensação na Europa durante anos, sobretudo nos países onde o Estado monárquico permanecia. O relato de Oscar Canstatt, um importante cientista que viajou pelo Brasil no século XIX,[79] comprova esse fato. Na introdução de sua obra, ele escreve:

> Para um trabalho de tal natureza, julguei este momento muito acertado e oportuno, dado que — desde a queda do Império no Rio de Janeiro e, decorrente desse episódio, o início das reformulações do Estado no país — a atenção do mundo volta-se continuamente para o Brasil; ademais, os Estados europeus estão essencialmente envolvidos nos desdobramentos econômicos daquela república sul-americana recém-fundada.[80]

Analogamente, o Brasil pode servir de contraste ao monarquismo e feudalismo na Europa. Em certa ocasião, quando Lola ainda se encontrava na Alta Baviera (na primeira parte do romance), em uma conversa com Arnold Acton e sua anfitriã Sra. Gugigl, as personagens discorriam sobre o tema da situação social da mulher. Embora o contraste Brasil-Alemanha proposto no diálogo tenha recorrido a clichês sido intencionalmente irônico, ele tem um desfecho interessante:

> De todas as mulheres que conheço, são as alemãs que enfrentam as maiores dificuldades. O excesso de confiança e as ilusões da senhora Gugigl não mudam nada. Elas ainda não têm direitos e, não bastasse, têm de trabalhar duro. Minha prima ganha por cuidar da casa — que ela mesma provê! Preferível é ser casada no Brasil. Lá também se é subserviente; mas fica-se deitada na rede, os maridos e empregados estão a serviço e segundo a lei a metade de tudo que o homem ganha pertence a sua mulher. (*ER*, p. 136)

O tema principal dado pelo motivo "brasileiro" acompanha o escritor também em seus futuros pensamentos de caráter político e prático. Questões de cidadania cosmopolita e igualdade de gênero são para Heinrich Mann parte de seu projeto de vida. Com esse seu romance da fase inicial, o escritor passa a tomar parte dessa discussão. Aqui ele estabelece padrões de referência para se avaliarem as condições políticas, sociais e culturais na Alemanha. Para ele, a recordação da origem brasileira da mãe não leva a um tipo de atração pelo exótico, mas a uma discussão de caráter político e emancipatório. Justamente *porque* sua Lola vem "de longe", ela pode assumir uma posição de distanciamento com relação à Europa, cuja sociedade de antes da Primeira Guerra se estagnara na monarquia, no feudalismo, colonialismo e patriarcalismo. Heinrich Mann apoia assim o movimento democrático, que começa a se desenvolver na ala política republicana e de esquerda no Império guilhermino e cuja vitória com a Revolução de 1918 Heinrich Mann irá saudar. O colapso da monarquia e abdicação do imperador foram motivos de júbilo para Heinrich, ao contrário de seu irmão Thomas, que em 1918 ainda se dedicava a concluir suas *Considerações de um apolítico*. Heinrich Mann apresentava-se como republicano e democrata, enquanto seu irmão vinha a público como conservador e monarquista.

Heinrich Mann travou contato com o Brasil somente no período do exílio norte-americano,[81] por meio de cartas trocadas com um exilado austríaco chamado Karl Lustig-Prean, com quem Thomas Mann também se correspondeu (ver a seção de Documentação neste volume). Lustig-Prean, que viveu em São Paulo, irá estabelecer a ponte decisiva entre Heinrich Mann e o país de nascimento de sua mãe, o que de qualquer modo já estava prefigurado em muitos detalhes da vida e da obra do autor de *Entre as raças*. No Arquivo Literário Alemão, em Marbach sobre o Neckar, encontra-se, por exemplo, um documento singelo, mas tocante. Trata-se de uma página do jornal de setembro de 1907 em que se publicara a apreciação do romance *Entre as raças* pelo parceiro de conversas literárias Ludwig Ewers, que já mencionamos. No exemplar, ao pé da página, há uma anotação manuscrita por Heinrich Mann. Ela diz: "Favor repassar para a mamãe."

Thomas Mann e a sua "terra mátria"

CAPÍTULO III

O agradecimento se dirige também ao país imenso e acolhedor [...] ao qual me sinto ligado por laços sanguíneos. Cedo soou em meus ouvidos o louvor de sua beleza, pois minha mãe veio de lá, era uma filha da terra brasileira; e o que ela me contou sobre essa terra e sua gente foram as primeiras coisas que ouvi sobre o mundo estrangeiro. Também sempre estive consciente do sangue latino-americano que pulsa em minhas veias e bem sinto o quanto lhe devo como artista. Apenas uma certa corpulência desajeitada e conservadora de minha vida explica que eu ainda não tenha visitado o Brasil. A perda de minha terra pátria [*mein Vaterland*] deveria constituir uma razão a mais para que eu conhecesse minha terra mátria [*mein Mutterland*]. Ainda chegará essa hora, espero.

Thomas Mann a Karl Lustig-Prean, 8 de abril de 1943

1. SEUS OLHOS — "NEGROS E BRASILEIROS": O RETRATO DE ADORNO

Em 1962 — ano em que se completavam sete anos de falecimento de Thomas Mann — um dos mais influentes filósofos naquele tempo da Alemanha do pós-guerra, Theodor Adorno, traçou para a posteridade o retrato do "Mago" (epíteto atribuído com frequência ao escritor). Por "ensejo de uma exposição de documentos" em um ensaio publicado em uma coletânea dedicada aos 85 anos de Hermann Hesse, o filósofo almejava dizer despretensiosamente "algumas palavras" sobre o interlocutor admirável com quem convivera no exílio na Califórnia e também um tempo depois. Seu objetivo não seria apresentar lembranças pessoais de Thomas Mann, mas, "a partir de minha própria experiência", escrevia ele, "refutar alguns preconceitos que teimosamente pesam sobre a pessoa do escritor". Esses preconceitos "não são indiferentes ante a composição da obra, sobre a qual quase se transportam de modo automático: eles a obscurecem à medida que ajudam a reduzi-la a fórmulas".[82] Adorno pensa aqui na caracterização apressada de Thomas Mann como artista da alta burguesia vaidoso e avesso à vida, que escreve obras moribundas no sentido de Schopenhauer e Nietzsche.

Adorno procura destacar a complexidade e multiplicidade da pessoa e da obra de Thomas Mann, pois, "apesar de toda força de seu Eu, não era sua identidade quem ditava a última palavra".[83] No comportamento do retratado, Adorno salienta seu aparente distanciamento e recolhimento em momentos de convívio social: "É bem possível que, durante eventos sociais, que de modo algum costumavam aborrecê-lo, o espírito pesado o conduzisse às esferas do sono acordado." Mas o filósofo não via nisso qualquer ausência de sensibilidade. Para ele, pelo contrário, eram esses os "momentos" em que "ele se preparava para arrancar a máscara", isto é, a máscara do "hanseático, filho do senador de Lübeck, frio e reservado".[84] Então segue, em posição de destaque no texto de Adorno, uma alusão à origem brasileira de Thomas Mann:

> Se eu tivesse de dizer o que nele me parecia o mais característico, deveria mencionar o gesto de repentino sobressalto que se podia aguardar nessas ocasiões. Seus olhos eram azuis ou azul-cinzentos, porém naqueles momentos em que ele encontrava a si mesmo fulguravam negros e brasileiros, como se algo ardesse estagnadamente e esperasse seu momento de inflamação; como se se tivesse reunido algo material de que agora ele se apoderava para experimentar suas forças. O ritmo do seu sentimento de vida era o contrário do burguês; nada de continuidade, mas antes a alternância entre extremos, entre estagnação e iluminação. Esse fato talvez irritasse amigos da mornez, do aconchego antigo ou novo. Pois nesse ritmo no qual um estado negava o outro veio à luz a ambiguidade do seu natural.[85]

Com os olhos "negros e brasileiros", é possível inferir que o retrato de Adorno não decifra o mistério de Mann enquanto "filho do senador de Lübeck", mas quer intensificá-lo pela remissão à origem sul-americana de sua pessoa.

Saltemos agora para 2003. No XI Congresso da Associação Latino-Americana de Estudos Germanísticos,[86] em Paraty, ocorre um colóquio cujo tema é "Thomas Mann e o Brasil".[87] É evidente a relevância do tema. Alexander Honold (Universidade de Basel), editor de um estudo já mencionado aqui sobre a história cultural do elemento estrangeiro na Alemanha,[88] fornece uma importante indicação para a pesquisa futura. Ele reconhece que, no plano de superação da história familiar, Thomas Mann "sempre se manifestava sobre a pequena parcela exótica da árvore genealógica da família". Interessa a Honold, no entanto, "um segundo campo, que deve ser separado objetiva e metodologicamente [da] dimensão autobiográfica no que se refere ao Brasil", ou seja, a análise das "formas e dos conteúdos literários, nos quais o estrangeiro, particularmente o Brasil, torna-se evidente em Thomas Mann na medida do possível".[89]

Para tanto, Honold fornece alguns exemplos: primeiro, da obra de Heinrich Mann, sobretudo o romance *Entre as raças*; segundo, da obra de Thomas Mann, sobretudo *Os Buddenbrook*, *A montanha mágica* e *Tonio Kröger*. Nas polaridades dramáticas dessas obras, ele vê a reformulação poética das oposições tipológico-culturais: norte *versus* sul; o mundo protestante germânico *versus* o católico latino e românico; Lübeck *versus* Munique. A influência cultural no âmbito do estrangeiro é "claramente atenuada, ou seja, europeizada [...] e, com isso, ela sai do foco por assim dizer".[90] Mais ainda: para além da análise do papel do estrangeiro na obra de Thomas Mann, Honold sugere que se deveria questionar "propriamente a estrangeiridade do escrever", "a importância poetológica das motivações que puderam ser produzidas direta ou indiretamente dos aspectos interculturais ligados ao Brasil e que precisam ser localizadas novamente na questão mais genérica da importância do estrangeiro para a literatura moderna alemã".[91] É nossa intenção seguir essa indicação e questionar mais a fundo a presença do elemento estrangeiro e do indivíduo estrangeiro em obras selecionadas de Thomas Mann, para além do motivo biográfico limitado do Brasil. Apenas nessa perspectiva mais aprofundada é que sua obra poderá ter relevância para nosso contexto.

De fato, diversos recursos literários na obra de Thomas Mann direcionam a atenção do leitor para a condição de estrangeiro de suas personagens. Detalhes de sua caracterização, comportamento e entorno convidam para o deciframento de alusões à estrangeiridade e à alteridade. O leitor é introduzido a uma "mnemônica da alteridade", ou seja, a reguladores de um cultivo da memória, e, com isso, a um tipo de leitura que o torna sensível a momentos de estrangeiridade e que, ao mesmo tempo, logra integrar tais elementos à reflexão que decorre da fruição do texto. Trata-se de algo análogo ao que Adorno observou em seu retrato de Thomas Mann sobre a forma como o escritor parecia lidar com a morte:

> Quando ele quis burlar a morte, aguentou ao mesmo tempo a sua companhia, baseado no sentimento de que não há reconciliação do Vivo a não ser submissão: não resignação. No mundo do homem autocrático,

que encontra sua fundamentação em si mesmo, o melhor seria somente afrouxar o grampo da identidade, e não enrijecer-se. O que se repreende em Thomas Mann como decadência era, ao contrário, a força da natureza para a compreensão da sua própria caducidade. E isso se chama humanidade.[92]

2. "LIVRE DE SANGUE JUDEU E NEGRO"? ESTRANGEIRIDADE EM *A MONTANHA MÁGICA*

No capítulo "War der nicht Jude?" [Ele não era judeu?] de sua biografia de Thomas Mann,[93] Hermann Kurzke relatou que, já em 1912, o historiador de literatura mencionado há pouco no capítulo sobre Heinrich Mann, Adolf Bartels (1862-1945), teria acusado os irmãos Mann de supostamente terem origem judaica. Isso porque os Mann teriam tido uma mãe brasileira com sangue português e, portanto, uma "mistura de sangue árabe, *judeu*, indiano e *negro*". De qualquer modo, os portugueses seriam "o pior de todos os povos europeus, do ponto de vista racial", segundo Bartels em um artigo para o jornal antissemita berlinense *Staatsbürger-Zeitung*.[94]

De repente a "origem" de Thomas Mann tornou-se tema público explosivo nos âmbitos políticos e sociais. O escritor reagiu com uma estratégia ambivalente. O "judeu" ele quis desmentir de maneira resoluta, pois isso não corresponderia aos fatos, como ele não se eximiu de destacar o quanto pôde:

> Se eu fosse judeu, eu esperaria ter consciência suficiente para não me envergonhar de minha ascendência; como *não* sou judeu — e isso em nenhuma gota sequer de meu sangue —, não posso desejar que alguém me tome por judeu. Eu descendo de uma família hanseática nobre; meu pai fazia parte do Senado da cidade de Lübeck. (*Diários*, 14.1, p. 345)

Poucos dias depois, não sem insistir em *não ser judeu*, Thomas Mann enfatizou algo diferente. Ele não queria ocultar o elemento de "latinidade" em sua origem:

O que soa estranho a um pesquisador como o prof. Bartels em minha produção e na de meu irmão é atribuído provavelmente, ou ao menos em parte, à *miscigenação latina (portuguesa)*, que nós de fato apresentamos. Se ele designa Richard Dehmel como um "virtuose eslavo", ele deveria nos designar "artistas românicos". De qualquer modo, não somos judeus. (*Diários*, 14.1, p. 347)

Thomas Mann manteve essa estratégia durante toda vida. A acusação calou mais fundo do que mostram as aparências. Pois, muitos anos mais tarde, em um texto já conhecido por nós, "Retrato da mãe" (1930), ele voltou a dizer: "Minha mãe era natural do Rio de Janeiro, mas tinha um pai alemão, de modo que nosso sangue está misturado ao latino-americano em apenas um quarto."[95] Isso soa a atenuação, distanciamento, a tentativa de amenizar a importância do fato.

Experiências históricas dramáticas mudaram a atitude de Thomas Mann diante do tema judaísmo e brasilidade.[96] O antissemita Bartels, por seu turno, insistiu décadas a fio na acusação de sempre, como vimos anteriormente: "Devo confessar que eu ainda acredito que haja algo de sangue judeu neles [Heinrich e Thomas Mann], via Portugal, embora eu não coloque em dúvida algumas explicações de Thomas."[97] Ainda em 1942, na 18ª edição de sua *Geschichte der deutschen Literatur* [História da literatura alemã], mantém-se a informação de que a mãe de ambos era portuguesa e que, portanto, "possivelmente não estava livre de sangue judeu e negro; e não se pode esquecer que ambos se casaram com judias".[98]

As ambivalências permanecem justamente em questões ligadas ao tema do estrangeiro e exótico. Para tanto, não há excerto mais impressionante que a "Dança macabra", no quinto capítulo de *A montanha mágica*, mais exatamente o episódio que descreve a ida de Castorp e seu primo Joachim Ziemßen, também residente no sanatório Berghof, ao cinema Bioskop. A jovem doente Karen Karstedt os acompanha. No cinema Bioskop há um primeiro equipamento técnico para projeção de cenas fílmicas. Os três contemplam sequências de imagens do estrangeiro e exótico que eles nunca tinham visto dessa forma:

O déspota morria vítima de um punhal, lançando, com a boca aberta, urros que não se ouviam. A seguir foram mostradas imagens de todas as partes do mundo: o presidente da República Francesa, de cartola, com a grã-cruz da Legião de Honra, a responder, do assento de um landô, a um discurso de saudação; o vice-rei da Índia, assistindo às bodas de um rajá; o príncipe-herdeiro alemão no pátio de um quartel em Potsdam. Viam-se a vida numa aldeia de indígenas de Novo Mecklemburgo, uma rinha de galos em Bornéu, selvagens desnudos que tocavam flauta soprando pelo nariz, uma caça de elefantes bravios, uma cerimônia na corte real do Sião, uma rua de bordéis, no Japão, com gueixas sentadas atrás de grades de madeira. Viam-se samoiedos agasalhados, a atravessarem, em trenós puxados por renas, um ermo nervoso da Ásia setentrional; viam-se peregrinos russos rezando em Hebron e um delinquente persa que recebia bastonadas. (*A montanha mágica*, p. 425-426)

Essa é a percepção do estrangeiro na mídia do panóptico. Thomas Mann deixa irromper imagens de humor grotesco no mundo europeu de Castorp e Ziemßen. O "mundo todo" de repente está presente: Índia, Bornéu, Sião, Japão, Ásia setentrional. Misturas bizarras são visíveis: selvagens desnudos que podem soprar a flauta pelo nariz; prostitutas japonesas, que esperam em "grades de madeira"; peregrinos russos, que fazem uma parada na terra santa (Hebron); prisioneiros persas que são domesticados. Inversamente, os poderosos do mundo têm aparência grotesca nessas imagens, sejam eles quem forem: presidente francês, vice-rei da Índia ou príncipe-herdeiro alemão. As imagens tremelicantes tornam-nos parte do panóptico e colocam-nos no nível dos "selvagens desnudos" e "samoiedos agasalhados". Então, logo a seguir, as cenas se fixam sobre uma figura feminina impactante:

O espaço ficava aniquilado e o tempo recuava. O ali e o outrora tinham-se transformado num aqui e num agora, que deslizavam, dançavam, envoltos em música. Uma jovem marroquina, em trajes de seda listada, ajaezada de correntes, fivelas e anéis, com os exuberantes seios semidesnudos, aproximava-se de repente, em tamanho natural; tinha as narinas dilatadas e os olhos cheios de vida animalesca. As feições estavam em pleno movimento. Ria-se exibindo os dentes brancos. Uma das mãos, cujas unhas pareciam mais claras do que a pele, era mantida à altura dos olhos, qual uma pala, enquanto a outra acenava para o público. As pessoas fitavam, acanhadas, a encantadora sombra que fingiam enxergar e não enxergavam, que absolutamente não era atingida pelos olhares, e cujo riso e aceno não se referiam ao presente, senão que pertencia ao ali e ao outrora, de modo que teria sido absurdo retribuí-lo. Isso, como já dissemos, mesclava ao prazer uma sensação de impotência. Por fim sumiu-se o fantasma. Uma clareza vazia estendeu-se por sobre a tela, onde apareceu a palavra "fim". (*A montanha mágica*, p. 426)

A percepção da "jovem fêmea marroquina"* enquanto elemento poetológico que ativa a "mnemônica da alteridade", sobre a qual falamos há pouco, remete-nos a uma situação de *Lembranças da infância de Dodô*, lembranças que Julia escreveu sob a forma de texto ficcional. A narradora descreve uma primeira anedota sobre a presença da pequena Julia na cidade de Lübeck: "Elas [Julia e sua irmã] também eram aguardadas por uma tia-avó idosa, que em várias ocasiões já havia perguntado num dialeto Plattdeutsch: 'Quando é que vêm os pequenos negrinhos de Ludwig?' Ela imaginara que os pequenos eram negros!"[99] Tanto o imaginário da tia em relação aos povos do Brasil quanto o espanto diante da cena fílmica encenam o confronto entre o que é próprio e o que está distante: o alheio.

As ambivalências na descrição de elementos estrangeiros são inequívocas. Em *A montanha mágica*, há indícios claros de que Thomas Mann estaria bem informado sobre miscigenações, em especial sobre uma possível ligação entre brasilidade e judeidade. Isso vem à tona em um momento do romance que não chama muito a atenção, mas que é ao mesmo tempo bastante evidente, quando se fala na biografia de Leo Naphta, o grande intelectual e adversário do iluminista e racionalista Ludovico Settembrini. Naphta é de proveniência judaica, convertido para o catolicismo, outrora estudante de um seminário jesuíta. Como seminarista, diz o texto, ele teria tido sorte por sua origem não chamar

---

* Na tradução original, é omitida a palavra "Weib", que aqui destacamos como "fêmea". (*N. da T.*)

atenção no seminário, pois "o cosmopolitismo da instituição impedia que sua origem racial aparecesse de modo evidente". Mais ainda:

> Existiam ali jovens provenientes de terras longínquas, sul-americanos de raça lusa, cujo aspecto era mais "judeu" do que o de Leo, e dessa forma o conceito deixou de subir à tona. O príncipe etíope que entrara ao mesmo tempo que Naphta era até um negro típico, com cabelos lanosos, e contudo sumamente distinto [elegante]. (Mann, 2006, p. 593)

Um "negro típico", porém "distinto": a frase trai certa entonação racista, um olhar soberbo "de cima para baixo". Para nós, no entanto, mais importante nessa parte é a relação entre condição judaica e brasilidade. Isso pode parecer estranho a alguém que não sabe o que Thomas Mann parecia saber: no começo do século XVI, no período da colonização do país, a população branca do Brasil compreendia em grande parte cristãos-novos portugueses, ou seja, judeus ou judeus-cristãos convertidos antes da imigração. Stefan Zweig também tratou disso em seu livro sobre o Brasil, o que vamos abordar no próximo capítulo. Disso se segue que o elemento judeu no Brasil é visto também de maneira étnica e tem mais importância do que se imagina hoje, em que predomina a imagem de um Brasil puramente "cristão".

Tudo indica que Thomas Mann tinha boa noção da marca judaica presente nos "sul-americanos de raça lusa", isto é: dos brasileiros. Ele não podia excluir totalmente essa marca peculiar de sua própria origem. Naturalmente não se podia assumir isso diante de racistas como Bartels. A isso era preferível remeter-se ao conceito mais universal, supostamente mais inofensivo, de "latinidade". Assim, Thomas Mann encontrou uma solução sofisticada que lhe permitiu fazer uso literário do motivo da própria origem. Ele transfere tal elemento para a biografia de Naphta, despeja-o sobre Naphta, por assim dizer, e garante para si mesmo um distanciamento oportuno. De alguma maneira ele se "abrigou" na personagem de Naphta. Isso certamente para manter fora de perigo sua reputação de escritor *alemão*. Thomas Mann faz aqui o que frequentemente realiza com virtuosismo em sua obra: revela-se e oculta-se ao mesmo tempo.

De modo muito claro, o motivo da aproximação entre judaísmo e brasilidade emerge mais uma vez em Thomas Mann em seu último romance, o inacabado *Confissões do impostor Felix Krull* (1954). Voltaremos a falar com mais detalhe desse texto, mas permitimo-nos aqui uma antecipação. O autor faz seu "herói" Felix perambular por Frankfurt e encontrar casualmente um casal de irmãos, cuja beleza estonteante (de ambos, como casal) o fascinara. Ele supõe tratar-se de sul-americanos ou judeus:

> [...] não era nada, mas era encantador. A cena passou-se sobre minha cabeça: uma sacada aberta no primeiro andar do grande hotel Zum Frankfurter Hof. Certa tarde apareceram nele — perdoem-se, foi tudo tão simples — dois jovens, moços como eu próprio, obviamente irmãos, possivelmente um casal de gêmeos — eram muito parecidos, um rapazinho e uma moça expondo-se à intempérie do inverno sem proteção para a cabeça, por pura doidice. Tinham aparência vagamente estrangeira, de além-mar, talvez fossem sul-americanos de origem portuguesa ou espanhola, argentinos, brasileiros — estou apenas conjecturando; talvez fossem judeus — não posso garantir nada e, aliás, não permiti que essa dúvida perturbasse minha contemplação sonhadora, pois filhos dessa raça, educados com luxo, são sempre atraentes. Os dois eram belíssimos — o jovem não menos do que a moça. (*Felix Krull*, 2000, p. 88)

Voltaremos ao tema desse casal de irmãos na seção sobre o romance de Krull também no contexto da relação entre brasilidade e judaísmo. Aqui é mais importante a seguinte conclusão: no caso de Thomas Mann, a inclusão na obra de tais propósitos e alusões tem relação, sem dúvida, com sua origem estrangeira. A essa inclusão chamamos "mnemônica da alteridade". Em sentido poetológico, o leitor de Thomas Mann deve ser levado a perceber por meio da codificação e decifração de apontamentos sobre estrangeiridade que o elemento da alteridade, do estrangeiro, adentra a concepção de mundo e identidade do que se escreve e, com isso, adentra a própria materialidade do texto.

Tomemos por base essa perspectiva para compreender outras personagens e elementos ficcionais da obra do escritor Thomas Mann, tais como a personagem Esmeralda e a borboleta em *Doutor Fausto*.

3. "A BELEZA DOS LEPIDÓPTEROS": DISFARCES DA MÃE NO ROMANCE *DOUTOR FAUSTO*

A confrontação com a origem da própria mãe se concretiza novamente no romance tardio *Doutor Fausto*, na forma de uma codificação ainda mais sofisticada. A mãe de origem brasileira já havia recebido alusões em outras obras literárias, ainda que Thomas Mann tenha repelido uma "decodificação" biográfica precipitada em seu texto "O retrato da mãe" (1930), como vimos anteriormente. Mas não passa despercebido que a mãe de Hanno, Gerda Arnoldsen, já em *Os Buddenbrook*, tem as feições do "vir de longe" da mãe de Thomas Mann. E tanto mais Consuelo, a mãe de Tonio Kröger na novela homônima da juventude, de 1903.

O fato de a mãe de Tonio "ter cabelos negros", ser "linda", "ardente", "morena" e "tão diferente das outras damas da cidade, porque o pai de Tonio havia tempos a trouxera de um lugar que ficava bem lá embaixo no mapa",[100] é mais que mera alusão à própria origem materna. É, sim, elemento de caracterização de um protagonista que oscila entre dois parâmetros distintos e opostos. A mãe tocava "tão maravilhosamente piano e bandolim", e Tonio ficava feliz "por ela não se aborrecer apesar do lugar incerto que ele ocupava entre os demais". Isso porque Tonio era "um estranho entre os outros jovens", como se diz explicitamente no texto. Ele vive entre a "serena indiferença da mãe" e a "ira do pai", o cônsul Kröger. O mesmo ocorre no caso da mãe do escritor Gustav von Aschenbach, protagonista de *A morte em Veneza* (1911). A ela são atribuídas feições semelhantes:

> um influxo de sangue mais agitado e sensual viera acrescentar-se à família na geração precedente, por intermédio da mãe do escritor, filha de um mestre de capela tcheco. Dela ele herdara as características de uma raça estrangeira patentes em sua aparência. A fusão de uma escrupulosidade profissional austera com impulsos ardentes e obscuros fez surgir um artista, este artista especial. (Mann, 2000, p. 10)

Sem grande esforço pode-se associar essa caracterização da personagem ao autorretrato de Thomas Mann, que também explica o próprio universo artístico como fruto da "fusão" de "uma escrupulosidade profissional com impulsos ardentes e obscuros". O exótico serve como autoestilização e é sinal da proximidade à arte. Quem salientou isso foi o germanista da Universidade de Freiburg Rolf G. Renner, que sublinhou a ambivalência do exótico em Thomas Mann: "O olhar sobre a outra cultura", ele escreve, "une-se ao olhar que se lança sobre o outro gênero, a uma constelação familiar peculiar e a uma relação tensa com a mãe."[101] A partir de argumentos biográficos e psicanalíticos, Renner considera que "aquilo a que o autor se refere quando se volta para a mãe seria o ponto de irrupção da autocrítica".[102] A aproximação ao exótico como caminho para a superação de dúvidas quanto a uma falta de talento artístico em si mesmo (o que se dá claramente em *Tonio Kröger*) levaria, para Renner, à sensação de se ter em si algo de palhaço (*bajazzo*). No caso de Thomas Mann essa condição de bufo tem um significado psicológico e ideológico: a bufonaria como forma de irrupção do irracional, diz Renner, seria "o aniquilamento da cultura pela ideologia, resultado da irresponsabilidade do artista diante das exigências do mundo político".[103]

Nesse contexto, Renner se refere sobretudo ao romance *Doutor Fausto*. A partir de citações de cartas e registros de diários de Thomas Mann, Renner mostra que o exótico teria uma "conotação dupla": ele esconderia "a pretensão a um talento pré-artístico e sensitivo, a capacidade de ser espontâneo" e, ao mesmo tempo, marcaria "uma falta de capacidade de fazer frente a exigências políticas". Renner acredita que "essa codificação ambivalente do exótico no âmbito do psicológico e da autoanálise ideológica" encontraria equivalência nas ambivalências do retrato da mãe como "fantasma de uma relação sexual".[104]

Em *Doutor Fausto*, que *grosso modo* trata do caminho artístico do músico Adrian Leverkühn, Renner vê uma expressão precisa dessa constelação, em especial "quando Adrian é levado para casa pela mãe, de Pfeiffering até o sítio de Buchel", depois que ele perde suas faculdades mentais. O episódio se daria "sob o signo de uma recodificação edipiana do espaço do enredo" e seria "uma desistência [de Adrian] do desenvolvimento individual e artístico".[105] No entanto, Renner também considera falso "reduzir essa ambivalência à situação de conflito edipiana". Seu significado mais profundo estaria justamente no fato de que "na estrangeiridade da mãe, inscrita no texto, é percebida ao mesmo tempo a própria estrangeiridade". Segundo Renner,

> a frieza da mãe real e sua transformação ficcional correspondem à frieza nas relações pessoais sob a qual o escritor Thomas Mann supôs sofrer ele mesmo ao longo de sua vida. [...] Na autoanálise retrospectiva do escritor não há propriamente uma coincidência efetiva entre leveza meridional e produtividade artística. A frieza do próprio caráter decorre diretamente do mundo da arte. A promessa do exótico e a repulsa por meio da frieza correspondem à ligação entre produtividade artística e frieza emocional, que o autor inscreve na vida de Adrian como sua própria constante biográfica.

Para encerrar sua exposição, Renner vê a relação com a mãe em correspondência com uma "notável recodificação edipiana da relação amorosa com outra mulher";[106] no caso, a relação de Adrian Leverkühn com a prostituta Esmeralda, outra personagem de *Doutor Fausto*.

Não queremos discutir aqui essa interpretação psicanalítica. É fato que a própria mãe e sua origem aparecem "veladas" no romance: na personagem da senadora Rodde e na prostituta Esmeralda, como já apontado por Renner.

Primeiro, algumas palavras sobre a senadora. Quando o romance foi publicado, em 1947, Thomas Mann recebeu de seu irmão Viktor uma carta cheia de preocupações. Ele escreve em seu diário: "Carta de Vikko sobre o *Doutor Fausto*. Alarmado sobre a personagem baseada em mamãe. Em Munique, deciframentos" (*Diários*, 17/2/1948). O que poderia ser alarmante em relação à "mamãe"? Segundo Viktor Mann:

> O que me incomoda na senadora Rodde é que ela possa ser mamãe por causa de algumas situações e características [...] Na verdade, isso diz respeito a nós mesmos, porque já não há muito mais pessoas vivas que conhecem o contexto em cada detalhe. Por outro lado, o círculo que já conhece o Fausto apressa-se em decifrar. Eu já tive de responder a uma pergunta discreta sobre o fato de a senhora Rodde "ser" tão pouco a mamãe quanto Gerda Buddenbrook, que também poderia

"ser" a mamãe por causa da genealogia. O que falei condiz com o que você pensa?[107]

Não totalmente. Pois a personagem e a história da senadora Rodde são muito claramente um resgate [*Wieder-Holung*] do destino da própria mãe. Para tanto é decisivo o capítulo 23 de *Doutor Fausto*. O narrador Serenus Zeitblom relata a mudança de Adrian Leverkühn para a casa da senadora em Munique, como sublocatário. O endereço da casa mencionado no romance é o mesmo da própria mãe outrora (Rambergstraße). Em comparação com Julia, a origem e a situação da senhora Rodde são levemente modificadas (viúva de um senador de Bremen; Julia era viúva de um senador de Lübeck). Para ambas restam duas filhas para criar: Ines e Clarissa no romance correspondem às irmãs Julia e Carla Mann. É, sobretudo, o papel social da senadora em Munique que corresponde exatamente ao de Julia Mann. Também a casa de Julia era ponto de encontro do "mundo artístico, ou semiartístico" (*Diários*, 10/1, p. 286).

O retrato direto da mãe como a sra. Senadora Rodde resultou sem dúvida "fleumático", como apontou com razão Hermann Kurzke.[108]

Ainda nas palavras de Thomas Mann:

> Suas características eram percebidas facilmente. Olhos escuros; os cabelos castanhos graciosamente encrespados e pouco grisalhos; de postura nobre; tez de marfim e expressão facial agradável e ainda denotando bem-estar. Assim ela tinha representado durante toda a vida um membro ilustre de uma sociedade fidalga e estado à frente de uma casa repleta de serviçais e de obrigações. Após a morte de seu marido (cujo retrato circunspecto feito com o traje oficial enfeitava a sala de estar), e diante de relações fortemente contrastantes e de uma postura que não deveria ser mantida no meio habitual, os desejos de um prazer de viver, que não tinham se realizado e provavelmente nunca foram satisfeitos de fato, libertaram-se dentro dela e tinham tido como objetivo uma continuidade mais interessante de sua vida em uma esfera humanamente mais calorosa. (*Diários*, 10.1, p. 286)

Será que certa reserva sentida nesse retrato (escrito mais de vinte anos depois da morte de Julia Mann) se deve à "frieza" que Thomas percebia em sua mãe, também depois de envelhecida? No capítulo sobre Julia, mencionamos a carta de 1939 de Thomas Mann a Agnes E. Meyer. Ali Thomas Mann havia falado sobre a "frieza" característica de sua mãe. Uma carta de Thomas Mann a Hans Reisiger de 4 de setembro de 1947 segue a mesma direção. Nela, em alusão a uma doença grave que havia interrompido por um longo tempo o trabalho no *Doutor Fausto*, e não sem problematizar a existência de elementos autobiográficos em sua obra, Thomas Mann escreve:

> Que eu tenha ficado gravemente doente no meio não foi por acaso, foi o livro que me consumiu. Por quê? Porque o texto, escrito durante a guerra, e sob a profunda separação da Europa e todos os relacionamentos pessoais por lá, continua se ocupando do caráter e do destino alemão? Porque a biografia esboçada por um outro, que não aquele que é seu centro, contém muito de inabitual e autobiográfico, a imagem fria de minha mãe, a decadência de minhas irmãs e, finalmente, porque a vida terrível de Adrian Leverkühn não é apenas um símbolo para a degeneração da Alemanha, para a crise da época, crise da arte etc., mas também um desvelamento e uma reprodução deslocada, desarticulada, deformada e demoníaca de minha própria vida?[109]

O motivo beleza e frieza também predomina na descrição da segunda personagem feminina que nos interessa aqui e que é incomparavelmente mais fascinante: a prostituta que Leverkühn costuma chamar de "Esmeralda". O nome, entre outras referências, remete também à América do Sul, pois na época de Thomas Mann designava-se *Hetaera esmeralda* uma borboleta que vive apenas nessa região. A ligação dessa criatura singular com o país de origem de Julia Mann já foi notada no Brasil, em 1959, pelo crítico literário Anatol Rosenfeld,[110] que vivia como exilado em São Paulo. Mais tarde, ela foi retomada em um artigo do estudioso de literatura brasileiro Carlos Azevedo.[111] A borboleta, que hoje em dia é chamada de *Callitaera rubina*, foi descoberta no Brasil pelo cientista inglês Henry Walter Bates.

Thomas Mann tomou conhecimento desse inseto fascinante por meio de um livro publicado na Suíça em 1935 sob o título *Falterschönheit. Exotische Schmetterlinge in farbigen Naturaufnahmen* [A beleza dos lepidópteros. Borboletas exóticas em ilustrações coloridas]. O biólogo Adolf Portmann escreveu o texto, e o escritor Hermann Hesse, ele mesmo um colecionador de borboletas, contribuiu com o prefácio. O próprio Hesse dedicou um exemplar dessa publicação a seu colega Thomas Mann.[112] No livro, diz-se o seguinte:

> Em algumas espécies, quase toda a asa não tem escamas, de modo que a área delicada e vítrea é percorrida apenas por uma rede de nervuras escuras. Essa transparência geralmente produz novas belezas absolutamente maravilhosas, sobretudo em alguns espécimes sul-americanos da floresta. "Uma das que possuem asas de vidro", como relata Bates, "é especialmente bonita, a saber, a *Hetaera esmeralda*. Ela tem apenas uma mancha colorida em suas asas, matizada de violeta e rosa; essa é a única parte visível quando o inseto voa na sombra crepuscular, sobre as folhas caídas, onde é comumente encontrado; nesse momento assemelha-se por completo a uma pétala que se move."[113]

Thomas Mann ficou tão entusiasmado com essa obra que quis partilhá-la também com seus descendentes. No diário, em junho de 1943, é possível saber como o neto Frido, naquele tempo com 3 anos, examinou com interesse os livros específicos "sobre lepidópteros e conchas":

> Leitura sobre lepidópteros e conchas. [...] Frido comigo no sofá observa com aparente interesse imagens coloridas de lepidópteros e conchas. [...] Leitura atenta de *Allgemeine Biologie* [Biologia geral], de Kammerer. O mais incrível a imitação da vida pelo inorgânico ("Osmotische Gebilde" [Formações osmóticas]). (*Diários*, 13/6/1943)

No que diz respeito às conchas, trata-se do livro de Paul A. Robert *Kunstgebilde des Meeres, Muschel und Schneckegehäuse* [Formações artísticas do mar, concha e conchas de caracol], publicado em 1936 em Berna.

No romance *Doutor Fausto*, Adrian Leverkühn toma contato desde cedo com a existência da borboleta sul-americana. Pois, como Thomas Mann, também o pai de Adrian Leverkühn tinha feito seus descendentes compartilharem da beleza das imagens, como se pode ver no terceiro capítulo de *Doutor Fausto*. Para tais imagens, Thomas Mann se apoiou minuciosamente na descrição de Adolf Portmann. Vejamos a passagem do romance:

> Quando o pai de Adrian abria à noite seus livros com estampas coloridas de borboletas ou animais marinhos, nós [...] espiávamos [...] e ele apontava com o dedo indicador para as maravilhas e curiosidades ali retratadas: esses lepidópteros e papílios tropicais cintilantes em todas as cores da palheta, noturnais e brilhantes, ondulando com todas as formas e padrões do mais excelso gosto de decorações artísticas — insetos que, numa beleza fantasticamente exagerada, levavam uma vida efêmera e, em alguns casos, são considerados pelos nativos espíritos malignos, transmissores da malária.[114] A mais magnífica das cores que ostentam, um azul belo como um sonho, seria, segundo nos ensinava Jonathan [Leverkühn], nenhuma cor real, genuína, senão o efeito de finas estrias e outras formações da superfície das escaminhas em suas asas, uma microestrutura que, pela artificiosa refração dos raios de luz e pela eliminação da maior parte deles, conseguiria que unicamente o luminoso esplendor cerúleo chegasse aos nossos olhos.
>
> — Vejam só — ouço ainda a voz da Sra. Leverkühn. — Tudo isso não passa então de um logro?
>
> — Chamas de logro o azul do céu? — replicou o marido, enquanto se virava para trás para olhá-la. — Não creio que me possas definir a substância colorante de que ele se compõe.
>
> Efetivamente, enquanto escrevo estas linhas, tenho a impressão de ainda encontrar-me de pé, junto com dona Elsbeth, Georg e Adrian, atrás da poltrona do pai, acompanhando o dedo dele através dessas visões. Havia lá fotografias de egerídeas, que não têm em suas asas nenhuma escama, de modo que essas aparecem delicadamente vítreas, apenas atravessadas pela rede de veias mais escuras. Uma borboleta dessa família, amante, na sua diáfana nudez, da sombra crepuscular das frondes, chamava-se *Hetaera esmeralda*. Tinha nas asas apenas uma mancha escura, de um rosa violáceo que durante o voo a assemelha a uma pétala arrastada pelo vento, já que nada mais se enxerga do bichinho. (*Doutor Fausto*, p. 21)

Já de início se aborda um dos temas fundamentais do romance: beleza como ilusão, beleza como forma de sedução, beleza como chamariz da sensualidade, de Eros. Não passou despercebido à crítica que Thomas Mann, em relação ao texto de Portmann, acrescentou a formulação "diáfana nudez". Essa é uma razão a mais para que se veja na borboleta *Hetaera esmeralda* uma remissão simbólico-metafórica à prostituta que Adrian encontraria mais tarde em Leipzig e a quem ele atribuiria exatamente esse nome, Esmeralda.

A cena do bordel é descrita no romance em duas versões. Primeiro, de forma autêntica, por Adrian mesmo a partir de uma carta que ele tinha enviado ao narrador Zeitblom (capítulo 16); segundo, de forma indireta, dessa vez pelo narrador (capítulo 17). No capítulo 16, Thomas Mann se apoia em uma experiência em bordel, bastante conhecida, na vida do filósofo Friedrich Nietzsche:

Toquei a campainha, a porta abriu-se sozinha e, no vestíbulo, uma endomingada madama vinha ao meu encontro. Tinha bochechas da cor de passas de uva e, em cima de suas banhas, um rosário de contas amareladas. Saudou-me com um gesto quase pudico, manifestando sua alegria em voz aflautada e namoriscando comigo, como se havia muito tivesse aguardado a minha visita. Com inúmeros cumprimentos, conduziu-me através de alguns reposteiros até um salão esplendidamente iluminado por um lustre de cristal e candelabros diante dos espelhos, tapeçarias emolduradas e sofás forrados de seda, nas quais se achavam sentadas as ninfas e filhas do deserto, seis ou sete — como vou defini-las? — borboletas, libélulas, esmeraldas, escassamente vestidas, diafanamente vestidas, em tule, escumilha, lantejoulas; cabelos soltos, compridos, cabelos em cachos; semiesferas empoadas; braços com pulseiras; e todo o grupo mirando-me de olhos esperançosos, luzentes de concupiscência. (*Doutor Fausto*, p. 190)

Então, chega o momento em que Leverkühn perde totalmente o controle de si mesmo ao ser tocado por uma das mulheres. Ela não faz mais que acariciar com o seu braço a face de Leverkühn, o que causa nele a seguinte reação:

Foi quando uma morena se colocou a meu lado, num pequeno casaco espanhol; boca grande, nariz arrebitado e olhos amendoados, Esmeralda! Acariciou-me a face com o braço. Eu me virei; empurrei o mocho com o joelho, para arredá-lo, e, recuando pelo tapete, abri caminho através do inferno da volúpia, corri ao lado da palradora dona da pensão, pelo corredor e pela escada, até a rua, sem sequer tocar no mainel de latão. (*Doutor Fausto*, p. 190)

A outra descrição da cena se repete já no próximo capítulo. Para o narrador, ela é terrível demais, pois Zeitblom sabe que o encontro com essa mulher, que simboliza ao mesmo tempo a beleza e a ilusão de uma borboleta, a sensualidade e a propensão à sedução, viria a levar seu amigo Adrian Leverkühn à morte:

Via-o quedando-se no limiar do salão do prostíbulo, a compreender, lentamente apenas, a situação e a mirar as filhas do deserto, que ficavam à sua espera. Via-o atravessando o recinto às cegas, assim como costumara passar pelo ambiente estranho da taverna de Mütze, em Halle, da qual eu conservo ainda recordações nítidas; via-o aproximar-se do piano e martelar uns acordes que explicaria somente mais tarde a si mesmo. Via a seu lado a rapariga de nariz arrebitado — *Hetaera esmeralda* —, as semiesferas empoadas sob o casaco espanhol, e via como ela, com o braço, acariciava-lhe a face. Veementemente, através do espaço e do tempo, experimentava então o fervoroso desejo de estar ali, porque tinha ganas de arredar a bruxa com o joelho, assim como ele empurrou o mocho, a fim de abrir caminho ao ar livre. Durante dias, eu sentia o contato da carne feminina no meu próprio rosto e ao mesmo tempo sabia com repugnância, com pavor, que ele, desde aquele momento, fazia arder a face do meu amigo. (*Doutor Fausto*, p. 198)

De fato, Adrian sucumbe de tal modo a essa Hetaera (a palavra grega *hetaira* significa prostituta) que chega a segui-la quando ela deixa Leipzig. Ele a segue até Preßburg, passa uma noite com ela, sem se preocupar com seu corpo adoecido. Desse modo, essa mulher familiariza o artista tanto com a esfera de Eros quanto com a de Tânatos. Experiências sexuais de uma sensualidade nunca antes conhecida tornam-se realidade, e ao mesmo tempo Adrian — entre consciência e inconsciência — contrai a doença letal da sífilis. Essa mulher reúne em si sensualidade, frieza e morte na mesma medida. O mundo dela une-se ao mundo da América do Sul, ao mundo materno de Thomas Mann, por meio do símbolo da borboleta. Com isso fica inteiramente claro que o autor empregou calculadamente o "símbolo da borboleta" para trazer a ambivalência do exótico a partir de uma imagem genial: beleza e susto, desejo e morte, ilusão e realidade, sedução e tentação. Em *Hetaera esmeralda* Thomas Mann encontrou de maneira plena o símbolo para o complexo "América do Sul". Todas as contradições se reúnem nele. Não é por acaso que nas composições futuras de Adrian Leverkühn sempre surgirá, cifrado, o nome *Hetaera esmeralda*, segundo o sistema de notação musical alemão. O narrador Zeitblom nos informa:

> Assim se nos depara na trama sonora de meu amigo uma sequência de cinco ou seis notas, a começar com *h* (si) e a terminar com *es* (mi bemol), havendo no meio alternativas de *e* (mi) e *a* (lá). Essa combinação aparece com surpreendente frequência, qual arquétipo temático impregnado de singular melancolia; apresenta-se sob múltiplos disfarces harmônicos e rítmicos, confiada quer a uma quer a outra voz, amiúde em ordem alterada, como que girando em torno de seu eixo, de modo que os intervalos permanecem iguais e a sucessão dos tons resulta modificada. Isso acontece pela primeira vez no certamente mais belo dos 13 *lieder* de Brentano, compostos ainda em Leipzig, e predomina na pungente canção *O liebe Mädel, wie schlecht bist du*, mas ainda mais numa obra ulterior, na qual se mesclam audácia e desespero de um modo realmente único. Refiro-me à *Lamentação do Dr. Fausto*, escrita em Pfeiffering, e na qual aponta mais insistentemente ainda a tendência para usar os intervalos melódicos também com simultaneidade harmônica.
>
> Ora, essa sequência cifrada de tons — *h-e-a-e-s* — significa *Hetaera esmeralda*. (*Doutor Fausto*, p. 207)

Para ver a *Hetaera esmeralda*, teria sido necessário viajar à América do Sul. Isso Thomas Mann não fez. Em compensação, enviou em seu lugar um dos primeiros "heróis" em sua obra, Christian Buddenbrook, e um dos últimos, o impostor Felix Krull. Iremos atrás de suas histórias. Também iremos recordar de uma terceira personagem, desta vez real, do clã dos Mann-Pringsheim que teve uma experiência involuntária na

América do Sul: Erik Pringsheim, o cunhado de Thomas Mann e irmão de Katia Mann. Desse modo, a América do Sul aparece refratada nos destinos de três figuras, duas delas ficcionais. Ora é lugar de fuga e degredo, ora destino de uma grande viagem mundo afora.

4. A AMÉRICA DO SUL COMO LUGAR DE FUGA: CHRISTIAN BUDDENBROOK NO CHILE

Em seu anúncio da escolha do nome de Thomas Mann como laureado com o Prêmio Nobel de Literatura de 1929, o Comitê responsável em Estocolmo afirmou ter-lhe concedido a distinção "principalmente por seu grande romance, *Os Buddenbrooks*, que conquistou crescente reconhecimento como uma das obras clássicas da literatura contemporânea". A obra, publicada 27 anos antes, em 1902, ainda parecia constituir referência para os leitores da época, que passo a passo tomavam consciência de ter chegado ao fim o mundo de referências do século XIX, encerrado anos antes, com o fim da Primeira Guerra Mundial e o colapso de boa parte das grandes monarquias europeias.

Os Buddenbrooks é o relato da decadência de uma família no norte da Alemanha, ao longo de gerações. A América do Sul se faz presente no romance, e pela primeira vez na obra de Thomas Mann, com a figuração de Christian, o segundo filho do cônsul Jean e irmão do futuro cônsul Thomas Buddenbrook. Ele é apresentado a nós leitores desde o começo do romance como personagem controversa: por um lado "terrível" e "*incroyable*", por outro, dotado de "graça e talento brilhante" (*Os Buddenbrooks*, vol. I, p. 21). Como seu irmão, ele entra para a empresa da família, mas não tem inclinação para o comércio. Ele fracassa, e de modo lastimável. Como nenhuma outra personagem do romance, Christian personifica a "decadência" da família, por sua saúde frágil, depois por causa da condução de sua vida e, finalmente, por seu destino (ele termina seus dias em um hospício).

O que ficamos sabendo da vida de Christian é o seguinte: no começo da terceira parte do romance, a personagem surge em cena como estudante de 17 anos e justamente no momento em que ele está se submetendo a tarefas escolares de latim. A "cortina" se levanta e vemos esse segundo rebento dos Buddenbrook "decorando a segunda Catilinária de Cícero" e, de maneira significativa: "[d]a sua expressão transparecia um grande desgosto" (*Os Buddenbrooks*, vol. I, p. 103). Compreensível, já que o que Christian está estudando não lhe interessa nem um pouco. A primeira aparição em cena desse filho na terceira parte do romance, calculada de modo preciso em termos narrativos, é simbólica para toda sua vida.

Pelo curso do enredo, já se sabia de antemão que Christian almejaria de início uma "profissão científica" e, depois, na Páscoa de 1846, abandonaria o colégio no segundo ano. Assim, antevemos o que se segue no começo da quarta parte: o cônsul Jean Buddenbrook, depois de saber que seu filho havia desistido de uma "profissão científica", envia-o à Inglaterra aos cuidados de um amigo comerciante, Mr. Richardson (Threedneedle Street), para aprender "alguma coisa útil" (*Os Buddenbrooks*, vol. I, p. 188). Enquanto Thomas, seu irmão, está estudando para comerciante em Amsterdã, Christian começa, por seu turno, a iniciar "carreira comercial" em Londres (idem).

Depois de um tempo, no entanto, Christian, ansioso, manda notícias à sua família em Lübeck sobre "sua vida e suas ocupações em Londres, sem dar detalhes a respeito das suas atividades na firma do Sr. Richardson" (idem, p. 194). Depois de um tempo, a família volta a receber notícias sobre o desenvolvimento de Christian, mas não dele e sim do próprio Sr. Richardson. Christian "se havia assenhoreado da língua inglesa, mas [...] na firma não demonstrava suficiente interesse, manifestando demasiada tendência para os divertimentos da metrópole, por exemplo o teatro" (idem, p. 254). Nas cartas de Christian, ele "evidenciava viva necessidade de arribação" (idem). Ele pedia permissão ao pai "para aceitar um emprego 'além-mar', isto é, na América do Sul, talvez no Chile" (idem). O cônsul tomou isso como mero "desejo de aventuras" e ordenou que o filho "aperfeiçoasse os seus conhecimentos mercantis com o Sr. Richardson, durante mais um ano, provisoriamente" (idem). No verão de 1851, no entanto, Christian viaja inesperadamente para Valparaíso, Chile, "onde arranjara um trabalho" (idem, p. 255). Ele "viajou diretamente da Inglaterra, sem regressar antes à pátria" (idem), segundo o romance. Valparaíso pode ser compreendido como um lugar de fuga das coerções de Lübeck.

Não sabemos o motivo da escolha literária dessa importante cidade portuária do Chile, nem pelo romance nem por evidências pessoais de Thomas Mann (ao menos até onde foram nossas pesquisas). Uma suposição bem fundamentada seria a de que Thomas Mann conhecia a importância daquela metrópole comercial, ainda inabalada em meados do século XIX. Valparaíso foi construída na metade do século XVI como porto para a capital Santiago de Chile e constituiu um importante centro portuário até a construção do canal do Panamá (em 1914). Era para chegar a Valparaíso que os navios comerciais europeus contornavam o extremo sul da América (ao dobrar o Cabo de Hornos) e atingir assim a costa oeste do subcontinente. Comerciantes ingleses e alemães (de Bremen, Hamburg ou Lübeck) também mantinham filiais nessa cidade. Eles e outros imigrantes construíam casas comerciais na baía do Pacífico, também palácios e mansões, que cresciam morros acima nas encostas íngremes que ladeavam a cidade em um semicírculo imponente, na maioria das vezes com vista para a grande baía e o porto. Possivelmente Thomas Mann também almejava certa ironia com a palavra "Valparaíso", que quer dizer literalmente "Vale do Paraíso". As terras férteis do interior inspiraram os espanhóis a batizarem a cidade dessa maneira. Mas, para Christian, esse "vale" não se constituiu "paraíso" algum.

Pelo contrário. Por meio do romance, sabemos de Valparaíso o seguinte: Christian permaneceu cinco anos nessa cidade, antes de retornar para Lübeck em fevereiro de 1856 — nesse ínterim o cônsul Jean Buddenbrook havia morrido. Se a questão era exotismo bizarro, sua entrada, depois de oito anos de ausência, nada deixou a desejar:

> Trajava roupa amarela, enxadrezada, que, indubitavelmente, tinha algo de tropical. Chegou na diligência de Hamburgo, trazendo o bico de um peixe-espada e um grande cálamo de cana. Numa atitude meio distraída, meio acanhada, aceitou os abraços da consulesa. (*Os Buddenbrook*, vol. I, p. 276)

Será que ele concretizou seus "desejos de aventura"? O que seu pai já suspeitava antes do começo da viagem se expressava em objetos anômalos, com os quais Christian encena sua entrada em Lübeck, que são o "bico de um peixe-espada" e o "grande cálamo de cana". Não se pode sinalizar de maneira mais evidente que ele volta para casa "do estrangeiro" e "enquanto estrangeiro". E, na verdade, não mais evidente que, uma vez que tenha estado na América do Sul, ele não combine mais com a estreiteza de Lübeck. Como um sinal do lugar ao qual ele pertence, Christian traz como acessório permanente e como demonstrativo uma "bengala amarela, proveniente de 'além-mar'" (idem, p. 337).

Os anos na América do Sul não fortaleceram Christian, pelo contrário, enfraqueceram-no ainda mais física e profissionalmente. De sua constituição corporal, sabemos o seguinte:

> De maneira nenhuma Christian se tornara mais belo. Era macilento e descorado. Em toda parte, por cima do crânio a pele parecia esticada com muita força. Entre as maçãs do rosto salientava-se, agudo e descarnado, o nariz grande, munido de uma corcova. O cabelo já estava muito desbastado. O pescoço era fino e comprido demais e as pernas magras acusavam forte curvatura para fora... De resto, a sua estada em Londres evidentemente o influenciara com maior eficiência e como em Valparaíso também tivesse de preferência frequentado rodas inglesas, toda a sua aparência assumira algo de inglês, o que, aliás, não estava em desarmonia com ela. (Idem, p. 279)

Para estranhamento da sua mãe, a consulesa, Christian confirmou que ele pouco tinha aperfeiçoado seus "conhecimentos mercantis" e tinha se relacionado mais com "atores" tanto em Londres quanto "em Valparaíso". Em Lübeck, não eram bons pré-requisitos para se firmar em uma profissão.

Ainda assim, Thomas, chefe da empresa "Johann Buddenbrook" desde a morte do pai, quer integrar seu irmão na firma, antes de mais nada. Ele lhe delega a tarefa de cuidar da "correspondência em inglês". No começo, Christian até faz o trabalho com alegria. No começo, encena o papel do comerciante satisfeito, que se ocupa de suas obrigações dia após dia. Até que irrompe nele a "América do Sul":

[...] começou logo a contar uma história de Valparaíso, um caso de brigas e homicídios a que ele mesmo assistira... E esse sujeito saca do facão... — Por qualquer motivo recebia Tom sempre sem aplauso essas anedotas, que Christian sabia em abundância, e com as quais a Sra. Grünlich se divertia deliciosamente, enquanto a consulesa, Klara e Klothilde se assustavam e Ida com Erika as ouviam boquiabertas. Thomas costumava acompanhá-las por observações frias e sarcásticas, manifestando visivelmente a opinião de que Christian exagerava e contava patranhas... o que, com certeza, não fazia, mas a sua narração tinha apenas o brio e colorido. Não gostava Thomas de saber que o irmão mais moço viajara muito e vira mais do mundo do que ele próprio? Ou causava-lhe repugnância o elogio da desordem e da violência exótica que sentia nessas histórias de facas e de revólveres?... Christian não se importava absolutamente com a atitude negativa do irmão; estava por demais ocupado pelas suas descrições, para reparar no sucesso ou insucesso que essas alcançavam em outras pessoas. Depois de ter terminado, pensativo e ausente, deixava passear os olhos pela sala. (*Os Buddenbrook*, vol. I, p. 289)

"Elogio da desordem" é expressão decisiva para nós. Ela define a percepção do complexo temático América do Sul no lar dos Buddenbrook. Christian fugiu da família para a América do Sul, retornou ainda mais frágil, preguiçoso e indolente. A América do Sul não o fortaleceu, ela fomentou muito mais suas fraquezas. Dificuldades para engolir são os primeiros sintomas físicos da decadência que afetam seu entorno, a ponto de a consulesa dizer irritada: "São os nervos, Christian. Sim, voltaste bem a tempo; o clima de além-mar teria feito com que adoecesses..." (*Os Buddenbrooks*, vol. I, p. 281)

Ele não voltou para casa com sucesso comercial, mas com "histórias de facas e de revólveres", cheias de atividades violentas. E essas histórias não são mera invenção. Presumia-se em Lübeck que no universo de Valparaíso podia-se estar pessoalmente diante de um homicídio ou assassinato. *Horribile dictu!* Isso nada tinha a ver com a preparação para uma profissão sólida e organizada de comerciante. É característico, portanto, o que Christian conta de seu "trabalho" no escritório em Valparaíso:

Os seus temas prediletos em casa eram o escritório onde trabalhara, em Valparaíso, a temperatura incrível que fizera ali, e um jovem londrino de nome Johnny Thunderstorm, muito endiabrado, rapaz encantador, a quem — "diabos me levem"! — nunca vira trabalhar, embora fosse um comerciante muito hábil... — Deus do Céu! — dizia ele. — Com aquele calor! Pois então: o chefe entra no escritório... e nós, uns oito homens, estamos deitados que nem moscas tontas, fumando cigarros para, pelo menos, espantar os mosquitos. Deus do Céu... "Ora, diz o chefe, os senhores não trabalham?"... "*No, Sir!*", diz Johnny Thunderstorm, "como o senhor está vendo!" E com essas palavras, nós todos lhe sopramos na cara o fumo dos nossos cigarros. Deus do Céu!...

— Por que dizes "Deus do Céu", a toda hora? — perguntou Thomas, agastado. No fundo não era isso que o indignava. Mas sentia que Christian contava essa história com tanto prazer unicamente porque lhe oferecia uma ocasião para falar do trabalho com escárnio e desdém. (*Os Buddenbrooks,* vol. I, p. 292)

A imagem da América do Sul (ou seria melhor dizer: clichê?), em *Os Buddenbrooks*, compõe-se de partículas heterogêneas, mas que tendencialmente apontam para a mesma direção: América do Sul, por um lado, é um lugar com o qual alguém pode provar aos seus ter ido mais longe do que qualquer um deles; mas também um lugar do qual se retorna com a cabeça cheia de histórias ruidosas de "facas e revólveres", de atividades violentas; finalmente, um lugar onde um europeu não trabalha de fato, ou não pode trabalhar, mas se afunda em moleza por motivos climáticos. Com isso, um lugar de fuga do mundo da ordem, da disciplina, da solidez. O calor é álibi para não se fazer nada.

Na forma e no destino de Christian Buddenbrook, Thomas Mann projeta medos que conhecia bem. Sob o signo "América do Sul", e já em seu primeiro romance, ele reconfigura em sua obra artística o medo do inábil, indolente e inerte, também diante da vida como um todo.

5. A AMÉRICA DO SUL COMO LUGAR DE DEGREDO: ERIK PRINGSHEIM NA ARGENTINA

Quando Thomas Mann escreveu seu romance sobre a "decadência de uma família", não podia imaginar que a própria Valparaíso também experienciaria uma decadência. O romance foi publicado em 1901. Em 1906, Valparaíso foi devastada por um terremoto. Boa parte das casas foi destruída; 6 mil pessoas morreram nos escombros. A abertura do canal do Panamá em 1914 contribuiu ainda mais para acelerar o declínio da outrora florescente "cidade do mundo", antes que ela se recuperasse aos poucos. Hoje a cidade é um dos mais importantes centros do país, juntamente com a vizinha Viña del Mar. Desde 1990, Valparaíso é centro de conferência do parlamento chileno; desde 2003, sua porção histórica é considerada patrimônio cultural da Unesco.

Thomas Mann também não poderia imaginar que ele viria a pertencer a uma família em que haveria um "caso" semelhante ao de Christian Buddenbrook. Retrospectivamente, deve-se ler o caso de Christian como antecipação surpreendente do destino de Erik Pringsheim. Thomas Mann e Katia Pringsheim tinham se casado em 1905. Apenas alguns meses depois, a situação do irmão de Katia agrava-se de modo dramático.

Erik é o filho mais velho do casamento de Alfred e Hedwig Pringsheim, pais de Katia e sogros de Thomas Mann. Tudo o que acontecia nessa família, que viveu décadas em Munique até o exílio forçado de 1933, tinha profundas consequências também na vida da família Mann. Na família Pringsheim aconteceu algo que permite observar novamente a relação América do Sul e Europa sob outra perspectiva: aqui a América do Sul não é lugar de origem exótica da mãe ou lugar de fuga consciente de um inapto para a vida, mas de degredo para o filho que se tornara insuportável para uma família da alta burguesia alemã. Esse foi o caso de Erik Pringsheim (1880-1909). Em 2006, Inge e Walter Jens, dois intelectuais de grande renome na Alemanha, resgataram sua história do esquecimento.[115]

Como Christian Buddenbrook, também a vida profissional de Erik não ia muito bem desde o começo. Tinha estudado direito primeiramente em Oxford (1897-1899), Inglaterra, depois em Munique e Erlangen, e terminado a faculdade em 1902 com o primeiro exame final obrigatório na época. Mas quando a carreira de oficial não deu certo, a vida de Erik perdeu o rumo. Apavorados, os pais viam que seu filho se entregava cada vez mais não só à paixão por corrida de cavalos, mas também se via envolvido com as arriscadas apostas e outras transações monetárias. Erik começou a lidar de uma maneira tão despreocupada com dinheiro, e com somas imensas, que dívidas de dimensões vultosas se acumulavam. Aos pais, sempre os últimos a saber, não restava outra coisa senão dar uma ajuda financeira, pois sua fama de uma das mais ilustres famílias de Munique estava em jogo.

Após cenas inócuas de repreensão e ameaças de consequências, reconheceu-se de maneira sóbria: o filho não era um criminoso, mas estava psiquicamente doente. Ele não deveria ir para o banco dos réus, mas a um psiquiatra. De qualquer modo, o jovem deveria ir embora, de Munique e da Alemanha. Se possível, para bem longe. Decidiu-se pela América do Sul, pela Argentina como lugar de degredo.

Quanto a Erik, ele aceitou o plano dos pais sem resistência, embora parecesse não se dar conta da seriedade da situação. Segundo os autores Inge e Walter Jens, para Alfred e Hedwig Pringsheim

não havia volta atrás. Por causa de seus deslizes também moralmente impróprios, Erik tinha se projetado para fora da sociedade da alta burguesia, à qual ele pertencia por nascimento e família e cujas normas caberia a ele seguir se ele quisesse ser aceito. Esse comportamento, nunca instituído, porém absoluto dentro da classe social proeminente, valia também em Munique, mesmo se lá algumas prescrições e regras fossem praticadas de maneira um pouco mais flexível do que em outro lugar. Mas, em favor da perpetuação do consenso, aqui também havia um ponto no qual mesmo uma família respeitável e abastada como a dos Pringsheim tinha de rechaçar um estorvo desajuizado, se ela mesma não quisesse ser banida da sociedade.[116]

No verão de 1905, ocorreu a viagem em alto-mar a partir de La Rochelle, França, e as primeiras notícias de Buenos Aires soavam encorajadoras. Erik se acostumava à fazenda e concluía o curso técnico de agronomia, requisito para tornar-se independente e comandar a própria fazenda. Mas dois anos e meio se passaram sem que aparecessem resultados nesse sentido. Então, Hedwig Pringsheim decidiu-se por viajar ela mesma para a Argentina e colher *in loco* suas próprias impressões sobre a situação. Suas anotações do diário sobre a viagem sul-americana no período de 20 de novembro de 1907 a 29 de fevereiro de 1908 são surpreendentemente lúcidas e precisas. Não deve haver em língua alemã, antes da Primeira Guerra Mundial, muitos relatos de viagem de autoria feminina comparáveis aos de Hedwig. No fim de 1907, ocorreu a viagem em alto-mar a partir de Lisboa no imponente navio *Cap Arcona*.

O que Hedwig Pringsheim encontrou em Buenos Aires confirmou os seus piores temores. Havia meses o seu filho vegetava com seus companheiros de bebedeira em um hotel ordinário, uma "caverna indecente", nas palavras da mãe, e vivia "muito acima de suas possibilidades". Tudo uma "miséria asquerosa e obtusa".[117] Será que a América do Sul era um lugar de "degredo", um espaço de "remoção" dos próprios casos-problema? Inge e Walter Jens apontam claramente: o "degredo" "para longe" de um "estorvo desajuizado" — por exemplo para a América do Sul — era considerado "nas classes altas da burguesia — não apenas alemãs — uma possibilidade extrema para se despojar de uma eventual ovelha negra".[118]

Hedwig Pringsheim teria muito pela frente: até uma viagem de semanas para o Chile através dos Andes em companhia de Erik não trouxe mudança alguma. Pelo contrário: quando a mãe retornou para a Europa no começo de 1908, as preocupações com o primogênito só aumentaram.

De volta a Munique, os Pringsheim são confrontados com duas surpresas: Erik havia se casado, e com uma mulher de origem polonesa chamada Maria Erlich (também conhecida como Maria Barska), que Hedwig já havia conhecido em Buenos Aires, sem ter tido o menor sinal, no entanto, de que o filho iria se casar. Maria havia emigrado para a Argentina em 1907 de maneira suspeita, e agora ela e Erik tinham em perspectiva fixar-se em uma fazenda para trabalhar. A propriedade ficava em uma região "esquecida por Deus", em um lugar chamado Virorco, 80 quilômetros a noroeste da cidade de San Luis. Em Munique, os Pringsheim pareciam tão aliviados pela consolidação das condições de vida de Erik que puseram de lado o ceticismo e voltaram a contribuir. Alfred Pringsheim depositou prontamente a quantia generosa de 165 mil marcos para a compra da nova fazenda.

Também esse empreendimento não deu certo. No decorrer de 1908, as notícias das cartas eram cada vez mais desoladoras. Tratava-se de uma "situação bastante desesperadora" de ambos. Erik tinha retomado seus antigos vícios: a paixão por corrida de cavalos e suas apostas, e possivelmente também por jogos de azar. Não demorou muito para acontecer a catástrofe final. Em 22 de janeiro de 1909, chegou a Munique a notícia da morte de Erik. A nota de falecimento publicada de imediato pelos pais não deixou transparecer nada de grave na ocasião:

> Há dois dias faleceu nosso amado filho mais velho Erik Pringsheim em sua propriedade na Argentina, por conta de um acidente.[119]

"Em sua propriedade" passa a impressão de um padrão de vida apropriado para Erik. E assim devia ser, nos círculos sociais de Munique.

Na verdade, a morte repentina despertou más suspeitas e especulações na casa dos Pringsheim. Teria sido de fato "um acidente"? Ou não teria sido muito mais um atentado astucioso da esposa suspeita, ávida pela herança? Em todo caso e em termos jurídicos, Mary era inequivocamente a única herdeira de Erik. Depois da necropsia do corpo de Erik na Alemanha, a desconfiança de morte por envenenamento foi refutada de maneira inequívoca. Inge e Walter Jens finalmente isentaram a mulher de Erik da culpa e apresentaram como *causa mortis* fidedigna uma insolação depois de uma longa viagem a cavalo debaixo do sol escaldante, de San Luis a Virorco.

O que se havia pensado com "remoção" de um problema resultou em abismo. A "América do Sul" como destino para livrar-se de um membro da família que se tornara "intolerável" mostrou-se palco de um pesadelo fantasmagórico para toda a família. Klaus Mann, filho de Thomas Mann, em suas memórias intituladas *Der Wendepunkt* [O ponto de transição], publicadas postumamente em 1952, recorda-se da versão amenizada de seus pais, e avós sobretudo, segundo a qual o tio Erik "havia 'caído do cavalo'". Só aos poucos é que a versão foi sendo substituída pela outra, mais verdadeira. Pois o destino de Erik era claramente uma experiência traumática e inesquecível. O primogênito de Thomas Mann relata sobre sua avó Hedwig Pringsheim:

> A reação de vovó era ainda mais assustadora se começávamos a falar ocasionalmente sobre o cavalo fatídico da Argentina. Ela apenas virava o seu belo rosto branco para o lado e sentava inerte por um momento, como que petrificada. Depois de um longo e terrível silêncio, ela murmurava que não apenas os cavalos eram perigosos naquele país e que ninguém deveria coagir um filho a migrar para uma selva daquele tipo... (*Der Wendepunkt*, p. 55)

Aos poucos, se não toda a verdade ao menos os antecedentes da história iam sendo revelados aos netos:

> Finalmente também nos eram confiadas as circunstâncias tristes da morte do tio Erik. Ele era um senhor impetuoso e obstinado, nosso tio Erik, desrespeitoso, impulsivo, um cavalheiro e um esbanjador. Quando as suas dívidas de jogo atingiram a marca estarrecedora de 200 mil marcos, ocorreu um grande estardalhaço na Rua Arci: pois vovô [Alfred Pringsheim] perdeu a paciência e, furioso, comprou para o filho indomável uma fazenda na Argentina. O cavalheiro teimoso teve que se mandar para lá. Era o degredo. Os detalhes da tragédia, que aconteceu a uma distância tão terrível, em outro mundo por assim dizer, não puderam mais ser apurados [...]. Ele foi assassinado ou impelido ao suicídio. (*Der Wendepunkt*, p. 56f)

Outros rebentos do clã Mann-Pringsheim também tiveram a impressão de que o falecido Erik ainda ficou rondado durante anos o palácio da família em Munique na Rua Arci. Golo Mann, irmão de Klaus, em 1991 ainda inistia na teoria conspiratória da família com relação à morte de seu tio. Ele recorda o seguinte:

> A casa na Rua Arci era mais sinistra do que a mansão no Herzogpark; velha e gasta, com quartos havia muito inabitados, portas com cortinas pesadas e aveludadas, cantos e degraus escuros. Quando íamos para lá nas

tardes de domingo, os adultos faziam a sesta e enquanto isso eu ia ler no "quarto vermelho", para depois descer para o chá. Durante o inverno escurecia nesse ínterim; e quando eu esquecia o livro no quarto, tinha que subir mais uma vez para buscá-lo. Subia a contragosto, pois lá certamente estaria o tio Erik a me espreitar. Tio Erik, o irmão mais velho de minha mãe, o pseudoaristocrata janota, que, depois de ter contraído dívidas na-babescas, foi banido por seu pai para a Argentina — em suas memórias *Der Wendepunkt*, meu irmão trata disso e também do fim triste: de como o fazendeiro foi assassinado pelo amante de sua mulher, o administrador da fazenda. Para nós, crianças, a história era outra: ele teria "caído do cavalo", porque no quarto de minha mãe havia um quadro dele de cava-leiro. Para mim, esse morto, que eu nunca tinha visto na vida, pertencia aos extensos corredores, à antessala rangente da casa dos Pringsheim. Parece que esse temor também não era estranho à minha avó. Talvez por-que ela tivesse algum sentimento de culpa com relação ao filho.[120]

Enfim: para Thomas Mann, a América do Sul era, como vimos, o lugar de onde viera a própria mãe, uma mulher "vinda de longe". Esse "vir de longe" tinha para ele e seu irmão Heinrich algo de cosmopolita, de um mundo por revelar. Cabia bem à matéria-prima de grandes artis-tas, dava a eles algo de extraordinário ou supranacional. O caso de Erik Pringsheim invertia a perspectiva. Não evocava mais o "vir de longe", mas o "ir para longe". Nessa versão, a América do Sul deixava de ser símbolo de ambiente cosmopolita, e se tornava o destino de europeus problemáticos que eram banidos, retornavam como fracassados e, mes-mo depois de mortos, rondavam como fantasmas as reuniões de família e a imaginação de seus parentes.

6. PARA A AMÉRICA DO SUL EM VIAGEM PELO MUNDO: FELIX KRULL EM LISBOA

Christian Buddenbrook no Chile, Erik Pringsheim na Argentina. A América do Sul surge mais uma vez no contexto da família Mann, ago-ra na figura do impostor Felix Krull, a última grande personagem roma-nesca que Thomas Mann concebeu, sem que pudesse levar a cabo o projeto da obra. Não é nossa intenção ocupar-nos com pormenores da gênese do romance e com a estrutura do enredo. Iremos diretamente ao ponto decisivo para nós.

Primeiramente, Thomas Mann envia seu personagem Felix para um grande hotel de Paris, onde, por meio de seu charme e eloquência de poliglota, ele passa de pajem e ascensorista para garçom querido de todos. Logo cai nas graças de hóspedes proeminentes, como um tal marquês de Venosta. O jovem aristocrata tinha se apaixonado perdidamente pela jovem Zazá, mas seus pais julgavam a moça socialmente inadequada para o filho. Para que ele se distanciasse dessa união imprópria, decidiram enviar Venosta para uma viagem pelo mundo. Só que ele não intentava abdicar de sua amada, e por isso planejou com Felix uma troca bastante engenhosa. Felix deveria viajar pelo mundo sob o nome de Louis de Venosta, enquanto o marquês permaneceria com Zaza em Paris. A rota da viagem já estava definida, segundo o marquês informa a seu dublê:

> Ah, o meu bom papai, com todo o seu zelo, organizou um roteiro muito bonito, um roteiro altamente atraente para qualquer pessoa, exceto para mim: as duas Américas, as ilhas dos Mares do Sul, o Japão, seguidos de uma interessante viagem marítima para o Egito, Constantinopla, Grécia, Itália e assim por diante. Uma viagem de formação*, como está nos livros; eu não poderia desejar nada melhor, se não fosse Zazá. E agora é a você que congratulo por essa viagem. (*Felix Krull*, p. 250)

A viagem deveria começar por Lisboa, mais especificamente no navio *Cap Arcona*, o mesmo mencionado por Hedwig Pringsheim em seu relato de viagem. O bilhete para Buenos Aires já tinha sido emitido. Assim se explica que Thomas Mann envie seu "herói" para a capital portuguesa. Na viagem de Paris a Lisboa, ele conhece no restaurante do trem um erudito chamado professor Kuckuck, paleontólogo e diretor do Museu Nacional de História Natural e da Ciência em Lisboa, que

---

* Na tradução do romance de Thomas Mann, traduziu-se "Bildungsreise" como "viagem cultural", que aqui trocamos por "viagem de formação", o termo corrente. (*N. da T.*)

convida Felix a juntar-se a sua família e conhecer, além de sua esposa, também sua filha, a jovem Zuzu. Algo bem significativo para nós: Thomas Mann deve ter-se amparado nas anotações do diário de sua sogra para a descrição da viagem. Ele começou a conceber a história de Krull em 1910, pouco depois dos acontecimentos com Erik Pringsheim, e produziu cerca de 25 páginas de excertos a partir do diário de bordo de Hedwig. Hans Wysling já havia apontado para isso em 1967 em seu texto "Thomas Mann Pläne zur Fortsetzung des 'Krull'" [Planos de Thomas Mann para a continuação de Krull], digno de leitura até hoje: "Ele precisava de impressões vivas em que se apoiar, e as conseguiu no diário da sogra, assim como tinha feito anos antes ao conceber a personagem Toni Buddenbrook baseado no relato de sua irmã Julia sobre a vida de Elisabeth, tia de ambos."[121]

Thomas Mann não chega a conceber a viagem à América do Sul. A primeira parte do romance foi publicada em 1954; a viagem de Felix Krull pelo mundo estava prevista para a continuação, mas Thomas Mann faleceu antes de poder dedicar-se a ela. Registramos aqui duas versões diferentes, anotadas nos blocos de estudos de Thomas Mann.[122] No bloco 614, Thomas Mann tinha registrado:

Começo de agosto para *Lisboa* (18-20 horas)
Embarque para Buenos Aires e viagem de mais de três semanas.
Chegada no começo de setembro. Permanência na Argentina até fim de novembro (ou mais). Corresponde a maio-junho.
Em aprox. cinco dias para o *Rio*. Permanência no Brasil e no Chile por três semanas
Em 10 dias para *Nova York*. Lá até 1º de fevereiro
Vai pela Costa Oeste abaixo (Golfo do México, Canal do Panamá) em aprox. 14 dias até *São Francisco*.
Meados de março pelas ilhas dos Mares do Sul até o *Japão* em quatro semanas. Permanência por lá até maio. (Excursão para Xangai)
Do Japão pelo canal de Suez para o Egito em três semanas. (Mar Vermelho. Calor intenso.)
Depois Constantinopla, Grécia, Sicília, Roma (junho e julho).
(No caminho, diplomatas)

Em outro bloco de notas (nº 609) pode-se ler o seguinte (em reprodução fiel da disposição em linhas):

Lisboa — Rio — Buenos Aires —
Nova York (navio) — Canal do Panamá — São Francisco
Havaí, Honolulu (Taiti) — *Japão*
(Kobe) Oceano Índico, Mar Vermelho, Suez
Canal, Egito. Constantinopla, com
Expresso-Oriente de volta a Paris

Partida em agosto, com. de outubro Buenos Aires (Primavera)
No inverno (dez.) para
Nova York. 14 dias — até 3 semanas
(3 semanas) Por volta do Ano-Novo. 20 de jan. na
Costa Oeste (São Francisco) Por Honolulu
para o Japão (3-4 semanas) Começo de fevereiro
(1 mês, excursão para China) *Março*. Viagem
para o Egito (Grécia) chegada 1º de maio
Rio *para* Buenos Aires

Em um episódio, as anotações do diário de Hedwig Pringsheim coincidem claramente com sua elaboração para o romance. Sob a data de 5 de janeiro de 1908, a sogra de Thomas Mann tinha anotado em seu diário:

Em 2 de janeiro, fizemos uma excursão para Bahia Blanca e para a Estancia El Retiro dos Meyer, de onde retornamos ontem de manhã. [...] A casa dos Meyer é uma verdadeira mansão de "altos"*confortável para o uso de uma família numerosa; a propriedade é bastante próspera e com alamedas sombreadas. O talhe de extrema hospitalidade: além de nós, ainda estava de visita uma tal família Denker com duas crianças e a babá; para o café da manhã, um engenheiro inglês — e tudo tão natural

---

* Embora Hedwig Pringsheim tenha usado a expressão "altos" em espanhol de maneira indevida em termos gramaticais, é claro aqui que ela se refere a "alto padrão", "elite", como os "barrios altos" da cidade de Santiago no Chile, por exemplo. (*N. da T.*)

e íntegro, apesar da cozinheira que havia fugido, e da empregada doente. A "senhorita" cozinha, e para comer tem-se o que se tem.

A senhora Meyer é uma mulher ainda jovem, bela, amável. Mal se pode acreditar que tenha um filho de 17 anos. Ela é italiana, nascida na Venezuela; casou-se com 15 anos com um argentino proeminente chamado Novaro, que, depois de três meses de casamento, foi assassinado na revolução em 1890. Depois de seis meses de sua morte, ela deu à luz o belo Bonchito. Depois do casamento dela com Meyer, a herança da viuvez passou para o filho, que desde então é um rapazote rico.[123]

No Capítulo 8 do Terceiro Livro de *Krull* pode-se verificar como Thomas Mann se aproveitou dessa história. Trata-se da cena em que, na casa do professor Kuckuck em Lisboa, comenta-se o "restante" da viagem de Felix:

> A conversa também girou em torno do restante da minha viagem, que encurtaria tão desagradavelmente minha estada em Lisboa. Falamos especialmente na família de estancieiros que meus pais tinham conhecido em Trouville e cuja hospitalidade me aguardava. Dei informações sobre eles, conforme me fora dito pelo meu duplo que ficara em casa. Essa gente chamava-se Meyer, mas também era esse o nome de seus filhos, uma moça e um rapaz, do primeiro casamento da sra. Meyer. Contei que ela era originária da Venezuela e, muito jovem, desposara um argentino que ocupava um cargo oficial e fora morto na revolução de 1890. Depois de cumprir o ano de luto, ela dera a mão em casamento ao rico cônsul Meyer e seguira-o com as crianças Novaro para a sua casa em Buenos Aires e sua ampla propriedade El Retiro, bastante longe, nas montanhas, onde a família vivia praticamente todo o tempo. A polpuda pensão de viúva da sra. Meyer passara para as crianças, quando do segundo casamento, portanto não apenas eram jovens de fortuna como únicos herdeiros do rico Meyer. Deviam ter entre 18 e 17 anos. [...]
> — O senhor falou com evidente interesse nesse casalzinho.
> — Não percebi — respondi, secretamente abalado. — Não faço a menor ideia de como sejam. Mas admito que a imagem de uma bela fraternidade sempre exerceu fascínio sobre mim. (*Felix Krull*, p. 316)

De fato, o fascínio de Felix ante a "fraternidade" é o mesmo de seu autor Thomas Mann. Isso explica por que ele faz uma mudança tênue do "modelo" de Hedwig Pringsheim. Neste, trata-se de apenas *um* filho da senhora Meyer. Thomas Mann faz desse filho único um casal de irmãos. E o par remete também ao casal de irmãos a que já nos referimos no contexto do motivo "brasilidade/judaísmo": aos irmãos que Felix tinha visto anos antes no terraço da *belle etage* do hotel Frankfurter Hof. Naquela ocasião na cidade alemã, Krull perde o casal de vista, mas ambos continuam a persegui-lo até em seus sonhos:

> Sonhos de amor, sonhos de encantamento e de uma tentativa de união com eles — não os posso designar diferentemente embora não se dirigissem a um vulto só, porém a uma caricatura dupla, um par de irmãos visto de passagem, de sexos diferentes — o meu próprio e o oposto, portanto o Belo. A beleza estava na duplicidade, na adorável dualidade; e, se me parece mais do que duvidoso que apenas o aparecimento do rapaz na sacada me tivesse interessado a não ser, talvez, pela visão das pérolas na camisa, tenho bons motivos para duvidar que a imagem da jovem sozinha, sem seu parceiro fraterno, teria podido embalar meu espírito em tão doces sonhos. Sonhos de amor, sonhos queridos exatamente porque tratavam de — eu diria — uma original indecisão e indivisibilidade, tinham um sentido duplo e, portanto, inteiro, abrangendo de maneira feliz a humanidade sob a forma dos dois sexos. (*Felix Krull*, p. 89)

É preciso lembrar que esse casal fascinante de irmãos tinha sido associado desde o começo de sua aparição à América do Sul: "Talvez fossem sul-americanos de origem portuguesa ou espanhola, argentinos, brasileiros — estou apenas conjecturando; talvez fossem judeus — não posso garantir nada", como já havíamos citado anteriormente. Agora, no começo da viagem, surge a possibilidade de reencontrar um tal "parzinho" na Argentina, na família Meyer. Uma bela perspectiva, pois "a imagem de uma bela fraternidade" sempre exerceu "fascínio" sobre Felix, como percebemos mais uma vez. A "ambiguidade" dessas aparições — para nos remetermos novamente ao retrato sobre Thomas Mann de Theodor W. Adorno — distingue, para o contexto de nossa problemática, não apenas a indefinibilidade significativa das personagens no âmbito étnico e cultural, mas também a impossibilidade de classificação de ambos como seres "de sexos diferentes", cuja beleza reside no fato de que eles sejam duplos, ambíguos, portanto.

Disso concluímos que: o que interessa ao herói Felix Krull de Thomas Mann não é o "isso ou aquilo", o claro e distinguível, mas o duplo, misturado, combinado de maneira incomum: irmão *e* irmã, mãe *e* filha (a sra. Kuckuck e Zuzu), leste e oeste, Europa e América do Sul. Isso se comprova com uma terceira passagem que evoca uma vez mais a cena no Frankfurter Hof e que pode ser vista no Capítulo 6 da Terceira Parte:

> Mais atrás comentei a emoção com que o solitário jovem da calçada contemplara o casal de irmãos que por breves minutos aparecera na sacada de um hotel em Frankfurt. Percebi nitidamente que esse encanto não me vinha de nenhuma das duas figuras isoladamente, nem dele nem só dela, mas que era a sua dualidade, a sua sublime fraternidade que me atingia. Quem se interessar pelas coisas humanas gostará de saber que, na relação mãe e filha, preserva-se minha inclinação para admirar duplicidades, meu encanto diante do desigual e do duplo, agora já não irmanados. (*Felix Krull*, p. 290)

Do desigual e do duplo: essa é a expressão-chave que nos ajuda a compreender melhor também essa terceira passagem. A cena se passa durante a viagem de trem de Paris para Lisboa no vagão do restaurante, onde Felix conhece o professor Kuckuck, como já vimos, e eles travam uma conversa profunda, em que o erudito inicia Felix, o ignorante, nos segredos do microcosmos e do macrocosmos.

Também são interessantes as palavras que Thomas Mann coloca na boca de uma de suas personagens sobre o tema "mistura de raças", e isso no contexto de Portugal, a metrópole, "pátria-mãe" do Brasil. Lembramos aqui a polêmica do antissemita convicto Adolf Bartels. Não teria ele afirmado que os portugueses seriam "o pior de todos os povos europeus, do ponto de vista racial"? Em sua última grande obra, iniciada na época da polêmica com Bartels e reassumida décadas mais tarde, Thomas Mann foi capaz de se manifestar na ofensiva e de apresentar com muito orgulho uma origem portuguesa justamente por conta de sua mistura de raças e culturas, incluindo a referência ao "sangue negro". Em *Krull*, Mann escreve uma passagem com a qual Stefan Zweig teria tido grande contentamento. Nela, diante do Felix disfarçado de marquês de Venosta (ele mesmo um duplo, portanto), professor Kuckuck fala sobre Portugal como a seguir:

> — Dessa maneira o senhor encontrará, no país para onde está viajando — prosseguiu ele — uma mistura de raças bem interessante pela sua variedade; já a população primitiva era misturada, os iberos, como naturalmente sabe, com um toque celta. Mas no curso de dois mil anos os fenícios, cartagineses, romanos, vândalos, suecos e visigodos, e especialmente os árabes, os mouros, colaboraram para criar o tipo que o aguarda agora, não esquecendo um simpático pingo de sangue negro, dos muitos escravos de pele negra introduzidos num tempo em que dominavam toda a costa africana. Não deve ficar espantado com certo tipo de cabelo, de lábios, um melancólico olhar animal, que por vezes emergem. Mas o elemento de raça moura e berbere pesa decisivamente, o senhor verá, vindo de um longo período de domínio árabe. O resultado geral é uma raça não exatamente heroica, mas bem simpática: cabelo escuro, pele um tanto amarelada, estatura delicada, belos olhos castanhos e inteligentes... (*Felix Krull*, p. 265)

A transformação do pensamento de Thomas Mann em direção a uma atitude claramente positiva ante a multiplicidade étnica e cultural deve-se a um processo de aprendizado de toda a vida. Esse processo também aconteceu no âmbito político, na medida em que Thomas tinha se tornado democrata no começo dos anos 1920 e, em meados dos anos 1930, tinha se decidido por uma luta amargurada contra Adolf Hitler. Essa luta democrática e antifascista levou-o de modo inesperado a ter contato novamente com o país de sua mãe nos anos 1940. O Brasil agora não é reconhecido apenas como país da mãe [Land der Mutter], mas também como "terra mátria" [Mutterland], uma expressão complexa como veremos a seguir.

7. A LUTA POR UMA ALEMANHA LIBERTA — TAMBÉM NO BRASIL

O Brasil, em última instância, manteve-se desconhecido para Thomas Mann.[124] Embora ele tenha vez ou outra manifestado o desejo de conhecer o país, isso nunca se concretizou, não obstante tenham ocorrido contatos com intelectuais brasileiros, latino-americanos ou atuantes na América Latina.[125] Nos próximos parágrafos iremos tratar disso. Já discorremos sobre o encontro entre Thomas Mann e o historiador brasileiro Sérgio Buarque de Holanda em 1929, no capítulo sobre Julia Mann. Destacaremos, a seguir, a dimensão política dos contatos dos escritores Thomas e Heinrich Mann com o Brasil. Falaremos de maneira específica sobre a relação entre esses escritores com um exilado em particular: Karl Lustig-Prean.[126]

No prefácio à coletânea de biografias curtas de Gottfried Hamacher intitulada *Gegen Hitler. Deutsche in der Résistance, in den Streitkräften der Antihitlerkoalition und der Bewegung "Freies Deutschland"* (2005) [Contra Hitler. Alemães na Resistência, nas forças da coalizão anti-hitlerista e no movimento "Alemanha livre"], o historiador e diplomata da Alemanha Oriental Stefan Doernberg escreveu:

Desde 1945, e sobretudo na última década, foram lançadas várias publicações sobre o movimento de resistência alemã que se opôs ao regime nacional-socialista e sua guerra criminosa. Ontem como hoje, no entanto, alguns aspectos permanecem pouco esclarecidos. Entre eles, a atuação de alemães nas forças da coalizão anti-hitlerista, incluindo a Resistência Francesa e grupos guerrilheiros nos países ocupados pelo exército nazista, bem como o movimento mundial "Alemanha Livre".[127]

De fato, a coletânea de materiais de Hamacher é uma importante contribuição para a pesquisa sobre a Resistência, porém não há nela registro sobre Thomas Mann, e há muito pouca informação sobre seu correspondente Karl Lustig-Prean, exilado no Brasil. Aqui, pretendemos contribuir para preencher essas lacunas, sobretudo no que diz respeito à relação que se estabeleceu entre esses intelectuais.

Doernberg estimou que no começo da Segunda Guerra Mundial "mais de 100 mil cidadãos alemães"[128] mantinham-se no exterior como emigrantes. Durante a guerra, muitos deles esperavam que, em uma ação apoiada pelas nações da coalizão anti-hitlerista, viesse a acontecer um levante popular no próprio *Reich*. Thomas Mann alimentava essa esperança, como se pode ler em seus diários e discursos radiofônicos antifascistas "Ouvintes alemães!", transmitidos mensalmente pela BBC para a Alemanha, de outubro de 1940 a novembro de 1945.[129] Daí seu engajamento incansável em favor de pessoas que, como ele, organizavam a resistência a Hitler.

Na América Latina, gerou-se uma situação politicamente controversa entre os imigrantes. Por um lado, constituiu-se em 1937, em Buenos Aires, o movimento "A Outra Alemanha", sob coordenação do antigo deputado do parlamento alemão Augusto Siemsen (do Partido Socialista dos Trabalhadores). Essa iniciativa uniu, sobretudo, social-democratas e socialistas.[130] De outro lado, foi fundado em janeiro de 1942, no México, o movimento "Alemanha Livre", por iniciativa de militantes comunistas. Essas organizações jamais chegaram a unir-se. Na Alemanha, socialistas e comunistas alimentavam rixas históricas que os exilados tinham trazido consigo e que os colocavam em frentes ideológicas inconciliáveis. O movimento comunista, porém, conseguiu organizar a partir do México uma aliança de movimentos similares em mais de dez países latino-americanos, entre eles o Brasil. Assim, prevaleceu o argumento de "aliar todas as forças da luta de resistência contra as organizações nazistas e a quinta-coluna no subcontinente e representar publicamente os alemães democráticos na América Latina."[131]

Em abril de 1943, o escritor Ludwig Renn (pseudônimo de Arnold Friedrich Vieth von Golssenau, 1889-1979) tornou-se o primeiro presidente do Comitê Latino-Americano dos Alemães Livres. Para o cargo de presidência de honra estavam à disposição, entre outros, Anna Seghers e Heinrich Mann. Também Thomas Mann, que conhecera Ludwig Renn em fevereiro de 1936, em Zurique, na casa do editor Oprecht,[132] estava entre os fomentadores desse movimento. Em 28 de dezembro de 1941, ele anotou no diário: "Li várias coisas em uma revista, *A Alemanha Livre* (México)" (*Diários*, 28/12/1941). Como órgão do Movimento Alemanha Livre, essa revista mensal foi publicada na Cidade do México de novembro de 1941 a junho de 1946.

Em abril de 1942, Thomas Mann dirigiu-se diretamente a Ludwig Renn, agradecendo-lhe o envio do programa do movimento. Ele escreve que o lera "ponto por ponto, com plena concordância e satisfação".[133] Além disso, a atividade indecente da propaganda política dos nazistas na América Latina o teria tornado consciente de fatos aterradores.[134] A organização no México iria "fazer frente àquele trabalho sujo". Passados quatro meses, Thomas Mann alegrou-se com uma notícia de Renn sobre conversas bastante satisfatórias com o presidente socialista do México em prol das atividades antinazistas.[135] Sua alegria, no entanto, duraria pouco, já que o contato com o movimento comunista rendeu a Thomas Mann uma visita de dois *"gentlemen* do FBI (...) por causa do grupo no México", segundo anotação em seu diário, de 18 de agosto de 1943. O FBI, a Polícia Federal dos Estados Unidos, ocupava-se, dentre outras coisas, das questões de segurança nacional, do controle de lealdade nacional e do combate a ações comunistas clandestinas.[136] Outras "atividades" anticomunistas do "Bureau of Investigation" norte-americano irão contribuir para que Thomas Mann, no início dos anos 1950, parta em definitivo dos Estados Unidos, bastante descontente com a situação política naquele país.

Karl Lustig-Prean, que já tinha fundado um movimento de resistência de língua alemã no Brasil, também figurava entre os simpatizantes dos comitês anti-hitleristas e, juntamente com Anna Seghers e Heinrich Mann, tornou-se um dos presidentes de honra do movimento latino-americano.[137] Com isso, ele se tornou um elo decisivo para a ligação de Thomas Mann com o Brasil. Demonstram-no as cartas trocadas por eles, que documentamos integralmente no presente livro. Essa troca de correspondência foi mencionada por Izabela Furtado Kestler, germanista brasileira e autora do estudo *Exílio e literatura. Escritores de fala alemã durante a época do nazismo* (2003; em alemão, 1992).[138] A essa pesquisadora e docente da Universidade Federal do Rio de Janeiro, que morreu tragicamente em 2009 (ver dedicatória), e a Marcos Strecker, de São Paulo, diretor de um importante documentário sobre Julia Mann,[139] agradecemos as primeiras referências ao material dessas cartas entre Mann e Lustig-Prean, cujos originais se encontram no Setor de Manuscritos da Biblioteca Nacional de Viena.[140]

Karl Lustig-Prean ou Carlos de Lustig-Prean, como ele não raro assinava em suas cartas, nasceu em 20 de janeiro de 1892, em Prachatitz, pertencente hoje à República Tcheca e naquela época ao Império Austro-Húngaro. Seu pai era o tenente-coronel Heinrich Lustig, da divisão de caça; sua mãe era Helene, nascida Prean. Em 1897, a família mudou-se para Praga, e em 1900 para Pilsen, onde houve os primeiros contatos de Lustig-Prean com o teatro e com a música. Em 1908, a família voltou para Prachatitz, onde ele terminaria o ensino médio.

Nas décadas seguintes ele se tornou redator de diferentes jornais (como o *Deutsche Presse*, em Praga); e também diretor e administrador de teatro (de 1928 a 1931 em Augsburgo e, mais tarde, em Berna e Viena). Por fim, decidiu se exilar no Brasil em vista da violação fascista na Alemanha e na Áustria. Tal decisão foi tomada por ele enquanto "representante do setor católico progressista", segundo ele mesmo escreve a Thomas Mann, em carta de 1º de maio de 1948. Por que o Brasil? O papel do acaso não foi nada discreto nessa escolha. Lê-se nas memórias de Lustig-Prean:

> Quando neste tempo [1937, em Praga] eu recebi a oferta de uma empresa da cidade de Linz para sondar possibilidades de transferência da mesma para a América do Sul, eu já estava pronto para viajar. Eu jogava o mal-me-quer, bem-me-quer, "Hitler vem-não vem-ele vem — e então não me dou bem." Que ele viesse [para a Áustria] tornou-se uma questão central em minha vida. Eu não entendo nada de empresas, quase nada sobre débitos e créditos comerciais, eu sei dirigir corretamente apenas os livros da minha vida, e não desejava ir para um campo de concentração. [...] Eu consultei uma enciclopédia sobre a América Latina, pensei primeiro em Buenos Aires, cheguei rapidamente a São Paulo, o mais promissor. [...] Antes disso eu sabia muito pouco sobre o Brasil.[141]

A realidade mostrava, no entanto, que Lustig-Prean teria poucas possibilidades culturais no Brasil. Uma cena teatral proeminente ainda não existia, tampouco um interesse em construí-la. Para ele não houve outra saída em São Paulo senão sobreviver com aulas particulares de música e teatro, e trabalhos eventuais como a escrita de um livro (*Auserwähltes Volk geht in die Wüste. Geschichte der Mormonen* [O povo escolhido vai ao deserto. História dos mórmons. São Paulo: Missão Brasileira da Igreja de Jesus Cristo, 1941]).[142] Depois da guerra, Lustig-Prean atuou por um curto período como cônsul da Áustria, em Santos, e em seguida voltou para Viena, onde assumiu a tarefa de diretor do Conservatório Vienense e do Teatro Municipal de Baden, próximo à capital austríaca. Morreu em Viena aos 73 anos, em 1965.

Politicamente falando, Lustig-Prean foi bastante ativo no Brasil. Apoiou vigorosamente a fundação do "Movimento dos Alemães Livres do Brasil", assim como a participação do Brasil na associação internacional "Comitê Latino-Americano da Alemanha Livre" (México, 1943). Internamente, no Brasil, esse trabalho não foi nem um pouco fácil; ao contrário, deparou com dificuldades consideráveis. A partir de 1937, o regime ditatorial de Getúlio Vargas começou a reprimir toda e qualquer manifestação de grupos alemães ou de descendentes de alemães, por conta de uma política nacionalista cada vez mais forte. Assim, as condições dos fugitivos da Alemanha de Hitler tornaram-se bastante difíceis no Brasil.[143] Os fugitivos, naquele momento, eram considerados imigrantes, pois o Brasil não concedia asilo. Permissões de entrada orientavam-se, por lei, segundo as supostas necessidades do mercado de trabalho brasileiro. Para ser aceito como imigrante, por exemplo, era preciso que o requerente cumprisse a exigência de se fixar como agricultor em regiões carentes de desenvolvimento.

Isso explica por que um homem como o intelectual Anatol Rosenfeld (1912-1973), a partir dos anos 1950 um dos principais agentes de divulgação da obra de Thomas Mann no Brasil,[144] teve de viver penosamente como agricultor e vendedor ambulante, após sua chegada ao Brasil em 1937, antes de se tornar importante articulista e crítico literário na cidade de São Paulo.[145] Casos parecidos são o de Otto Maria Carpeaux (1900-1978), autor da única história da literatura de língua alemã no Brasil (*A literatura alemã*, 1964), e o de Herbert Caro (1906-1991), até hoje o maior tradutor da obra de Thomas Mann no Brasil.[146]

Apenas em 1942 (em agosto o Brasil iria declarar guerra à Alemanha nazista), os integrantes do Movimento Alemanha Livre ousaram chamar atenção sobre si mesmos com um manifesto publicado no *Diário de S. Paulo*, em 12 de maio. Os alemães livres declaravam publicamente estar dispostos a contribuir para a defesa do Brasil contra os nazistas. De maneira decidida, defendiam-se contra a equiparação entre "nazista" e "alemão". Ao mesmo tempo, saudavam seus amigos no Brasil e na pátria distante: entre eles, em especial os prisioneiros da Alemanha nazista, "milhões de pessoas torturadas nos campos de concentração", trabalhadores forçados nas fábricas alemãs, bem como os soldados "forçados a lutar pelo hitlerismo indigno sob ameaça e emprego de violência".

8. MINHA "TERRA MÁTRIA": CONFISSÃO DE THOMAS MANN

Já na primeira linha, o manifesto do movimento em São Paulo cumprimenta Thomas e Heinrich Mann e os denomina predecessores e modelos para inúmeros intelectuais no exílio: "Saudamos Heinrich e Thomas Mann." Com isso criou-se o ensejo para um contato direto com os grandes escritores.

De fato, Lustig-Prean dirigiu-se pessoalmente a Thomas Mann poucos meses depois da publicação do manifesto. Sua primeira carta data de 4 de setembro de 1942 (ver adiante a seção de Documentação). Ela contém informações que a ordenação histórico-temporal esboçada acima ajuda a compreender. Lustig-Prean pôde reportar-se a um contato pessoal com Thomas Mann que tinha ocorrido em 1929:

> Em 1929, quando estreei um espetáculo próprio como administrador de teatro em Augsburgo, o senhor me escreveu uma magnífica introdução para o programa, que guardei comigo. Em meados de 1937, eu me despedi do cargo de redator-chefe da *Deutsche Presse*, em Praga, e rumei para o Brasil; estou desde 1923 na luta contra Hitler...

Lustig-Prean esclarece na carta que escreve a pedido da Comissão Executiva do Movimento dos Alemães Livres do Brasil, para informar a Thomas Mann, entre outras coisas, que a nova associação no Brasil — reconhecida desde 12 de maio de 1942, com a "tolerância das autoridades" — se desmembrara de um grupo denominado "A Outra Alemanha". (Esse grupo, conforme mencionamos antes, era um movimento argentino antifascista dirigido por August Siemsen.) A carta explica que, seguindo as leis do país, o grupo brasileiro "atuara até então sob grandes dificuldades apenas como um clube de leitura", mas que, desde maio, "havia feito grandes avanços, não apenas em termos quantitativos". Lustig-Prean mostra-se orgulhoso pelo fato de seu movimento desempenhar uma posição de mediador, no interior do "tão valorizado 'Movimento dos Alemães Livres' de Ludwig Renn (México) e do 'Outra Alemanha', da Argentina". Ele também informa Thomas Mann sobre as atividades do grupo:

Partidos, assembleias, relatos do jornalismo político são proibidos por lei. Ainda assim nós fazemos propaganda: promovemos dias de atendimento ao público; mantemos salas de leitura; publicamos "cartas" para nossos amigos (tudo em língua portuguesa!); conscientizamos as autoridades ininterruptamente por meio de petições etc. Fácil não é. [...] Católicos e socialistas, democratas, conservadores [...] trabalham juntos e de modo produtivo. A cooperação com os amigos da Itália Livre está excelente, nosso protetor é o cônsul-geral americano. No Rio de Janeiro, não são permitidos movimentos livres; lá representa-nos o padre franciscano, já idoso, Sinzig, que desde o primeiro dia trava uma batalha heroica contra a peste marrom.[147]

Ao fim, Lustig-Prean explica por que ele noticia tudo isso justamente ao "digníssimo senhor doutor": "Porque queremos ver no senhor o centro intelectual e espiritual de todos os movimentos livres alemães; porque todos os nossos desejos mais sinceros são dirigidos ao senhor e porque toda a nossa admiração ilimitada destina-se ao senhor."

Thomas Mann respondeu pouco depois, em carta de 30 de setembro de 1942:

Sou-lhe profundamente grato por suas informações interessantes e aprazíveis sobre o Movimento dos Alemães Livres no Brasil. Foi-me amável e valoroso saber sobre a atividade de sua associação, sobretudo porque aqui se parece ter alcançado êxito em reunir tudo que é alemão para a luta moral contra o inimigo de todos nós, sem a interferência de quaisquer convicções partidárias.

Meio ano depois Lustig-Prean escreveu mais uma vez para a Califórnia, dessa vez, no entanto, para Heinrich Mann. O original da carta, de 23 de março de 1943, com mais dois outros escritos, está no Arquivo Heinrich Mann da Academia das Artes em Berlim.[148] O texto dessas cartas foi reproduzido na seção de Documentação deste livro. Na primeira carta escrita a Heinrich Mann encontramos o seguinte: "Antes de mais nada, em nome do Movimento dos Alemães Livres do Brasil, expresso a satisfação pelo fato de o senhor, ao integrar a diretoria do comitê latino-americano dos alemães livres, ter assumido a presidência de honra."

Segue uma informação sobre a situação do grupo no Brasil e uma explicação para o fato de que Heinrich Mann (infelizmente) não poderia tornar-se presidente de honra também da seção brasileira, "porque a nós não é permitido conceder filiação de honra". E prossegue:

Está proibido, de qualquer forma, o funcionamento de quaisquer associações, de modo que registramos em nosso mural de honra, que só contém sete nomes, ao lado do de seu irmão também o seu. Nosso movimento, o único admitido no Brasil, completará seu primeiro ano em 12 de maio. O governo "tolerou-o", já que ele existira extraoficialmente até então. Muito fizemos sobre o chão pedregoso, evitamos toda e qualquer perda da unidade e cumprimos todos os princípios de nossos amigos mexicanos.

O próximo documento com o qual nos defrontamos na correspondência entre Lustig-Prean e Thomas Mann é uma carta mais longa do grande escritor, enviada à cidade de São Paulo. Mann a escreveu em 8 de abril de 1943, na Califórnia (*Cartas II*, p. 306), no dia da fundação do Comitê Latino-Americano dos Alemães Livres, na Cidade do México. Thomas Mann queria apresentar em tempo seus desejos de boa sorte aos Alemães Livres no Brasil. Segundo ele, o movimento era "mais velho do que a sua existência oficial", porém pelo dia em que, um ano antes, "a mais alta autoridade do país concedeu-lhe seu reconhecimento", quer dizer em 12 de maio, ele também gostaria de dar os parabéns e agradecer aos "dirigentes e membros" do movimento "por sua atividade", que contribuíra para "manter no mundo a fé em que continuaria a existir uma Alemanha melhor".

Para nós, é notável, sobretudo, que, depois da referência ao ensejo imediato de sua carta, Thomas Mann ainda tenha incluído uma passagem relativamente pormenorizada sobre o Brasil. Nunca antes ele havia se manifestado de tal maneira sobre o país. Surge nessa carta, a propósito, a expressão que constitui, neste livro, o mote de nossas reflexões: *Mutterland*, terra mátria. É possível que a manifestação peculiar de Thomas Mann também tenha sido motivada, a propósito, pelo fato de que um mês antes da redação de sua carta completara-se o vigésimo aniversário de morte de Julia Mann. As frases em sua carta soam afinal como um agradecimento póstumo à própria mãe. O escritor dirige seu agradecimento "ao país imenso e acolhedor" que oferece "proteção e liberdade de atuação" ao Movimento dos Alemães Livres, e a seguir declara sentir-se ligado ao Brasil "por laços sanguíneos". E explica:

> Cedo soou em meus ouvidos o louvor de sua beleza, pois minha mãe veio de lá, era uma filha da terra brasileira; e o que ela me contou sobre essa terra e sua gente foram as primeiras coisas que ouvi sobre o mundo estrangeiro. Também sempre estive consciente do sangue latino-americano que pulsa em minhas veias e bem sinto o quanto lhe devo como artista. Apenas uma certa corpulência desajeitada e conservadora de minha vida explica que eu ainda não tenha visitado o Brasil. A perda de minha terra pátria [*mein Vaterland*] deveria constituir uma razão a mais para que eu conhecesse minha terra mátria [*mein Mutterland*]. Ainda chegará essa hora, espero.

Alude-se aqui à perda da "pátria" por causa da tirania do nazismo e, com isso, à necessidade do exílio. Essas experiências são relacionadas à pátria da mãe, a uma "terra mátria" [*Mutterland*], palavra que produz conscientemente uma analogia, por contraste. A palavra *Mutterland* não é uma invenção de Mann. Em alemão, ela também significa simplesmente "metrópole". É usada, portanto, para descrever a relação de países com suas colônias. Diz-se, por exemplo, que as colônias americanas ter-se-iam desagregado de sua *Mutterland* Grã-Bretanha. Ou então denomina-se *Mutterland* um país onde algo surge ou se consolida, torna-se o "berço" de algo. A Inglaterra, por exemplo, é conhecida nesse sentido como a *Mutterland* do parlamentarismo, e a Grécia, como a *Mutterland* da democracia. Com sua analogia, Thomas Mann tinha em vista o cerne político de sua argumentação. O Brasil como sua terra mátria, seu *Mutterland*, representava para ele naquele momento o oposto do que lhe impingia sua pátria, seu *Vaterland*.

De fato, é curioso pensar: naquele momento Mann estava mais próximo de sua terra mátria, pois deixara sua terra pátria, que se tornara politicamente hostil a ele, para viver na Califórnia. Justamente dessa terra mátria chega até ele um influxo de forte anseio por liberdade política, concretizado na pessoa de Lustig-Prean, que o leva a imaginar a terra de sua mãe como país onde sobrevive a esperança de haver uma outra Alemanha após a era hitlerista.

A correspondência prossegue em 9 de agosto de 1943 com um agradecimento de Mann a Lustig-Prean pelo envio de informações sobre a recepção de sua obra no Brasil: "Na medida do que pude entrever sob o véu do idioma que infelizmente me é estranho, alegraram-me muito as simpáticas considerações sobre o escritor alemão de sangue brasileiro."

Em outubro de 1944, Lustig-Prean envia um resumo em alemão de seu texto "Escritores alemães no exílio", que pouco antes havia sido publicado em português no *Boletim Bibliográfico da Biblioteca Municipal de São Paulo*.[149] Um trecho especial dessa publicação é dedicado à família Mann. Thomas agradece em 11 de dezembro de 1944:

> Agradeço muitíssimo suas informações tão simpáticas e interessantes. Evidentemente o artigo do "Boletim Biblio-Grafico" interessou-me muito e, em especial, preciso contar também para meu irmão [Heinrich] e meu filho [Klaus] sobre o trecho acerca da família Mann. Esse último, a propósito, está agora na Itália e presta seu serviço militar no Intelligence Service. Ele me escreveu que, à luz trêmula de uma vela

e ao som distante da artilharia, em uma casa de campo crivada de balas, acabou de ler o último volume de minha obra sobre José; manifestou-se ainda acerca do texto com a inteligência crítica que valorizo nele desde sempre.

Poucos meses depois a Segunda Guerra Mundial chega ao fim, e a ditadura Vargas deixa de se tornar decisiva para a cena política brasileira. Lustig-Prean manifesta-se sobre o novo estado de coisas em umas "Notas do Brasil", na revista *The German-American* (Estados Unidos) de 15 de fevereiro de 1946. Fala sobre reemigrados no país, ou seja, membros de famílias alemãs que, imigrantes no Brasil, deixaram-se encantar pelo *Führer*, voltaram para a antiga pátria, a Alemanha, e agora, depois da derrota nazista, retornavam ao país na América do Sul.[150] Além disso, informa o destino da comunista judia-alemã Olga Benario, mulher do líder comunista Luiz Carlos Prestes, que tinha sido deportada para a Alemanha nazista no período do regime Vargas, quando estava grávida. Para o católico Lustig-Prean, essa mulher era uma "mártir" moderna. Depois do nascimento da filha de Olga, Anita, que pôde ser salva e vive hoje no Brasil, Olga Benario foi morta em uma câmara de gás em Bernburg em 1942. Lustig-Prean, ainda sem informações precisas, supunha em seu artigo que a ativista política tivesse falecido em Auschwitz em 1944.

Em carta de 31 de outubro de 1947, Karl Lustig-Prean retomou o contato com Thomas Mann "depois de um longo silêncio de ambos os lados". Nela informa que "um dos maiores escritores e certamente o sociólogo mais representativo da América Latina, Prof. Dr. Gilberto Freyre", havia publicado um artigo no *Diário de Notícias* (Rio de Janeiro), em 26 de outubro, intitulado "Thomas Mann, filho de brasileira" (o original desse texto se encontra na Biblioteca Nacional e foi transcrito, na íntegra, na seção de Documentação do presente livro).

Em seu artigo, Freyre exorta a Academia Brasileira de Letras a convidar Thomas Mann para vir ao Brasil na condição de "maior personalidade da literatura alemã moderna". Thomas Mann se alegra com tal apelo, que o "divertira e tocara", segundo escreve em 6 de dezembro de 1947, em resposta a Lustig-Prean, para prosseguir com ponderações práticas: "Quase não consigo imaginar de que maneira a Academia Brasileira pudesse atender à sua conclamação. Ela deveria nomear-me membro-correspondente? Claro que isso seria uma honra e uma alegria para mim."

De acordo com a correspondência seguinte de Lustig-Prean, de 1º de maio de 1948, enviada a Thomas Mann antes que o austríaco deixasse o Brasil, Gilberto Freyre tomara conhecimento do conteúdo da carta do escritor. Lustig-Prean relata a Mann que "um de nossos jornais, *Folha da Manhã*, voltou a se referir ao assunto no último domingo e exigiu uma atitude da Academia Brasileira de Letras, no sentido de honrar o maior 'filho de uma brasileira', o que seria muito natural". Esse artigo também faz parte do acervo da Biblioteca Nacional e foi transcrito na íntegra, na seção de Documentação, mais adiante. Segue ainda, na carta de Lustig-Prean, o pedido de "um grande favor":

> Deixo ao acaso decidir se o senhor terá ocasião de me ajudar nessa demanda. No fundo, não há pressa, mas é algo que me toca o coração. Já há bom tempo que ouvi de meu amigo social-democrata Valentin Baur, hoje deputado no conselho econômico em Frankfurt no Meno, que haveria interesse em me convocar uma vez mais para o cargo de administrador do Teatro Municipal em Augsburgo. Devo dizer que isso me comoveu. (...) O governo militar americano, no entanto, considerou o convite desnecessário e assim a coisa toda ficou em suspenso.* (...) Eu gostaria muito de voltar a trabalhar de verdade e poder criar algo, daí o anseio... "voltar pra casa". Não faço ideia de como aproximar-me dos chefes da administração militar em Augsburgo. Creio, no entanto, que talvez haja em Washington alguma personalidade qualquer que o senhor conheça bem, ou que até mesmo lhe seja próxima, e que possa de maneira gentil exercer alguma influência nesse caso. (...) Eu lhe seria extremamente grato, digníssimo Sr. Dr. Mann, se o senhor pudesse contribuir ainda que minimamente para a realização do nosso desejo de poder regressar à Europa e lá colaborar.

---

* Augsburgo encontrava-se, naquele momento, sob a ocupação das forças aliadas americanas, que tinham todo o poder de decisão local. (*N. da T.*)

Thomas Mann responde em 16 de maio de 1948. Ele expressa seu pesar, mas naquela ocasião nada poderia fazer por Lustig-Prean:

> Não apenas entendo seu desejo de retornar à Alemanha e a Augsburgo e lá retomar sua antiga atividade antes tão bem-sucedida, mas o tenho mesmo em profunda consideração e desejaria imensamente que ele pudesse tornar-se realidade para o senhor. Se ainda vivêssemos aqui na América de Franklin Roosevelt, eu provavelmente lhe poderia ser útil. Mas o senhor mesmo, muito bem informado, alude à grande mudança dos ventos por aqui, e hoje em dia, tanto no State Department quanto no governo militar na Alemanha, meus anseios já não exercem influência alguma.

Lustig-Prean não retornou a Augsburgo, mas encontrou uma nova função em Viena, como diretor do conservatório da cidade, a partir de 1948. O contato com Thomas Mann permaneceu, conforme se comprova em um cartão-postal enviado pelo escritor a Lustig-Prean, e em uma carta de Katia Mann ao destinatário austríaco, reproduzida adiante neste livro.

Em 1952, foram publicadas as memórias de Lustig-Prean, com o título *Lachendes Panoptikum* [Panóptico do riso]. Nelas há uma menção a Thomas Mann, no último capítulo, denominado "Balanço e palavra final". Lustig-Prean se pergunta sobre sua principal contribuição cultural ao longo dos 11 anos em que permaneceu no Brasil e responde a essa pergunta sob a evocação do sociólogo Gilberto Freyre:

> Quando Gilberto Freyre escreveu sobre Thomas Mann, concedeu lugar central às seguintes palavras: "Leio num artigo do jornalista austríaco Carlos Lustig-Prean que Thomas Mann ainda teria a intenção de visitar o Brasil, por ser ele mesmo filho de uma brasileira. Lustig-Prean é figura esplêndida de europeu que o Brasil teve a felicidade de atrair e está tendo a de conservar."[151]

Thomas Mann nunca pisou em solo brasileiro. Em vez disso, como já mencionamos, ele deixou inúmeros documentos literários e autobiográficos, que, de modo impressionante, comprovam como sabia muito sobre a terra de sua mãe. Em suas memórias, publicadas em 2008 com o título de *Achterbahn. Ein Lebensweg* (2009) [Montanha-russa. Uma biografia], Frido Mann, neto de Thomas, lembra-se de uma conversa com seu avô em Erlenbach, no Natal de 1953:

> Em um dos passeios que antecediam a hora do almoço, e durante o período do Natal, meu avô me explicou a sua origem brasileira do lado materno. Ele me contou que seu avô Johann Herman Ludwig Bruhns, que havia migrado de Lübeck para o Brasil em meados do século XIX, havia se casado com uma filha de fazendeiros não muito longe do Rio de Janeiro e, com ela, tido cinco filhos. Quando sua esposa morreu ainda muito jovem após o parto de seu sexto filho, que nascera morto, ele retornara a Lübeck com as crianças. Julia, a segunda mais jovem, casou-se aos 18 anos com um senador e comerciante de Lübeck, Thomas Johann Heinrich Mann, deu a ele cinco filhos e viveu com a família na cidade hanseática. Quando ele morreu em 1891, ela se mudou para Munique. Ela nunca teria voltado ao Brasil. "O pai de tua mãe era um alemão. Então, tua mãe era apenas meio brasileira e você um quarto, meu pai um oitavo e eu 16 avos, não?", eu queria saber. "Minha mãe dava muito valor ao fato de ser considerada uma brasileira", meu avô me esclareceu. "No Brasil, é brasileiro quem lá nasceu e lá viveu o primeiro ano de vida. A origem dos pais não tem a menor importância. Isso é o que eu sempre escutei dela." (*Achterbahn*, p. 311)

Ainda que não tenha visitado o Brasil, a obra e a pessoa do escritor foram desde cedo objeto de interesse, admiração, estímulo intelectual. Nos dois itens seguintes, que finalizam este capítulo, relataremos o encontro de Thomas Mann com dois grandes escritores brasileiros: um encontro pessoal, com Erico Verissimo, e um encontro literário, com João Silvério Trevisan. Ambos bastante produtivos e, de alguma forma, sinais da presença inequívoca de Thomas Mann na história literária de sua terra mátria.

9. ERICO VERISSIMO, THOMAS MANN — HERBERT CARO COMO INTERMEDIÁRIO

A primeira tradução brasileira do romance *Os Buddenbrook* (sem o "s" final, nas primeiras edições) foi publicada no Brasil em 1942, como "Edição da Livraria do Globo", de Porto Alegre. Seu tradutor, Herbert Caro, judeu-alemão nascido em 1906, amante das artes, formado em Direito, exímio e premiado jogador de tênis de mesa em seus anos de juventude, encontrava-se no Brasil desde 1933. Ele também tinha planos de publicar sua tradução de *A montanha mágica* naquele início dos anos 1940, mas precisou esperar quase dez anos para que isso acontecesse, já que em 1943 a editora carioca Panamericana antecipou-se e, supostamente detentora dos direitos, lançou outra tradução do romance, de Otto Silveira. Os planos dessa publicação que se viu adiada não eram apenas de Caro, na época, mas também do consagrado escritor gaúcho Erico Verissimo.

Caro e Verissimo tinham se tornado interlocutores alguns anos antes, e logo selaram uma amizade que duraria até a morte do brasileiro, em 1975.[152] A admiração que Caro devotava a Thomas Mann certamente foi assunto de conversas entre os dois desde o início.[153] Mesmo em correspondência futura, o autor alemão continuou sendo objeto de comentário e referência, como em uma carta de Erico Verissimo de 27 de setembro de 1955, em que relata a Caro estar se "divertindo com o último livro do velho Thomas Mann, as confissões do simpático patife Felix Krull". Mann havia falecido semanas antes, em 12 de agosto.

A carta, depositada no Arquivo Erico Verissimo do Instituto Moreira Salles do Rio de Janeiro (sob o código 02a0082), apresenta logo a seguir um comentário crítico perspicaz, mas oscilante, bem adequado às ambivalências e duplicidades do próprio romance *Felix Krull*: "É um milagre de leveza… até certo ponto. Porque mesmo nesta novela picaresca as personagens todas falam de maneira pomposa ou professoral. Ninguém diz 'Vai chover' ou 'Como vai?' A coisa toda é fraseada de maneira erudita e vem de ordinário acompanhada de toda uma dissertação. Mas a verdade é que o livro é de leitura fácil e agradável."[154]

Como se vê, o escritor brasileiro, como romancista e crítico que era, permitiu-se certo distanciamento literário em relação a Mann. Talvez também se escondesse aí, a esta altura, certo desapontamento pessoal.

Afinal, em 1941 Erico Verissimo tivera um encontro pessoal com Thomas Mann em Denver, Colorado, nos Estados Unidos...

Primeiro, cabe entender por que Erico Verissimo estava lá. Em 10 de agosto de 1939, tinha sido anunciada no *Correio do Povo* uma viagem do escritor brasileiro à América do Norte, cuja partida estava prevista para dali a quinze dias, em 25 de agosto. Os professores Lewis Hanke e Preston James da Universidade de Michigan tinham-no convidado para um série de palestras. A viagem foi adiada, mas a iniciativa ganhou corpo com um convite da Pan American Union, de Washington, a toda a diretoria do Instituto Cultural Brasileiro-Norte-americano para uma visita aos Estados Unidos. Verissimo estava entre os convidados. O escritor brasileiro antevia várias perspectivas para a viagem, sobretudo a realização de reportagens e artigos que pudessem resultar de uma série de entrevistas com "homens de alto valor que foram da Europa, fugindo a odiosas perseguições políticas e raciais".[155] Verissimo ressalta: "Procurarei também esses grandes exilados entre os quais se contam algumas das melhores cabeças pensantes da humanidade de hoje."[156] A viagem concretiza-se para Verissimo no final de 1940. Ele passa alguns meses nos Estados Unidos como convidado do Department of State de Washington.

Verissimo, a propósito, tinha estudado inglês desde criança, era leitor assíduo de literatura de língua inglesa, e também traduziu textos literários ao português, como o romance *Point Counter Point*, de Aldous Huxley, lançado no Brasil em 1935 com o título *Contraponto*. A tradução havia sido concluída já em 1933, mesmo ano do lançamento do primeiro romance de Erico, *Clarissa*.

Justamente em 1941 intensificaram-se os esforços norte-americanos de convencer o Brasil a colocar-se em definitivo ao lado das Forças Aliadas e sair de sua posição ainda neutra, senão simpática, aos países do Eixo. Em dezembro daquele ano, por exemplo, duas semanas após o ataque contra Pearl Harbor, Orson Wells foi encorajado a conceber um filme sobre o Brasil, como parte das atividades da Política da Boa Vizinhança do governo Roosevelt em relação à América Latina. Wells chega ao Brasil em fevereiro de 1942. Sua trilogia sobre a América Latina ficou inacabada, mas ganhou atenção de cineastas e pesquisadores, por exemplo no documentário *It's all true*, de 1993, dirigido por Bill Krohn e Myron Meisel. Outro ícone da iniciativa norte-americana é o conhecido personagem Zé Carioca, de Walt Disney, criado pelo empresário durante viagem ao Brasil, em agosto de 1941.

Verissimo, que já havia recebido Walt Disney em Porto Alegre, em visita anterior do norte-americano ao Brasil em 1938, irá reencontrá-lo nos Estados Unidos, durante sua visita. Enfim, tratava-se de uma viagem de intercâmbio e aproximação cultural emoldurada pelas políticas internacionais brasileira e norte-americana, que o escritor gaúcho soube aproveitar da melhor maneira, já que travou inúmeros contatos duradouros, difundiu a própria obra no exterior em traduções para o inglês e manifestou suas impressões sobre os Estados Unidos junto aos leitores brasileiros.

O escritor retornou a Porto Alegre em 21 de maio de 1941. No dia seguinte, o *Correio do Povo* noticiou o fato e publicou entrevista com o recém-chegado. Entre outras coisas, Erico menciona: "Tomei cerveja, burguesmente, em Denver, com Thomas Mann."[157] Da viagem resultou o volume *Gato preto em campo de neve*, cujo subtítulo é "Romance de uma viagem aos Estados Unidos". A obra foi publicada em novembro de 1941 e fez grande sucesso.[158]

O encontro com o escritor alemão, que ocorreu em 25 de março de 1941, marcou bastante o colega brasileiro. No início do capítulo de *Gato preto* intitulado "Thomas Mann", alude-se a um outro encontro que ambos viriam a ter mais tarde em Princeton, mas do qual não há registro. Satisfeito pela presença de Mann na cidade de Denver, o escritor gaúcho, segundo ele mesmo, não perde o ensejo de comentar com o colega alemão a origem brasileira deste último:

— Diga-me, Herr Mann — pergunto —, é verdade que um de seus antepassados nasceu no Brasil?

— Sim. Minha mãe nasceu no seu país. Era filha de pai alemão e de mãe brasileira.

— Mas... brasileira só de nascimento ou também de sangue?

— Minha vó materna tinha sangue português e índio.[159]

Como diretor da seção de literatura das Edições da Livraria do Globo, mesmo antes do encontro no Colorado, Erico Verissimo já havia estimulado a tradução de *Os Buddenbrooks* e *A montanha mágica* por Herbert Caro. Em *Gato preto em campo de neve*, o escritor gaúcho apresenta uma impressão detalhada e bastante positiva da pessoa de Thomas Mann, bem como um relato sobre a conversa entre eles.

Ambos, e também a esposa de Thomas, Katia Mann, de fato participaram de uma recepção na casa do rabino Abraham Feinberg. Não se tem notícia sobre a real extensão ou conteúdo do diálogo, mas Verissimo — agora ele mesmo uma espécie de Felix Krull — parece haver aumentado a importância do encontro em seu "romance de uma viagem", designação que atribui a *Gato preto em campo de neve*. Os argumentos da longa conversa que ele relata ter tido com Thomas Mann encontram paralelo com aqueles apresentados na conferência que o alemão havia proferido antes da recepção, intitulada *War and Democracy*, e bem poderiam ser fruto de anotações suas durante a conferência.

Bastante plausíveis e verossímeis, como agora sabemos, são as referências no texto à notícia sobre a tradução de *Os Buddenbrooks* no Brasil, bem como o anúncio de Erico Verissimo: "Mais tarde traduziremos *A montanha mágica*." É curioso que, justamente com referência a esses detalhes editoriais, o texto atribua traços muito pouco simpáticos a Katia Mann:

Frau Mann — miúda, os olhos muito vivos, a pele dum moreno desmaiado, o busto desempenado — olha para o marido com um ar de vigilância maternal. Tem um aspecto comovedor de dona de casa. [...] Quando lhe digo que no Brasil estamos traduzindo um dos livros de Thomas Mann — *Os Buddenbrooks* — imediatamente ela quer saber, com um leve tom de suspeita na voz, por meio de que agente adquirimos os direitos autorais.[160]

No manuscrito da obra, que integra o arquivo do escritor no Instituto Moreira Salles, uma primeira versão do início do capítulo, depois riscada, traz referência nada edificante a Katia Mann: "Frau Mann me pergunta si no (sic) Brasil é possessão inglesa ou francesa. É uma senhora dum claro moreno, olhos escuros e cabelos grisalhos; tem um ar de enérgica dona de casa e tenho a impressão de que cuida dos direitos autorais do marido com o mesmo minucioso carinho com que confere a caderneta do armazém."

De qualquer modo, certa tensão e distanciamento encenados no texto de Erico Verissimo, quando se trata da comunicação entre ele e os Mann acerca de questões práticas, estão em sintonia com o fato de que Thomas Mann não parece ter atribuído importância ao episódio. Em seu diário, ele não menciona o nome de Verissimo, não há sequer menção ao encontro com um escritor brasileiro. O programa que lhe cabia cumprir naquele dia 25 de março de 1941 em Denver, segundo o diário, coincide com o que descreve Erico Verissimo. Lê-se no diário de Mann, sobre os acontecimentos naquelas poucas horas: "Palavras iniciais de um professor do English Department da Color. University. Então minha conferência. Depois, cumprimentos e conversa. De lá, para a casa do rabino. Lanche, cerveja e café. Cantoria do dono da casa. À meia-noite, de volta para o hotel."[161] Destacam-se, nas demais anotações sobre aquele dia, detalhes negativos como o hotel distante, a comida ruim, o público de apenas 800 pessoas em uma sala com 2.500 lugares, o fracasso financeiro do evento. Thomas Mann confunde até mesmo o nome do rabino anfitrião e anota Feinman em vez de Feinberg.[162]

Dali a meses, em carta a Thomas Mann de 14 de outubro de 1941, o tradutor Herbert Caro transmite "os cumprimentos e a admiração" de Erico Verissimo, "o coordenador literário de nossa editora, que o senhor conheceu em Denver". Nova tentativa de contato, por parte de Verissimo? Essa carta, cuja cópia está disponível no Arquivo Herbert Caro, Thomas Mann não chegou a receber, pois ela se extraviou. Ele recebeu somente outra versão de mesmo teor, enviada uma segunda vez em 15 de abril de 1942, mas que não se encontra no arquivo. Na resposta de Thomas Mann de 5 de maio, três semanas depois, não há referência aos cumprimentos mandados por Erico Verissimo: ou porque nessa carta de maio Herbert Caro não os menciona mais, ou porque, caso o tenha feito, Mann simplesmente desconsidera a saudação, ou ela lhe passa despercebida.

É pena que o encontro tenha sido registrado apenas pela parte brasileira. Quase exatos dois anos depois, em 16 de março de 1943, Thomas Mann recebe em sua casa nos Estados Unidos, enviado por Herbert Caro, um exemplar da tradução brasileira de *Os Buddenbrooks*. Registra o fato em seu diário. Cinco dias antes, tinham se completado 20 anos do falecimento de sua mãe brasileira; e três semanas depois Thomas Mann irá escrever a carta particularmente atenciosa a Karl Lustig-Prean, em que atribui ao Brasil o epíteto de terra mátria. Tivesse tido um dia menos atribulado dois anos antes em Denver, talvez a inter-locução de Mann com Erico Verissimo tivesse sido outra, e houvesse aqui bem mais a relatar.

De qualquer modo, a constelação cultural e histórica é muito sugestiva. Revela-se emblemático e provocador o traçado dos trânsitos entre Alemanha, Brasil e Estados Unidos cumpridos por Mann, Caro e Verissimo, quando se levam em conta as situações de exílio, o envolvimento político e cultural dos três em nível internacional, os esforços de difusão e presença literária de cada um. Bem se poderia fazer de seus encontros e desencontros matéria para um grande romance, assim como fez João Silvério Trevisan com outras figuras históricas em seu grandioso *Ana em Veneza*, a que nos dedicamos a seguir.

10. RECEPÇÃO PRODUTIVA DE THOMAS MANN NO BRASIL: *ANA EM VENEZA**

O escritor João Silvério Trevisan, nascido em 1944, atuou como roteirista, diretor de cinema, dramaturgo, tradutor e jornalista. Foi seminarista, estudou Filosofia, foi publicista e ativista político, também em

---

* Este subcapítulo, de autoria de Sibele Paulino, foi integrado ao livro por seus autores, para a edição brasileira. Para um aprofundamento do estudo do romance *Ana em Veneza* sob a perspectiva aqui apresentada, ver Paulino, 2011.

favor de causas homossexuais. A diversidade profissional reflete-se na diversidade poética de sua obra. *Ana em Veneza* (1994), mais ainda, é um romance peculiar no percurso de sua carreira literária: não só por seu caráter formal variegado, o que já se vê em *Vagas notícias de Melinha Marchiotti* (1984) e *O livro do avesso* (1992) e se mantém no recente *Rei do cheiro* (2009), mas porque tem como pano de fundo uma extensa pesquisa bibliográfica e documental, um diálogo profundo com textos de outras épocas e tradições — e de modo especial com a obra de Thomas Mann. O projeto contou com o apoio da Fundação Vitor Civita, da qual João Silvério recebeu uma bolsa no ano de 1991. Com o financiamento, viajou pela Europa para reunir material sobre a biografia e a obra do filho de Julia Mann, além de realizar outras pesquisas de época. Fruto disso, além do romance, foi o trabalho como roteirista do documentário *Julia Mann*, dirigido por Marcos Strecker, lançado na Festa Literária de Paraty (FLIP), em 2005.

Ana em Veneza ambienta-se no século XIX e início do XX, até 1919. Então sofre uma quebra temporal que leva a ação para o ano de 1991. O enredo trata do entrecruzamento dos percursos de três personagens baseadas em personalidades reais: Julia Mann (Dodô), Ana (escrava do pai de Julia e mucama da menina) e Alberto Nepomuceno. O nome remete de imediato ao músico, gestor cultural e compositor importante na consolidação da música erudita no Brasil, que nasceu em Fortaleza, no dia 6 de julho de 1864, e morreu no Rio de Janeiro, no dia 16 de outubro de 1920.

A parte inicial da obra é uma entrevista com o velho músico e compositor Nepomuceno; seguem-se os capítulos que narram a história da pequena Julia no Brasil até sua ida definitiva à Alemanha; acompanha-a Ana, sua mucama. Mais adiante, as personagens se encontram em Veneza. Ao fim, há uma entrevista com Alberto Nepomuceno jovem, que salta para o final do século XX e transforma a fala da personagem em um fluxo de consciência.

Destacaremos aqui o diálogo do romance com a vida e obra de Thomas e Julia Mann, que naturalmente não se restringiu à reprodução de meros dados biográficos. Há na concepção do romance uma tentativa de respostas a problemas presentes em algumas obras literárias e textos de caráter biográfico dos Mann, bem como a problematizações propostas pelo grande escritor alemão. Destacam-se aí o tema manniano da dor e da morte. Também é central no romance brasileiro a origem materna brasileira do escritor, em especial a condição de Julia Mann, seu desenraizamento aparentemente traumático e sua figura peculiar no contexto da cidade de Lübeck.

Em "A dor brasileira de Thomas Mann ou A dor manniana do Brasil",[163] João Silvério Trevisan propõe que a crise criativa está presente na obra de Thomas Mann por meio das personagens estrangeiras, como Tadzio, a mãe sensual de Tonio Kröger, ou a prostituta Esmeralda, de *Doutor Fausto*, personagens já mencionados anteriormente. A crise reside, para Trevisan, na dificuldade em se assumir o fator multicultural, que abala a ordem da família tradicional do escritor alemão. Já na escrita de *Ana em Veneza*, Trevisan opera com a ideia de exílio existencial, além da experiência mesma de desenraizamento das personagens. Isso se dá sobretudo pela alusão a pessoas próximas a ele — sobretudo sua mãe — pela inserção de personagens em sua obra ficcional. A dor manniana refletiria a impossibilidade da certeza, dos melhores caminhos a seguir, para cada indivíduo. Foi o que ocorreu à personagem Ana, com sua impossibilidade de voltar ao Brasil e as peripécias e sofrimentos por viver em um continente que não a acolheu; a Alberto Nepomuceno, como ícone da condição do artista brasileiro que em seu país quase não encontra espaço para a música erudita e na Europa não tem acolhida suficiente para difundir sua cultura de origem; e, finalmente, a Julia, que teve de partir para a Alemanha depois da morte da mãe, pela vontade do pai de que ela tivesse uma educação melhor.

Julia, no romance, não é apenas uma personagem central para a compreensão do exílio, do desenraizamento, mas também da própria formação do povo brasileiro, em face de sua origem miscigenada. Biograficamente, Trevisan incorpora em sua narrativa muito do que está relatado nas memórias de Julia, *Da infância de Dodô*: o gosto da menina pela água de coco;[164] a relação com os escravos; as brincadeiras de pegar ovo de lagarto;[165] a figura severa da avó;[166] os irmãos falando francês quando de sua ida à fazenda nas férias, e Dodô sem entender nada.[167] Incorpora, ainda, outros conhecidos de Julia, como a dona do pensionato, Therese, e algumas anedotas dessa fase da vida de Dodo.[168] O romance menciona o pinheiro de natal e as palmeiras (coqueiros, no romance) como as árvores prediletas da menina;[169] os passeios com Therese, como ao Travemünde e à fazenda dos Stolterfoht.[170] E os exemplos ainda seriam muitos.

Trevisan, além disso, recheia as lembranças de Julia com manifestações culturais que ele pesquisou, como a experiência religiosa de Julia no Brasil:

> Paraty ficava inteirinha enfeitada de bandeira colorida e de arco de bambu, que era por onde ia passar o Divino e o Imperador do Divino, Josefa. Tinha a banda. E tinha a Folia que andava por tudo quanto é canto não só na cidade mas na roça também recolhendo prenda com a bandeira do Divino na frente e a bandeira tinha uma pombinha bordada e depois outra pombinha no alto, sabe Josefa a pombinha é o Divino Espírito Santo (...).[171]

A passagem anterior, em que Julia conversa com sua amiga mexicana do internato, Josefa (também mencionada no texto de Julia Mann), pode ser contraposta à das memórias da Julia real:

> As grandes festas religosas também causaram profunda impressão na pequena Dodô. O "Pai" conduzia as crianças à igreja, onde elas se ajoelhavam com seus pequenos rosários. Na festa de Pentecostes, pombas brancas voavam dentro da igreja sobre as cabeças dos devotos, e límpidas vozes femininas soavam das alturas, qual um coro de anjos.[172]

A mãe de Julia é importante na composição das diversas situações de desvinculação da menina. No romance, antes de partir para a Alemanha, Julia despede-se de todos os espaços da fazenda. Ela adentra, então, o quarto dos pais já vazio. O que ela vê naquele momento presente mescla-se com a lembrança da mãe defunta. Pela memória da menina, o quarto enche-se de novo, com seus móveis e objetos, até que ela se depara com o leito dos pais. A mãe, no entanto, não sorri, não vive mais:

> Pisando o tapete feito de sonhos, a menina sentiu no rosto o toque do tule, que alguma obscura brisa moveu, ali na penumbra. Disposta a decifrar com toda clareza, nessa ocasião que era única, ela fixou bem os olhos. E então, através do mosqueteiro de tule, Dodô viu: toda a dor. Talvez inexata nas cores e imprecisa nos contornos, mas claramente dor, em toda a sua dimensão. Ali na cama, mãe dormia para sempre, como dissera-lhe o pai.[173]

Em *Da Infância de Dodô*, Julia Mann narra sucintamente o confronto de Dodô com a imagem da mãe no leito de morte: "A dor cruel de ter perdido a mãe tão cedo a acompanharia pelo resto de seus dias. Não poderia mais contar com um coração materno para consolar-se das agruras da vida."[174] Além disso, a saudade da pátria brasileira mescla-se com a saudade da mãe:

> Mas teria Dodo esquecido a sua pátria e de sua mãe, com todas essas diversões e distrações? [oferecidas na casa da vó paterna e no pensionato] As coisas iam acontecendo na sua vida; ela nunca voltou a ver sua terra natal, e a falta que sentia da mãe, que perdera tão cedo, continuou a ser cultivada, em silêncio, pela menina e depois pela *Senhora* Dodô.[175]

A mãe relaciona-se, portanto, a um "lugar de conforto", tanto no texto de Julia Mann quanto no romance brasileiro, lugar que por sua vez relaciona-se com o Brasil, país de origem das duas Dodôs, onde viviam cada qual com a mãe, onde adquiriram sua língua materna. A perda da mãe simboliza nos dois livros a perda da terra pátria, ou *mátria*. A Alemanha é a pátria do pai, que lá abandona Julia e volta para o Brasil. O Brasil mantém-se como principal referência de família e aconchego, lugar onde ambas sentiam-se plenas.

Assim, em *Ana em Veneza* o início da vida da pequena Julia em Lübeck é narrado como um processo doloroso e entremeado por memórias da cidade brasileira. Assim observamos logo em sua chegada a Lübeck (a narrativa na primeira pessoa dá-se, no romance, em itálico):

> *Onde estou? Por que ninguém entende o que falo? Por que eles olham e olham e balançam a cabeça? Que lugar é este onde a gente veio parar? Que cidade mais esquisita é esta? Por que tem essas casas que eu nunca vi igual? Com a frente cheia de tijolinhos que vão subindo que nem recorte dentado? Por que tudo parece velho e tem cheiro de mofo? E meu pai, por que só fala comigo nessa língua do diabo?*[176]

A Julia integrada ao meio de Paraty, em uma infância mais livre e feliz, é substituída por outra Julia, melancólica. Ao longo da narrativa, a imagem do Brasil vai desaparecendo de sua memória:

> *Porque aqui não tem aquela largueza da Paraty e não sei por que mas quando a gente olha não vê as coisas do mesmo jeito porque lá na Paraty a gente via tudo com mais sol e aqui as casas são escuras a gente olha e olha mas mesmo com sol as coisas não parecem ser aquelas coisas que a gente vê quer dizer parece que tem uma coisa colocada entre os olhos da gente e as coisas que a gente vê.*[177]

Em Lübeck, Julia aprenderia música, literatura, bons modos; e se tornaria uma dama da sociedade. Quando ela está contando a Ana uma discussão que ocorrera no internato, a marca da estrangeiridade é expressa por sua rival do internato, Jenny: "ela não é nada, não sabe falar nem a língua dela".[178] Ao que Julia tenta retrucar:

> *Eu quase diz que sabe sim, mas na hora eu não lembro nada na língua do Brasil, não sabe por que, senão eu mostra para ela. Aí essa Jenny gorducha olha para mim, ri e diz com todo desprezo: Está vendo só? Ela é... internacional. E todas dão risada de eu! Fico tão... porque*[179]

Já mencionamos anteriormente que essa discussão com a colega foi também apropriada pelo romance *Zwischen den Rassen* [Entre as raças], de Heinrich Mann, outra fonte possível para a composição da cena em *Ana em Veneza*. A menina acaba por esquecer o português. Ana foge com seu amante Gustav Sternkopf e, ao final da primeira parte do romance, abandona Julia já mocinha e distinta. Antes de narrar as agrúrias de Ana, o romance segue com a história de Nepomuceno.

A escolha de Veneza como cenário de episódios seguintes no romance de Trevisan é alusão evidente à novela *A morte em Veneza* (1912), de Thomas Mann. A caracterização da localidade como cidade da Arcádia, decadente, aquosa, de monumentos e construções que remontam a tempos muito antigos e fazem dela uma alegoria da própria morte bem serviram aos propósitos artísticos de Mann, que a escolheu para lugar de paixão e morte de seu protagonista. João Silvério Trevisan não só se utilizou da mesma metaforização da cidade italiana, como dialogou, ao fazê-lo, com características poéticas da obra do escritor alemão.

A morte em Veneza trata da vida do escritor Gustav von Aschenbach, que sai de Munique e viaja a Veneza. O escritor e intelectual, absorto em sua criação artística, está em crise e por isso resolve viajar para a Itália. A personagem de Trevisan, Alberto Nepomuceno, também viaja para Veneza. A descrição do gondoleiro que conduz a personagem brasileira à pensão no Campo de Santa Maria Formosa, em sua chegada à cidada italiana, por exemplo, é muito semelhante à do que conduz Aschenbach até o Lido:

> *Vestido com um traje azul à marinheira, de faixa amarela na cintura e chapéu de palha que já começava a desfazer-se nas bordas, o gondoleiro estava postado em pé, detrás de ti. Enquanto remava, ia murmurando sons inteligíveis, algo como uma prece entre dentes ou talvez um monólogo de rotina, interrompido apenas pelo esforço físico dos seus braços propulsores.*[180]

Em *A morte em Veneza*, a formulação era quase literalmente a mesma: "vestindo roupa azul de marinheiro, com uma faixa amarela enrolada na cintura e um chapéu de palha já sem forma, cujo trançado começava a desfiar, atrevidamente caído de lado".[181] Mais ainda, logo depois: "E o monólogo resmungado recomeçou: o gondoleiro falava entre dentes consigo mesmo."[182]

A novela de Thomas Mann torna evidente a vinculação das gôndolas à morte. O texto — em claro exercício de ironia romântica, quando o autor se revela operando elementos literários — declara a inserção de si mesmo em longa tradição. Primeiro medieval:

> Quem não teria de combater um ligeiro arrepio, um secreto temor e aflição ao embarcar pela primeira vez, ou depois de muito tempo, numa gôndola veneziana? Esse estranho veículo, herança intacta de tempos medievais e tão singularmente negro como, dentre tudo que existe, só um ataúde pode ser (...)[183]

E logo a seguir, antiga, quando o texto revela o pensamento de Aschenbach, assustado por ver-se à mercê do gondoleiro: "Mesmo que só estejas interessado em meu dinheiro e, com um golpe de remo pelas costas, me envies para a mansão do Hades, terei feito uma boa viagem."[184] O gondoleiro é relacionado a Caronte, barqueiro que na mitologia antiga conduz as pessoas ao Hades, e que na obra de Dante Alighieri encontrará ele mesmo o melhor veículo para percorrer o medievo e perpetuar-se, Era Moderna adentro. De fato, ao fim da novela confirma-se o que sugeria travessia tão significativa: Aschenbach morre no Lido, de frente para o mar.

Os indícios fúnebres também estão presentes em *Ana em Veneza* por meio de figuras mefistofélicas[185] que levam os artistas a um encantamento profundo pela vida, fazendo-os perder o sentido de sua arte, que é o puro espírito (o intelecto, onde a matéria artística se faz). Alberto Nepomuceno vê-se abordado por tais figuras, que o confrontam com questões relacionadas ao tema. Ao iniciar seu périplo por Veneza, ele é atraído pela voz de um *castrato* que vinha da basílica da praça de São Marcos e entoava o "Stabat Mater", de Vivaldi. Nepomuceno decide sentar-se, tomar um refresco para apreciar a música.[186] Logo depois é abordado pelo maestro Domenico Mustafá, o cantor que ele acabara de ouvir[187] e que o bombardeia com questionamentos sobre a arte e a cidade de Veneza. A caracterização fantasmagórica da personagem é emprestada de outra (sem nome, a propósito), do conto "Enttäuschung" ["Desilusão"], de Thomas Mann. Após digressões bastante similares à de seu modelo manniano em "Enttäuschung", a personagem lança uma fala que alia os poetas ao exílio:

> — Os poetas não nos disseram que o problema todo está nas origens? Ao nascer, já fomos expulsos do paraíso, assim como nossos pais e seus avós e os bisavós dos nossos tataravós. A espécie humana jamais poderá recuperar-se da nostalgia de uma vez ter conhecido a perfeição. Perdemos a inocência para sempre, *caro signore*. E atravessamos a existência saudosos desse fato ancestral que está na origem do nosso exílio. (...) O senhor nunca teve a sensação de... de estar andando em sua cidade e um dia, de repente, perguntar-se: onde estou? que lugar é este? A mim aconteceram-me inúmeras vezes. O exílio... E em qualquer parte, lá está ele. O exílio marcou a cada um de nós, em maior ou menor grau, *caro signore*. E a expulsão do paraíso não tem cura. — Levantou os olhos, com uma melancolia altaneira, antes de retomar sua fala: — Somos borboletas tentando arrebentar o casulo para voar.[188]

A fala acima congrega referências ao destino de Julia, a visão do paraíso, a Paraty perdida, e o constante autoquestionar-se do próprio Nepomuceno. A expulsão do paraíso aproxima-se aqui do tema fáustico, no momento em que Mustafá justifica a beleza da arte relacionando-a à morbidez e ao diabólico: "Não é o Apocalipse o testamento do universo? Pois quero que este seja o meu testamento." Ele informara antes estar compondo uma peça intitulada *O apocalipse de João*: "Algo diabólico. E magnífico."[189] A expulsão do paraíso é figurada como tentativa dos seres humanos de "arrebentar o casulo para voar".[190] Em outro momento do romance: "[C]omo se realiza a irrupção libertadora? Como arrebentamos o casulo e nos tornamos borboletas. Através da Graça, repito. Porque tudo é Graça, Adriano Leverkühn."[191] Não bastasse aqui a referência direta ao protagonista do *Doutor Fausto*, o compositor Adrian Leverkühn, à sua composição mais ambiciosa, o *Apocalipse*, e às palavras finais do romance de Thomas Mann sobre a graça, tem-se aqui também outro elemento da obra manniana, já comentado anteriormente: uma alusão à borboleta *Hetaera esmeralda*.

Para Mustafá, enfim, a imagem do casulo vale para o artista, que tenta se libertar por meio da arte.

O inseto aparece também no alfinete da gravata de outra figura mefistofélica, o conde Agostino von Mölln Basuccello, descendente de alemães e que havia morado algum tempo no Brasil. Com o conde evidencia-se o motivo das máscaras e das fantasias como questionamento sobre a originalidade das obras de arte. A personagem, além de ela própria se fantasiar diante do casal Mann (Julia e Thomas Heinrich) na ocasião do jantar que oferecera a eles e a Nepomuceno, presenteia-os com uma cópia perfeita de um Canaletto. A partir desse mote, entra em questão a própria construção identitária do Brasil, que, segundo a concepção da personagem, é mesclada pelas manifestações populares e as "cópias" da Europa. O conde defende essa característica brasileira, que, longe de ser negativa, reforça a multiplicidade cultural e artística presente no Brasil. Para os estudiosos Stahr e Pawlik, von Mölln Basuccello representa a "tentação", algo sedutor, pois leva às últimas consequências "a identidade carnavalesca da não identidade".[192] Segundo eles, esse jogo de máscaras, essência do papel do artista, constitui o "credo" de Thomas Mann.

Por fim, a última figura mefistofélica de *Ana em Veneza* é Gustav Sternkopf, cujo prenome é o mesmo que do protagonista de *A morte em Veneza*. A personagem, além de morrer de sífilis (como Adrian Leverkühn), renega a própria vida e, ao fim, também a própria arte, ao botar fogo no quadro em que pintara Ana. O ato insano também remete à loucura que acometeu o protagonista do romance fáustico de Mann.

As personagens de *Ana em Veneza* construídas por João Silvério Trevisan sob a apropriação da matriz mefistofélica de viés manniano espelham e evidenciam a condição de Alberto Nepomuceno — no romance e no contexto histórico brasileiro —, ora afastando-se ora aproximando-se dele. O jogo das máscaras intensifica-se a partir do momento em que o compositor encontra-se no exterior, onde se encena seu caminho formativo.

O romance *Ana em Veneza*, ao se apropriar de elementos poéticos, dados biográficos, até mesmo nomes de personagens mannianas, imbuise desse jogo de máscaras, desse fazer-se outrem. Sob o signo da inquietude e desassossego, João Silvério Trevisan não apenas deu acolhida a Thomas Mann na literatura brasileira do final do século XX, como também foi um dos principais agentes, no Brasil, da necessária difusão e compreensão desse aspecto de sua vida e sua obra.

CAPÍTULO IV Destino brasileiro: Stefan Zweig e a família Mann

E agora sobre o Brasil. O senhor sabe o quanto tenho clareza e espero que acredite em mim quando lhe digo que este país é uma das vivências mais extraordinárias que um homem pode ter hoje em dia. Não apenas pela paisagem; não apenas pelos seres humanos, que aqui são permeados pela cultura antiga e para os quais cada feito literário vale mil vezes mais que todo o feito político [...], mas porque nesse país se demonstra todo dia, com uma naturalidade que sempre nos surpreende, a absurdidade de toda diferença racial. Nas forças armadas, na escola, nas repartições públicas, negros e pardos e brancos todos juntos; não há do que se envergonhar, pelo contrário, há até um orgulho de se ter sangue indígena e mesmo sangue negro. Nesse sentido, o Brasil é o maior experimento de nossa época, e por isso também estou escrevendo agora um pequeno livro sobre ele. Se esse experimento magnífico da mistura de raças e igualdade de cor continuar a se cumprir no país de maneira tão perfeita — e eu não tenho dúvidas disso —, então tem-se aqui a revelação de um modelo para o mundo, e somente modelos contribuem em sentido moral, jamais os programas e as palavras.

Stefan Zweig a Berthold Viertel
11 de outubro de 1940

Desde muito cedo Stefan Zweig foi um viajante do mundo. O escritor nasceu em 1881, em Viena, numa família da alta burguesia e de proveniência judaica. Aos 21 anos conheceu na Bélgica o escritor Émile Verhaeren, cuja obra empenhou-se por tornar conhecida (exemplo disso é o livro que organizou: *Augewählte Gedichte* [*Poesias escolhidas*], 1910). Aos 25 anos, passou meses na Inglaterra e traduziu a obra *A filosofia de arte visionária de William Blake*, de A.G.B. Russell. Aos 27 anos, ou seja, em 1908-1909, fez (assim como Hedwig Pringsheim) sua primeira viagem além-mar. Em cinco meses, Zweig conheceu Índia, Ceilão e Birmânia. Aos 30 anos, fez a primeira viagem para os Estados Unidos, Canadá e Caribe.

Antes da Primeira Guerra Mundial, mal havia escritores de língua alemã que tivessem um horizonte de mundo tão amplo como esse. Zweig combinava o europeu e o cosmopolita em uma só pessoa. Talvez ele mesmo não pudesse imaginar que essa forma de vida escolhida livremente fosse tornar-se um destino forçado. Depois da Primeira Guerra Mundial, Zweig se fixou em Salzburg e viveu ali com sua mulher Friderike e as filhas dela no morro Kapuzinerberg até 1934. Em apenas uma década e meia, ele se tornou um autor conhecido nacional e internacionalmente por conta da atividade assídua de publicista. Ano a ano eram publicadas poesias, contos, biografias, ensaios, comédias e libretos. Também miniaturas em prosa, brilhantes em termos estilísticos, como *Os grandes momentos da humanidade* (1927), tornaram-se recordes de vendas (sete edições com 130 mil exemplares até o fim de 1928).

As circunstâncias políticas na Alemanha e na Áustria, entretanto, logo forçam Stefan Zweig a viver no exílio, o que torna mais irrequieto o já irrequieto escritor. Ele cedo pressentiu o perigo que ameaçava pessoas de origem judaica. Quando em 1934, em Salzburg, revista-se justamente a casa desse entusiasta do pacifismo em busca de armas, o escritor resolve mudar-se para Londres. A atividade de publicista ainda pôde continuar: lançam-se *Erasmo de Rotterdam, grandeza e decadência de uma ideia* (1934), a biografia de *Maria Stuart* (1935), *Castélio contra Calvino* ou *Uma consciência contra a violência.* (1936).

1. EM CONFLITO COM KLAUS MANN

Nesse mesmo ano de 1936 Zweig recebe convite oficial para participar de um congresso do Pen Club Internacional em Buenos Aires e, ao mesmo tempo, para visitar o Brasil. Em uma carta a Klaus Mann no verão de 1936 Zweig formula de maneira ambivalente sua alegria de ir ao Brasil:

> Eu só estou tão cansado, com esta minha natureza eminentemente pacífica, de ter sempre que me envolver em conflitos. Alegro-me desde já com a visita ao Brasil, onde não posso ler os jornais escritos em português.[193]

A alegria pela visita, lado a lado com a impossibilidade de ler os jornais. Em uma frase, a ambivalência do que é próximo e do que é estranho antecipa o que se repetirá mais tarde em diversas situações.

Stefan Zweig já estava em contato com Klaus Mann havia bastante tempo. Bem mais velho que o primogênito de Thomas Mann, nascido em 1906, Zweig tinha incentivado e acompanhado a obra de Klaus Mann desde 1925, mas não sem ficarem de fora as tensões e os conflitos. Quando os nazistas disputaram com sucesso as eleições de 1930, Zweig tentou interpretar essa catástrofe como uma "revolta da juventude". A isso Klaus Mann reage com veemência e distancia-se de Stefan Zweig com um artigo intitulado "Jugend und Radikalismus" [Juventude e radicalismo].

Zweig, por seu turno, distanciou-se de Klaus Mann em 1933 quando este, após a tomada de poder por Hitler, esteve prestes a publicar uma revista antifascista chamada *Die Sammlung* [A Coleção]. No começo, Zweig aceitou fazer parte do projeto como colaborador, mas voltou atrás antes mesmo de sair o primeiro número, alegando motivos editoriais. Ao sair o primeiro número da revista, Zweig viu confirmados seus receios. Em vez de manter-se meramente literária, a revista politizou-se. Para espanto do filho, logo em seguida também o pai suspendeu sua colaboração. Thomas Mann ainda tinha possibilidade de publicar na Alemanha, e isso não podia ser posto em risco. Os motivos de Zweig eram parecidos. Ainda assim, os cuidados políticos nada valeram aos dois escritores. Os nazistas os forçaram do mesmo jeito a viver no exílio e proibiram seus livros.

Zweig continuou mantendo contato com a família Mann. Em 24 de janeiro de 1936 ele escreveu de Nizza, sobre o romance de Klaus Mann publicado um ano antes. Trata-se do *Symphonie pathétique*, um romance sobre Tchaikovsky:

> Caro Klaus Mann, eu soube que o senhor está em Küssnacht, então finalmente lhe envio uma palavra de agradecimento pelo Tchaikovsky, um livro apaixonante e prenhe de ritmo. Talvez o melhor de sua autoria, porque surgiu de uma identidade constituída [...] Dia 15 de fevereiro, vou me mudar para meu pequeno apartamento, London W 1, 49, Hallamstreet, onde espero poder revê-lo. (*Briefe* [*Cartas*] *1932-1942*, p. 148)

2. A PRIMEIRA VIAGEM AO BRASIL E SEUS DESDOBRAMENTOS: 1936

Em 7 de agosto, Stefan Zweig embarcou no vapor dos correios *Alcantara*, em Southampton, e chegou ao Rio de Janeiro no dia 21. Ele permaneceu 12 dias no país. O convite oficial ao Brasil não tinha chegado por acaso. Já em 1932, o jovem editor brasileiro Abrahão Koogan, da editora carioca Guanabara, travou contato com Zweig com a intenção de publicar as obras do escritor no Brasil. Um ano depois, ele publicou o primeiro livro de Zweig a sair em língua portuguesa: *Vinte e quatro horas na vida de uma mulher*. Mas esse não seria o único livro. Até a chegada de Zweig no Brasil em 1936, surgiram 28 títulos seus em traduções brasileiras. Portanto, ele tinha se tornado também no Brasil uma celebridade literária, antes mesmo que colocasse seus pés no país.

Koogan também foi o responsável pelo convite oficial do governo brasileiro. Os dois encontram-se pela primeira vez no próprio navio em que o convidado atracou no Rio de Janeiro. Zweig recebeu o tratamento de um convidado de Estado. No porto, foi saudado não apenas pelo enviado do Ministério das Relações Exteriores, mas também por um interino da diplomacia austríaca. Os anfitriões brasileiros de Zweig sobrecarregam-no com convites e ofertas, entre eles uma recepção no palácio do presidente Getúlio Vargas, e também um jantar no Jockey Club com o ministro das Relações Exteriores. Zweig proferiu palestras em francês, "L'unité spirituelle du monde", no Instituto Nacional de Música,* e em alemão, na Academia Brasileira de Letras, onde o salão com capacidade para 2 mil pessoas não foi suficiente para abrigar todos os ouvintes.

Zweig serviu-se da apresentação na Academia para uma primeira declaração pública sobre o Brasil, na forma de um "Obrigado" ao país. Para nós, o *primeiro texto* em que se esboça seu retrato do Brasil. Ele viajou quase sem qualquer ideia sobre o país, como a maioria dos europeus. Tinha na memória apenas figuras exóticas da infância. Depois do primeiro contato com o país, compreendeu de maneira autocrítica que, até então, tinha visto o Brasil apenas sob a *perspectiva eurocêntrica.* Diante de seus anfitriões brasileiros, Zweig chega a falar de uma "culpa" europeia: trata-se de um testemunho significativo da crítica ao eurocentrismo por um europeu no século XX:

Eu sinto uma culpa diante de vocês — uma culpa que não é minha, mas a grande culpa que nós todos na Europa temos diante de vocês. De modo fascinante, vocês conservaram a generosidade no coração. Também na arte vocês acolhem o estrangeiro como um hóspede benquisto,

---

* Hoje Escola de Música da Universidade Federal do Rio de Janeiro. (*N. da T.*)

não o repelem jamais. Vocês ainda não foram maculados por aquela xenofobia repulsiva, aquele pavor e hostilidade em relação aos estrangeiros, que hoje torna os países da Europa moralmente tão condenáveis. E nós? O que sabemos sobre vocês? É difícil dizer isso, mas eu mal saberia de alguém na Europa que pudesse falar com a mesma ênfase e o mesmo conhecimento sobre algum de vocês, como Muso (*sic.* [Múcio]) Leão o fez em relação a mim e, mais importante, quis fazê-lo! Lá entre nós ainda não se baniu a velha arrogância europeia; de alguma maneira a Europa vê em todos os países não europeus colônias espirituais, de cuja subserviência mansamente elas condescendem, sem pensar na possibilidade de retrucar dignamente. Ainda não se pode ou não se quer entender que o tempo não parou no século XVIII e que há muito a Europa deixou de constituir o centro das atenções. ("Dank an Brasilien" ["Agradecimento ao Brasil"], p. 186f)[194]

Ainda no navio que levaria Stefan Zweig de Buenos Aires de volta para a Inglaterra, ele começou a sintetizar suas vivências em séries de ensaios avulsos. Eles foram publicados em 1937, em Viena, sob o título *Kleine Reise nach Brasilien* [Pequena viagem ao Brasil]. O segundo texto sobre o Brasil que saiu da pena de Zweig. Junta-se a isso o fato de que Zweig aparentemente achou sua viagem para a América do Sul tão excepcional que, mesmo depois de muito tempo, ainda continua a fazer anotações em seu diário relativas à viagem de navio e à permanência no Brasil.[195]

3. UM PRIMEIRO RETRATO DO BRASIL

Se o "Dank an Brasilien" [Agradecimento ao Brasil] tinha sido escrito de modo acima de tudo autocrítico, o segundo texto sobre o Brasil, *Kleine Reise* [Pequena viagem], tem, por outro lado, um componente pronunciadamente didático. Em seu papel de professor, que dá uma "pequena aula de reforço" aos seus alunos europeus, como ele mesmo escreve, Zweig estava convencido de que na Europa os conhecimentos sobre o Brasil eram vergonhosamente parcos. Finalmente era chegada a hora, nas palavras de Zweig, "de mudar a ótica europeia e reconhecer que os outros continentes se desenvolvem totalmente sob outros parâmetros e que o centro das atenções sem dúvida tinha se afastado de nossa 'pequena península da Ásia' (como Nietzsche a denominou)". Não haveria o menor motivo para a arrogância e ignorância dos europeus frente ao Brasil. Pelo contrário: Zweig acreditava ter reconhecido que o Brasil fundamentalmente se diferenciava de uma Europa que naquele momento estava se dilacerando na luta entre extremismos ideológicos e totalitarismos (fascismo e comunismo). Tão fundamentalmente diferente que isso deveria parecer aos europeus "totalmente inacreditável e anacrônico, como um conto de fadas".

"Visita no café", "passeio por São Paulo", "Rio de Janeiro: chegada", "Morros e ilhas": tudo isso Zweig descreve de modo sucinto e com todo o esplendor estilístico que lhe é peculiar. Para a *diferença Europa-Brasil* são importantes três fatores. *Primeiro*, a Europa estava abalada desde julho de 1936 em decorrência da Guerra Civil em solo espanhol. Zweig tinha vivenciado ele mesmo as consequências terríveis disso quando estava a caminho do Brasil, em uma parada no porto da cidade de Vigo. Mais ainda: desde 1925, ou 1933, respectivamente, ditadores fascistas da estirpe de Benito Mussolini e Adolf Hitler estavam no poder. O Brasil, pelo contrário, era para ele um "país totalmente pacífico", apesar da sua extensão. Apesar de seus 40 milhões de habitantes, tinha "menos forças armadas" do que o menor dos pequenos Estados da Europa. Dúzias de graus de latitude de extensão costeira, mas uma "frota de combate irrisória", apenas. Zweig conclui disso o seguinte:

> Falta qualquer tendência imperialista a esse país gigantesco, que tem para si espaço de tal modo suficiente que não é preciso cobiçar uma polegada sequer de outrem; um país que ama e precisa da paz como fundamento necessário para sua constituição cultural.
>
> Para tal convicção, nada me parece mais característico do que o herói nacional do Brasil, a quem se confere o nome para as mais belas ruas e cujo monumento sempre é saudado de maneira respeitosa. Um herói que não é um general ou um homem de Estado que tenha conduzido guerras vitoriosas, mas Rio Branco, o verdadeiro homem de Estado, que sabia evitar as guerras e, em vez de usar armas, assegurou as

fronteiras de sua pátria por meio de tratados amigáveis com os vizinhos. Quando e a quem poderíamos construir um tal monumento na Europa? (*Kleine Reise* [*Pequena viagem*], p. 156s)[196]

A isso se segue o *segundo* fator: a partir das observações de Zweig, o Brasil era não somente um país não militarizado, não imperialista, mas também um país não racista. Zweig pensava que aqui nem se chegaria a cogitar a "questão racial", como era o caso na Alemanha hitlerista. Pelo contrário: o Brasil teria resolvido esse problema do modo mais simples e feliz, ignorando "totalmente há décadas a diferença entre raças, cor da pele, nações e religiões entre seus cidadãos":

Nesse imenso caldeirão, tudo se mistura desde tempos imemoriais, brancos e índios e negros e portugueses e alemães e italianos e eslavos e japoneses, cristãos e judeus e budistas e pagãos, não há distinções e não reina qualquer tipo de briga. Aqui não se interpôs, como nos Estados Unidos, uma fronteira de cor; e nem haveria no país muitas pessoas seguras de poder atravessá-la ou de assumir para si com certeza alguma origem específica. (*Kleine Reise*, p. 157)

E o *terceiro* fator importante para Zweig: o Brasil teria, como país, um espaço de dimensões tremendas e fontes inexploradas. Nas palavras de Zweig, "ainda haveria espaço", espaço para "centenas de milhões de pessoas". O país poderia precisar de "pessoas, mais pessoas". Somente "com cem, com duzentos, com trezentos milhões" delas é que o país assumiria uma proporção adequada (*Kleine Reise*, p. 155).

4. O PLANO PARA UM LIVRO SOBRE O BRASIL

Por que Zweig acentua justamente esses três fatores: nenhum militarismo, nenhum racismo e, ao mesmo tempo, enorme potencial para "pessoas, mais pessoas"? Por que ele se permite enfatizar, já em 1936, depois das impressões da primeira viagem, que quem tivesse vivenciado o Brasil de então teria antecipado para si "uma visão do futuro" (*Kleine Reise*,

p. 158)? Por que Zweig considerou essa viagem "um verdadeiro tratamento para a alma" (*Kleine Reise*, p. 155), de modo que já durante a
viagem de volta concebeu um projeto literário sem paralelos na história
da sua obra? Afinal, ele até então não tinha se aventurado a esboçar o
retrato de um país inteiro.

Está claro que antes ele já tinha publicado esboços de viagem, tinha
retratado países a partir de grandes figuras históricas, como:

- a *Rússia* em retratos de Dostoiévski (*Três mestres*, 1920) e Tolstói (*Três poetas de sua vida*, 1928);
- a *Inglaterra* na biografia de Maria Stuart (1935);
- a *França* nas biografias de Maria Antonieta (*Bildnis eines mittleren Charakters*, 1932; no Brasil, *Maria Antonieta*), Joseph Fouché (*Bildnis eines politischen Menschen*, 1929; no Brasil, *Retrato de um homem político*) ou Romain Rolland (*Der Mann und das Werk*, 1920 [*Sua vida, sua obra*]).

Mas esses tinham sido recortes dos respectivos países feitos ou a
partir de uma época passada ou a partir dos perfis de figuras históricas.
Agora, no entanto, Zweig se lançava a delinear o retrato de um país
inteiro. Depois da primeira visita, ele já teve a certeza de que não seria
a última vez que estaria ali e de que teria de escrever um livro inteiro
sobre o Brasil. As impressões haviam-no marcado profundamente. Os
impactos tinham sido enormes, e não se deviam apenas à paisagem arrebatadora (quatro páginas inteiras só para descrever a chegada de navio ao porto do Rio de Janeiro). Esses impactos também vinham das
vivências no país, que chegariam até mesmo às raias do grotesco. Duas
cenas durante a primeira viagem descritas no diário são memoráveis
nesse sentido:

Primeira cena: Quem conheceu, como Zweig, a miséria em massa
de fugitivos judeus na Europa não podia ignorar que também no exterior, especialmente no Brasil, havia contingentes de fugitivos de origem
judaica. Era preciso ajudar essas pessoas, e o mínimo que um escritor
poderia fazer era, por exemplo, uma visita de solidariedade ao Ginásio
Hebreu Brasileiro, no Rio, e uma leitura em benefício do comitê de
fugitivos judeus, fundado havia pouco tempo, na época. Quando Zweig

começou sua palestra em 26 de agosto, 1.200 pessoas haviam se reunido no Centro Israelita Brasileiro. No mesmo dia, ele tinha feito uma excursão às ilhas de Paquetá e Brocoió; empreendido passeios em meio à suntuosidade tropical e visto uma selva que se assemelhava ao paraíso. À noite, por outro lado, a confrontação cruel com o inferno no paraíso: o destino dos fugitivos judeus. Desde o começo, as duas coisas se apresentavam lado a lado nas vivências pelo Brasil. Comovido, Zweig registra em seu diário a maneira "como as pessoas [tinham estado] gratas e entusiasmadas". Ele se sentia satisfeito por "ter recolhido mais de 6.000 mil-réis para os fugitivos" (*Tagebücher* [*Diários*], p. 407). A cena passada no Rio de Janeiro não deixa de ser curiosa: Stefan Zweig, o escritor judeu expulso de sua terra mátria de língua alemã, faz uma leitura pública em alemão na capital do Brasil em favor de judeus de língua alemã escorraçados de seu lugar de origem.

Não menos impressionante é também uma *segunda cena*, descrita no diário de Zweig, com o elemento grotesco ainda mais intensificado. Seus anfitriões levaram o célebre escritor justamente a um presídio com 1.500 pessoas, uma instalação moderna em São Paulo. A intenção, evidentemente, era apresentar ao famoso escritor um estabelecimento no Brasil que fosse exemplo do cumprimento humano de penas judiciais. Zweig admirou também a "organização magnífica" que ele tinha visto mais por obrigação. Mas também não deixou de ver o "horror", segundo sua anotação. Assassinos, pedófilos e ladrões eram a maioria dos prisioneiros. Tão logo ele entrou no pátio, trinta desses prisioneiros estavam enfileirados e entoaram uma música *a capella* em honra do escritor, o "hino nacional austríaco, que eles aprenderam rapidamente, negros e mulatos e brancos" (*Diários*, p. 411). Também aqui uma cena peculiar: o judeu banido Stefan Zweig, que não podia mais viver na Áustria, ouve o hino nacional de sua pátria, cantado com honrarias por trinta prisioneiros, em um presídio em São Paulo.

Depois de tais cenas grotescas, a relação entre Zweig e o Brasil fica marcada desde o início por uma fissura. As vivências já da primeira viagem atestaram uma assimetria permanente na relação do escritor com o país. Os anfitriões foram solícitos como se deve ser com um "convidado de Estado", e o entusiasmo de Zweig pelo país foi autêntico e sincero. Seu colega escritor Hans Carossa lê de Stefan Zweig, em carta de dezembro de 1936, o seguinte:

> Eu passei por uma longa viagem que me levou à mais bela cidade do planeta, Rio de Janeiro, e a um dos mais abençoados países, Brasil. Ao mesmo tempo que voltei feliz, é pena ter voltado, pois de maneira invejável essas paisagens não estão nem sob o tacão da guerra, nem superlotadas de gente. Lá, a Terra ainda tem espaço e seu direito; as pessoas são mais amigáveis, porque não têm de se acotovelar o tempo todo, e um hóspede vindo de longe envergonha-se da recepção que lhe proporcionam. (*Cartas 1932-42*, p. 172)

Na verdade, a assimetria estava dada desde o início: o velho europeu Zweig e o novo continente longe da Europa; o grande artista da linguagem para os alemães e um país de falantes do português que ele só podia entender a partir de traduções; o autor e orador empolgante, que era celebrado por um público que não dominava sua língua.

De fato, as vivências dessa viagem foram impressionantes. Zweig resumiu mais uma vez para o amigo e colega francês Romain Rolland as impressões decisivas, em uma carta de 28 de setembro de 1936. Os países da América do Sul ainda não haviam sido acometidos "pela peste terrível do nacionalismo" e havia "menos ódio" lá. "Nós, na Europa", éramos vistos como "loucos"! Em suas palavras:

> E eles têm razão. Quando se vê quanto de terra ainda há disponível, não se compreende por que as pessoas ainda permanecem em nossa Europa — aqui reinam o otimismo e o idealismo em tal intensidade que me sinto revigorado. Um dia lhe contarei mais sobre isso. Não acredite muito no que lhe dizem sobre ditaduras: comparadas com a nossa, elas são o mais puro paraíso. (*Cartas 1932-42*, p. 562)

Mais ainda: na mesma carta a Romain Rolland, deparamo-nos com uma espécie de motivo apocalíptico na relação entre Brasil e Europa. Se a Europa fosse levada ao suicídio, assim pensava Zweig, o universo latino prosseguiria ao menos na América do Sul:

Com frequência, penso como os acontecimentos na Europa, sobretudo na Espanha, devem frustrá-lo e causar indignação. Ano a ano tudo está se tornando cada vez pior e quando eu reflito o que aguarda a França, então estremeço. O suicídio da Europa — a gente o vê de outros continentes, e logo fiquei aliviado em perceber que aqui o universo latino prossegue, que a América do Sul, com seus centenas de milhões de habitantes, vai erguer sua voz quando a dos europeus estiver asfixiada por pestes e sangue. (Carta de 28 de setembro de 1936, em: *Cartas 1932-42*, p. 562)

5. CONTEXTOS HISTÓRICOS MUNDIAIS: *FERNÃO DE MAGALHÃES* (1938)

Quando, em 6 de outubro de 1936, Zweig a pisou novamente o solo europeu em Southampton, já lhe estava claro que ele voltaria a se ocupar a fundo com esse país sob novas premissas da política internacional. O país poderia se tornar o futuro da Europa! Zweig percebeu a necessidade de situar melhor o Brasil na história mundial, também porque tinha deparado, na viagem de ida e dentro da biblioteca do navio, com a história de um importante navegador e descobridor português que lhe era totalmente desconhecida até então. Trata-se de Fernão de Magalhães (aprox. 1480-1521), que, na tentativa de uma primeira circunavegação completa pela rota oeste em direção às Índias, tinha passado também pela costa brasileira, antes de encontrar, em janeiro de 1520, a foz do rio de la Plata e, em outubro do mesmo ano, a entrada do estreito que mais tarde foi batizado com seu nome, Magalhães. Até hoje essa rota torna possível que embarcações contornem o subcontinente sul-americano.

A partir do fim do outono de 1936, Zweig trabalhou em Londres em seu texto sobre o navegador, para o qual realizou pesquisas também em Portugal. O livro foi publicado em 1938 com o título *Magellan. Der Mann und seine Tat* [*Fernão de Magalhães. O homem e sua façanha*]. Na figura desse português, Zweig retratou um herói pacífico a serviço da humanidade, que já antecipava simbolicamente o que o Brasil enquanto país representava para o escritor: não a sanha de conquistas militares, mas a civilidade capaz de unir os seres humanos. Esse Magalhães torna-se um *alter ego* do próprio escritor, pois também Zweig se torna inevitavelmente uma espécie de "descobridor", um tipo de "circunavegador", que não pode ser comparado com os navegadores de antes em termos de coragem (o que eram as viagens confortáveis em navios a vapor de luxo em face dos navios miseráveis com os quais se arriscava a vida na época do descobrimento?), mas cuja história não é menos trágica e dramática. Zweig estava seguindo os passos de Magalhães, de um homem que fracassa em suas viagens e tem de legar a outros a realização de seu sonho.

Nesse período, Zweig procurou fazer novo contato por carta com Thomas Mann. O escritor de Lübeck ainda estava exilado na Suíça. Em 1936, teve de suportar a abjudicação nefasta de sua cidadania alemã pelo regime nazista. Em dezembro desse mesmo ano, Zweig enviou-lhe palavras de consolo, as quais bem mostravam a importância de Thomas Mann como "cidadão do mundo":

> Prezado Professor, ninguém deve se retrair diante da ocasião solene que envolve um homem tão digno de apreço. Assim, eu o cumprimento cordialmente pela nomeação pública como cidadão do mundo, ao mesmo tempo que outros o privam da cidadania. É como se o documento nefasto o integre, aos olhos das gerações futuras, à congregação dos livres e libertos. Um documento de honra da mais bela espécie! (*Cartas 1932-42*, p. 170f)

Felizmente, Thomas Mann pôde substituir com certa rapidez a cidadania perdida por outra, a tcheca. Para Zweig, no entanto, enquanto trabalhava no *Magalhães*, a situação se agravava dramaticamente. Já convencido de que um retorno para a Áustria era impensável, ele vendeu sem demora sua casa em Salzburg e se divorciou por fim de sua mulher Friderike. Havia muito tempo que a companheira de sua vida era Elisabeth Charlotte Altmann, filha de um comerciante de ferrarias de Kattowitz e neta de um rabino, que surgiu na vida de Zweig como secretária em 1934, em Londres. Junto com os conflitos políticos da época, havia os pessoais. O vínculo com Fridrike permanecia intenso, embora Zweig tenha consumado o divórcio em dezembro de 1938 e, um ano depois, tenha se casado com Charlotte (em 6 de setembro de 1939, em Bath).

O trabalho literário prosseguia incessante — em geral com três, quatro projetos concomitantes. Apesar da sobrecarga na vida pessoal, concluiu um romance de 400 páginas: *Ungeduld des Herzens* [Coração impaciente] (publicado em 1939). Para aliviar a carga emocional (eram frequentes os episódios de uma depressão terrível), em 1939 Zweig decidiu-se por escrever a própria biografia, que foi publicada mais tarde sob o título *Die Welt von gestern* [O mundo de ontem]. Ao mesmo tempo ele colhia material para a grande biografia de Balzac. Adicionalmente a um primeiro ensaio sobre esse grande escritor francês, publicado em 1920 em *Drei Meister* [Três mestres], Zweig ainda queria escrever sobre ele uma grande biografia. Ele a concebia como sua obra principal, que permaneceu inacabada, no entanto.

Os acontecimentos políticos chegavam atropeladamente. Em março de 1938, as tropas de Hitler marcham para a Áustria. Na "queima de livros" em Viena, também os livros de Zweig são lançados à fogueira. No 1º de outubro subsequente, as tropas marcham para a região dos sudetos alemães; em março de 1939, ocorre a assim chamada "desarticulação dos restos da República Tcheca", no jargão nazista. Apenas seis meses depois tem início a Segunda Guerra Mundial, com o ataque das tropas alemãs à Polônia. Tudo convergia para o tal "suicídio" da Europa que Zweig antevira. Mas para onde ir? Se agora também a Inglaterra tinha aderido à guerra, e se do mesmo modo os Estados Unidos a longo prazo não iriam permanecer passivos? Nos quartéis-generais da Europa de Hitler e do Japão, já se teriam elaborado planos para um "ataque contra a última democracia". Diante disso, Zweig escreve resignado para Thomas Mann, no fim de julho de 1940:

> Assim como nós emigrantes reconhecemos o perigo de modo mais claro que os ingleses, também nós europeus antevemos a hora difícil da América, na sua prosperidade de hoje, sem perspectivas de solução, tanto lá quanto aqui.
>
> Que um homem como o senhor, que como nenhum outro manifesta solidariedade com a emigração, seja hostilizado por alguns indivíduos,

isso me surpreende, e ao mesmo tempo nem tanto. A emigração ocasiona um deslocamento do equilíbrio, ela é uma perturbação para o equilíbrio, porque de repente o indivíduo não tem mais o mesmo peso de antes, no sentido de sua valoração; e isso leva a distúrbios psíquicos como em uma epidemia. (*Cartas 1932-42*, p. 280)

Desde o começo Zweig não alimentou ilusões quanto à "emigração". Possíveis "deslocamentos de equilíbrio" eram bem conhecidos para um emigrante como ele. Entretanto, depois do começo da guerra chega-lhe um novo convite para a América do Sul. Quando ele finalmente recebeu um passaporte britânico em março de 1940, depois de procedimentos massacrantes e extenuantes, o plano que ele tinha em mente havia muito finalmente podia tornar-se realidade: escrever um estudo sobre o Brasil depois de mais uma viagem à América do Sul. Para isso, ele precisaria de ideias *in loco*, movimentar-se no próprio país. Com um visto de turista válido por seis meses, o casal Zweig partiu para uma nova viagem à América do Sul no fim de junho de 1940. Depois de uma parada em Nova York, ambos chegaram ao Rio de Janeiro em 21 de agosto de 1940, no mesmo dia em que Zweig havia chegado lá quatro anos antes. Tinha início a segunda viagem ao Brasil.

6. CORRESPONDÊNCIA COM KLAUS MANN: DECLARAÇÃO DE AMOR PELO BRASIL

Agora Zweig já não era mais um convidado do Estado, o que para ele era bem-vindo. Zweig queria, e devia, evitar a impressão de proximidade excessiva com o regime do ditador Getúlio Vargas, que simpatizava com os ditadores europeus depois da eclosão da guerra. O governo brasileiro, é claro, tinha interesse em apoiar os propósitos do escritor e, de sua parte, a expectativa de contar com a "propaganda valiosa para o país" por parte de um literato internacionalmente conhecido, segundo Donald A. Prater, biógrafo de Zweig. O governo de fato proporcionou ao viajante "benefícios consideráveis".[197] Assim, Zweig pôde usar os meses seguintes, setembro e outubro de 1940, para viagens em prol dos conhecimentos históricos, culturais e linguísticos sobre o país. Ele reviu São Paulo, conheceu Ouro Preto e, do fim de outubro até meados de novembro, empreendeu uma viagem para a Argentina para proferir palestras.

Do Brasil, comunicou-se novamente com Klaus Mann, em outubro de 1940. Este, no começo do mesmo ano, em um trabalho incessante, tinha dado início a nova tentativa de difundir uma revista internacional antifascista. O nome da revista seria *Decision* e o subtítulo *A Review of Free Culture*. Ela era concebida como um "instrumento para intensificar as relações entre o mundo intelectual americano e europeu". Também Stefan Zweig tinha se posicionado decididamente em favor do projeto. Não foi por acaso que seu nome figurou na capa do primeiro número da *Decision*, em janeiro de 1941.

Seria possível a revista ser vendida também no Brasil? Klaus Mann dirige-se a Stefan Zweig para consultá-lo sobre isso. O austríaco faz primeiro uma declaração de amor ao Brasil, em carta de outubro de 1940 (inédita até aqui; ver a seção de Documentação, mais adiante):

Caro Klaus Mann, exausto de tantas leituras públicas e da hospitalidade fantástica dos brasileiros, dei uma escapada para a serra por oito dias, antes de eu prosseguir viagem com a minha *tourneé* para Buenos Aires, passando por Montevidéu — tem seu preço sair da Inglaterra, o que não foi fácil. Gostaria que fosse possível ao invés disso ficar sossegado aqui no Brasil, neste país encantador que eu amo como a nenhum outro — o país é realmente um último bastião da tolerância e as pessoas aqui são de uma bondade inata. Eu quero muito escrever sobre o experimento singular da absoluta igualdade entre índios, negros[,] brancos[,] mulatos que só o Brasil conduziu antes de todos os países da Terra, e até agora com todo o sucesso.

Sobre a questão das publicações, Zweig deu o seguinte conselho:

Sobre a sua revista: *o mais importante* é que ela seja barata, muito barata. Vocês nos EUA perderam a noção de quanto o dólar está supervalorizado e que 25 centavos aqui e na Europa são *proibitivos*. Se não for assim, toda a iniciativa fica inviável. Além disso, eu gostaria que o senhor me satisfizesse um desejo antigo, o de que trouxesse em cada número uma coluna de hospitalidade para com uma língua estrangeira: ora uma poesia alemã, polonesa, da mais alta escolha, ora uma coluna da mais preciosa prosa francesa ou italiana, como sinal de boa disposição [...] O que eu puder fazer por isso [...] há de suceder e eu também estou disposto a tudo — mas repito: tudo depende do custo, caso contrário a revista não vinga fora dos Estados Unidos. E devem-se aproveitar as circunstâncias, agora ou nunca.

Espero [...] encontrar-me em Nova York em janeiro e poder vê-lo / Tudo de bom e abraço — Afinal de contas o senhor tem quase todos os amigos a sua volta / Stefan Zweig.

"Uma coluna de hospitalidade para com uma língua estrangeira": não é por acaso essa sugestão venha de terras brasileiras e tenha sido feita por um homem que, já em 1936, como vimos anteriormente, escreveu em seu "Dank na Brasilien" [Agradecimento ao Brasil]:

Também na arte vocês acolhem o estrangeiro como um hóspede benquisto, não o repelem jamais. Vocês ainda não foram maculados por aquela xenofobia repulsiva, aquele pavor e hostilidade em relação aos estrangeiros, que hoje torna os países da Europa moralmente tão condenáveis. E nós? O que sabemos sobre vocês?

A viagem à Argentina serviu aos Zweig, entre outras coisas, também para conseguir um visto permanente no Brasil a partir do Consulado Geral do Brasil em Buenos Aires. Essa era uma condição para que eles pudessem receber um passaporte de estrangeiros ("modelo 19") após seu retorno ao Rio, em novembro de 1940, o que lhes assegurava uma permanência mais duradoura no Brasil. O porquê de os Zweig terem conseguido sem problemas um documento normalmente difícil de obter constitui objeto de especulações da crítica. Voltaremos a isso depois.

No começo de janeiro de 1941, seguiu-se um voo ao norte e ao nordeste do Brasil como encerramento de toda a viagem. Os Zweig viram a Bahia, Pernambuco (Recife) e o Pará (Belém) antes de voltar para Nova York no fim de janeiro. Zweig se recolheu em New Haven para adiantar suas pesquisas sobre Portugal e Brasil. Em março de 1941, ficaram prontos o livro sobre o Brasil e também um pequeno trabalho sobre Américo Vespúcio (1451-1512).

Para o título do primeiro, o tradutor americano encontrou uma solução impactante e eficaz para a publicidade: *Brazil — Land of the Future*. A formulação em inglês reduz claramente uma dimensão do significado proposto pelo original de Zweig. Na versão alemã, o título é *Brasil, um país do futuro*. Inicialmente, Zweig pensou em uma formulação ainda mais modesta: *Olhar sobre o Brasil*. O manuscrito já estava disponível em meados de março de 1941, e o editor brasileiro de Zweig, Abrahão Koogan, queria publicar a edição brasileira o mais rapidamente possível. Assim, Koogan ofereceu uma casa em Petrópolis ao autor atormentado, perseguido cada vez mais por depressões que se impunham de maneira impetuosa. Já na época do imperador D. Pedro II a cidade, nas montanhas, era um lugar de repouso para o verão, por causa das condições climáticas bem mais favoráveis. Exausto como estava, Zweig aceitou o convite. Ele e Lotte chegaram ao Rio em 27 de agosto de 1941. *Brasil, um país do futuro* já tinha sido publicado em julho, pela editora carioca Guanabara. Em meados de setembro, o casal se instalou em Petrópolis, primeiramente com um contrato de aluguel de seis meses e sem ter ilusões de uma existência autônoma no Brasil. Mesmo "em meio da natureza majestosa", fica-se "totalmente isolado por conta da língua inapreensível", é o que se lê em uma carta desse período (*Cartas 1932-42*, p. 306). Já conhecemos bem esse tom.

7. "PAÍS DO FUTURO": O LIVRO SOBRE O BRASIL COMO IDEIA (1941)

"Um país do futuro"? O que se tinha anunciado como esboço no ensaio escrito depois da primeira viagem, o livro desenvolverá em um retrato pormenorizado. Zweig estava consciente de que ele, na melhor das hipóteses, só poderia colher "impressões" sobre um país de proporções gigantescas, aliás impressões de "franqueza incondicional", que "nada têm a maquiar nem sobre o que mentir" (*Cartas 1932-42*, p. 289). Ao editor Zweig tinha assegurado em uma carta de 20 de setembro de 1940:

Acredito que será um livro honesto — justamente o necessário a um estrangeiro para que entenda e possa ver melhor o Brasil. Estou me esforçando para ser o mais correto possível. Um pequeno capítulo trará o título: "O que eu *não* vi", de modo que o livro fique completo e indique as partes que não vi com os próprios olhos. (*Cartas 1932-42*, p. 287)

Embora ele não tenha feito esse capítulo, Zweig já observa na "Introdução" que seu retrato do país não é completo, nem poderia sê-lo. De toda forma, é impossível "conhecer inteiramente" o Brasil. Além do mais, ele passou "aproximadamente meio ano" lá. "Uma vida inteira" não é suficiente "para poder afirmar: conheço o Brasil", sobretudo porque Zweig não tinha visto estados inteiros, não tinha percorrido regiões inteiras como as do Mato Grosso, de Goiás ou do rio Amazonas. Ironicamente, Zweig também acrescenta que não tinha visitado as colônias *alemãs* de Santa Catarina, em cujas velhas casas ainda estariam pendurados retratos do imperador Guilherme e, nas mais novas, os de Hitler. Ele também não tinha visitado colônias japonesas no interior de São Paulo. Além disso, não poderia dizer "com certeza se realmente algumas das tribos indígenas naquelas matas impenetráveis ainda são canibais." (*Brasil, um país do futuro*, p. 16)

O novo livro deveria ser uma "espécie de manual para todos os estrangeiros que vêm até aqui" (*Cartas 1932-42*, p. 287). E assim foi. Os destinatários do livro não são em primeiro lugar os brasileiros, mas visitantes europeus do Brasil. Analisar o livro em detalhes ultrapassa nossas possibilidades. Isso porque Zweig não descreve apenas grandes cidades, como Rio e São Paulo, paisagens grandiosas, "jardins, morros e ilhas"; em capítulos próprios ("Economia" e "Visita ao café"), descreve as principais características da economia brasileira e tendências principais da cultura brasileira (como em "Bahia: fidelidade à tradição" e "Bahia: igrejas e festas"). Não cabe descrever aqui tudo isso em detalhes, menos ainda avaliar tais considerações. Também uma comparação entre o Brasil de ontem e o Brasil de agora seria uma discussão à parte que não cabe conduzir aqui.[198] Iremos nos ater à perspectiva assumida pelo autor em face do país, além de tentar reconstruir anseios fundamentais do livro, como contribuição à história de época e aos estudos sobre a vida e obra do autor.

É evidente que, apesar de toda autorrelativização como retrato *literário*, o livro de Zweig sobre o Brasil não é mais nem menos do que uma tentativa ousada de conceber a "ideia" do Brasil, que ele desenvolve sob a perspectiva da *história*. É certo que, desde que o Brasil foi "descoberto" pela Europa em abril de 1500, os inúmeros pormenores da história (como em todo grande país) levam a muitos descaminhos. Para Zweig, no entanto, em tudo que parece tão confuso esboça-se como que uma *linha do destino*, que corre em movimentos dialéticos e conduz, no fim, ao fato de que o país assumiu um perfil e um ideal próprios. Zweig reconstrói de tal modo a fase inicial da história brasileira que já naquele momento parece ter início o processo de "abrasileiramento", com a chegada dos jesuítas. No livro, cada frase sobre eles é ao mesmo tempo uma frase de crítica amarga às experiências do europeu Stefan Zweig com a Europa:

> Os jesuítas são os primeiros que não querem nada para si e tudo para o país. [...] São realistas, escolados pelos seus exercícios a forjar diariamente sua energia para vencer a resistência imensa das fraquezas humanas no mundo. Conhecem os perigos e a morosidade de sua missão. Mas justamente por visarem desde o princípio um objetivo longínquo, colocado a séculos de distância, na eternidade, que eles se distinguem tão grandiosamente de funcionários e guerreiros, os quais apenas querem lucros rápidos e visíveis para si e sua pátria. Os jesuítas sabem perfeitamente que serão necessárias várias gerações para completar o processo do "abrasileiramento" e que nenhum entre aqueles que arriscam a vida, a saúde, a força nesse início verá nem mesmo os resultados mais fugidios de seus esforços. (*Brasil, um país do futuro*, p. 36)

Abrasileiramento como fundação do Brasil por si mesmo: Zweig persegue essa imagem fundamental século a século. Ele não pretende narrar detalhadamente os fatos históricos, mas refere-os e os interpreta, para então destacar a "ideia" subjacente a tais processos dialéticos: a "conciliação". Ela é que caracterizaria a sociedade brasileira. Por certo, o Brasil como nação tinha seus conflitos, seus distúrbios e suas falhas sociais, tinha períodos caóticos e turbulentos. No entanto, Zweig argumenta, o país sempre teria conseguido resolver seus conflitos no espírito da "conciliação", tanto no âmbito da política interna quanto da externa. Seja na luta contra Lopez, o ditador militar do Paraguai (única guerra externa que dom Pedro II conduziu em seu longo período de governo), seja na abolição da escravatura, ou na própria deposição do imperador e decorrente substituição da monarquia pela república: em tudo Zweig vê uma solução dos problemas "à moda brasileira, ou seja: sem radicalismos". (*Brasil, um país do futuro*, p. 74)

É claro que hoje se veem tais coisas de forma muito mais crítica, como, em especial, a guerra entre Brasil e Paraguai. Zweig, de qualquer modo, pretende fixar-se sobre um ponto fundamental: ele quer destacar como "verdadeiro herói moral" da história "a natureza conciliadora brasileira" (p. 76). E não tem receio de falar sobre um "caráter inato da nação", que no correr da história nunca "mudou", mas apenas "evoluiu". Esse "caráter inato da nação" é apresentado em sentenças como esta:

> Tanto na política interna quanto na externa, [o Brasil] aplicou inabalavelmente o mesmo método que reflete a alma de milhões e milhões: soluções pacíficas de todos os conflitos por meio da conciliação mútua. O Brasil jamais atrapalhou a construção do mundo com o seu desenvolvimento — ao contrário, sempre a estimulou. Há mais de cem anos, não procurou ampliar suas fronteiras e sempre se comunicou amigavelmente com todos os seus vizinhos, voltando suas forças sempre crescentes unicamente para dentro, multiplicando sua população e sua postura de vida e, sobretudo nos últimos dez anos, adaptando-se ao ritmo da contemporaneidade graças a uma organização mais rígida. Fartamente contemplado com espaço e riquezas inesgotáveis pela natureza, abençoado com beleza e todas as forças e potenciais inimagináveis, ele ainda tem a velha missão do início: implantar pessoas de zonas apinhadas em seu solo inesgotável, unindo o velho e o novo, criando uma nova civilização. (*Brasil, um país do futuro*, p. 77)

Assim, depois do percurso pela história, o círculo se fecha sobre aquelas convicções que Zweig já manifestara na introdução do livro, e que o levaram à declaração de que o Brasil seria "um dos países mais exemplares e amáveis do mundo". (p. 22) Cabe precisar essas convicções por meio de três palavras-chave:

- *Racismo*: também havia animosidades raciais no Brasil. Elas nunca teriam sido, no entanto, parte das políticas públicas do país. Pelo contrário: "O suposto princípio destrutivo da mistura, esse horror, esse 'pecado contra o sangue' dos nossos fanáticos teóricos racistas, é, aqui, o *cimento* de uma civilização nacional, conscientemente utilizado." (*Brasil, um país do futuro*, p. 19)
- *Militarismo*: havia militares, mas a idolatria militar nunca teria sido uma característica da soberania brasileira. Pelo contrário, com relação ao Brasil: "Nunca a paz no mundo se viu ameaçada por sua política." (*Brasil, um país do futuro*, p. 22)
- *Intolerância*: Ela existia, porém a falta de condescendência com outras formas de crença não levou o Brasil a uma tragédia nacional. Pelo contrário: "O Brasil foi a única entre as nações ibéricas que jamais conheceu perseguições religiosas sangrentas, nunca viu arder as fogueiras da Inquisição." (*Brasil, um país do futuro*, p. 22)*

Em suma: o Brasil é para Stefan Zweig o retrato do futuro de "um tipo completamente diferente de civilização"! (*Brasil, um país do futuro*, p. 14) Já em outubro de 1940, e trabalhando em seu livro sobre o Brasil, Zweig tinha escrito a seu colega escritor Bethold Viertel (1885-1953), que partilhava do mesmo destino de Zweig (proveniência judaica, artista talentoso, sobretudo como dramaturgo e diretor, exílio em Londres e EUA desde 1933):

Nesse sentido, o Brasil é o maior experimento de nossa época, e por isso também estou escrevendo agora um pequeno livro sobre ele. Se esse experimento magnífico da mistura de raças e igualdade de cor continuar a se cumprir no país de maneira tão perfeita — e eu não tenho dúvidas disso —, então tem-se aqui a revelação de um modelo para o mundo, e somente modelos contribuem em sentido moral, jamais os programas e as palavras. (*Cartas 1932-42*, p. 291)

---

* Pesquisas posteriores mostram que, na era pombalina, o Brasil conheceu práticas da Inquisição já em desuso na Europa em seu território, a exemplo da visitação do Santo Ofício ao Pará entre 1763 e 1769. Ver Parte IV, de Sousa, 2001. (*N. da T.*)

Esse contexto que reconstruímos permite também uma decodificação da citação que, de maneira calculada, foi apresentada por Zweig como mote do livro, antes da Introdução: "Um país novo, um porto magnífico, o distanciamento da mesquinha Europa, um novo horizonte político, um país do futuro e um passado quase desconhecido que convida o homem de estudos a fazer pesquisas, uma natureza esplêndida e o contato com ideias exóticas novas." Essas frases do diplomata austríaco conde Prokesch-Osten foram dirigidas ao conde Gobineau, em 1868, quando este hesitava em aceitar o posto diplomático no Brasil. Trata-se do mesmo Arthur de Gobineau, cujas teorias raciais foram as mais radicais no século XIX e tiveram as consequências mais duradouras. Seu livro *Essai sur l'inégalité des races humaines* [Ensaio sobre a desigualdade das raças humanas] (1853-1855) defende o ponto de vista de que a mistura de raças, sobretudo com "raças inferiores", leva à degeneração e à decadência dos povos e das nações. Suas teorias tiveram grande influência também no Brasil, pois sem dúvida a "importação" de europeus por meio de políticas de imigração no século XIX também teve a ver com o projeto de uma "melhora" da raça. Não se poderia minar o racismo de modo mais sutil do que fez Stefan Zweig. Por trás da citação de um diplomata austríaco, Zweig lança com seu livro sobre o "Brasil" um programa de oposição aos racistas no espírito de Gobineau.

8. O LIVRO E SUA CRÍTICA

Não é de se admirar que um quadro pintado com matizes tão otimistas ocasione mais polarizações do que consenso. No âmbito editorial, o livro tornou-se um sucesso imediatamente após sua publicação. Mas já as primeiras reações no Brasil não foram apenas de concordância.[199] Em 10 de setembro de 1942, Zweig escreve a Friedricke, com quem ainda mantém contato: "Nesse ínterim, você provavelmente já deve ter recebido o livro sobre o Brasil, com o qual, para teu espanto, as pessoas aqui não ficaram suficientemente entusiasmadas: elas não amam no país as coisas que nós amamos, elas têm mais orgulho de suas fábricas e cinos (sic) do que do colorido e da naturalidade da vida"

(*Cartas 1932-42*, p. 313). Zweig fica mais e mais irritado com o espalhafato feito por "alguns jornais, porque [o livro] não é entusiástico o bastante em relação ao supranacionalismo que eles defendem" (*Cartas 1932-42*, p. 316).

O clima político estava cada vez mais exacerbado no país, Zweig sentia isso. Klaus Mann também, e então se dirigiu novamente a Stefan Zweig para falar sobre possíveis publicações. Haveria chance de a revista ser editada no Brasil em língua alemã? Zweig, em carta de 14 de outubro de 1941 (ainda inédita e publicada na íntegra na Documentação deste livro), não alimentava esperanças quanto a isso, mas sugeriu a organização de um anuário que também pudesse conter colaborações da *Decision*, periódico que Klaus Mann já vinha editando, segundo vimos.

No que se refere ao seu livro sobre o Brasil, ao menos *uma* crítica Zweig levou a sério, a saber, a suspeita de que o livro teria sido escrito "a pedido, ou até mesmo com um pagamento particularmente bom, do governo" (*Cartas 1932-42*, p. 316): "Meu livro causou muita sensação aqui e também provocou discussões", ele escreveu em carta seguinte a Friderike, "alguns pensam que foi pedido e pago pela propaganda política local" (*Cartas 1932-42*, p. 315). Lembrando o contexto: desde 1930, o Brasil estava sob o governo de Getúlio Vargas (1892-1954), que subiu ao poder por meio de um golpe de Estado. Embora tenha sido legitimado anos depois, em 1934, por uma eleição parlamentar (pela Assembleia Nacional Constituinte), a partir de 1937 Vargas passou a conduzir um regime autoritário, de traços fascistas, sob a denominação de Estado Novo.

Os críticos de Zweig fazem um raciocínio bem simples: o "autor celebridade" não tinha sido em sua primeira viagem de 1936 "convidado de Estado" do governo brasileiro? Não fora concedida a ele uma audiência pessoal com o ditador Vargas? O regime não tinha feito a corte a ele? Então cabia concluir que Zweig, com seu livro sobre o Brasil, queria mostrar-se grato ao regime de Vargas e por isso tinha evitado todo tipo de crítica à política daquele momento.[200] Por fim, ele também estaria interessado na concessão de um visto permanente (uma "carteira modelo 19"). Segundo as acusações, Stefan Zweig, movido por interesses pessoais, desempenharia papel importante como propagandista de um regime ditatorial que simpatizava com governos fascistas como os da Espanha, Itália e Alemanha. Em suma, seu livro sobre o Brasil teria sido encomendado por um tipo de *Propagandaministerium* (como o órgão era conhecido na Alemanha nazista): no caso brasileiro, o Departamento de Imprensa e Propaganda (DIP).

Tudo isso era particularmente embaraçoso, porque, como europeu exilado de proveniência judaica, Zweig teria traído com isso seus princípios democráticos por causa de interesses pessoais e escrito positivamente sobre uma ditadura fascista, que não se mostrava muito menos antissemita que os comparsas europeus. A acusação ecoa até hoje, levantada justamente por críticos brasileiros. Imputa-se a Zweig uma "postura apolitizada", "uma atitude de acobertamento e idealização" em relação ao Brasil, uma "tendência irrefreável para a romantização e apresentação unilateral".[201]

Essa acusação geral, que foi fatal para a credibilidade de Zweig, certamente pode ser refutada pela cronologia. E desde a publicação da correspondência com o editor Koogan, também com documentos acessíveis a todo pesquisador. Se Zweig de fato silenciou sobre a política do regime Vargas na época, isso não deve impedir que se dedique a seu livro uma crítica objetiva: não cabe desmerecê-lo como instrumento de propaganda do regime nem como mera exaltação ingênua e apaixonada. Em vez disso, o livro de Zweig sobre o Brasil merece ser lido como uma descrição exata e politicamente calculada de um possível modelo de sociedade, que adquire função utópica e crítica pela experiência de contraste com a Europa daquela época e que ao mesmo tempo, no contexto interno brasileiro, caracteriza-se como apelo em favor de um compromisso permanente com o *legado* do país. Isso quer dizer concretamente:

(1) O fato de Zweig ter acentuado a ausência de militarismo e racismo no Brasil é uma forma de *contraste* tanto em relação a uma Europa inflamada, na época, justamente pelo militarismo e racismo, quanto em relação aos Estados Unidos da América, divididos racialmente e ainda marcados pelos efeitos da Guerra Civil de meados do século XIX, devida a questões raciais e escravocratas. Zweig remete ao

Brasil e a seu potencial de acolhida para "centenas de milhões de pessoas", enquanto fascistas, especialmente alemães, convenciam o povo de que ele não tinha "espaço" e de que deveria, portanto, conquistar à força o "espaço vital do leste", e enquanto no coração da Europa se via o povo marginalizar os judeus, considerados "indesejados", e impor-lhes discriminações, perseguições e por fim o extermínio.

(2) Também o livro de Zweig é calculadamente político do ponto de vista da *política interna brasileira*. Esta estava dividida quanto à postura adequada do país em face da guerra mundial em curso. Duas frentes lutavam por determinar os rumos da ação brasileira, e Zweig sabia disso: os "fascistas", que viam o Brasil como partidário de Hitler e Mussolini, e os "atlanticistas", que queriam o Brasil ao lado dos aliados. É nesse contexto de confrontação dentro do Brasil em prol de uma política externa apropriada que o livro de Zweig deve ser visto. Ao retratar o Brasil como um país não militarista e não racista, ele fornecia um argumento à facção dos atlanticistas, para fazer frente

> ao chefe de polícia Filinto Müller, um fascista adulador e antissemita, que queria promover a deportação em massa dos cerca de 15 mil judeus que viviam ilegalmente no Brasil naquela época [...]. Possivelmente, Zweig louvava o Brasil também como um quase-paraíso, porque ele almejava oferecer esse enorme país sul-americano — "que precisa de sangue e capital" — como pátria aos judeus escorraçados da Europa (pois, para Zweig, a Palestina não era segura).[202]

(3) Pesquisas mais recentes confirmam essas suposições.[203] Não se pode entender o livro de Zweig sobre o Brasil sem a discussão dos judeus em torno do futuro de seu povo, em vista de seu destino na Europa. Já em 1936, pouco antes da primeira viagem ao Brasil, Zweig tinha se pronunciado sobre a questão do futuro da emigração judaica. *What will happen to the Jews?* [O que irá acontecer com os judeus?] é o título de um livro escrito em Londres por um amigo judeu de Zweig que vivia lá, chamado Joséf Leftwich.[204] Zweig contribuiu com um prefácio, que opta menos pela solução dos "sionistas" (agrupamento de todos os judeus exclusivamente na Palestina) do que pela solução

dos "territorialistas", que tinham em vista regiões alternativas de colonização em *diferentes* continentes. Assim como Leftwich (a propósito, também como Alfred Döblin), Zweig também era um partidário da política de Jewish Territorialist Organization. Já nesses círculos, ponderava-se adquirir um terreno em São Paulo, por exemplo, com a metade do tamanho da Palestina, para fixar uma colônia judaica. O fato de Zweig descrever o Brasil como país sem povo é uma mensagem politicamente calculada para o povo sem país, para o *seu* povo. O fato de que, ao lado da edição brasileira, tenham sido publicadas ao mesmo tempo edições portuguesas, americanas, inglesas, francesas e alemãs, significa para Zweig um intervir *também* na discussão interna judaica sobre opções para a política de emigração e colonização. Zweig conhecia muito bem essa discussão, como vimos, por meio do seu contato com a comunidade judaica em Portugal e no Rio de Janeiro. Assim, leem-se agora de um modo diferente as frases em seu *Brasil, um país do futuro* sobre o começo da colonização no Brasil *pelos judeus*, ou seja, importam não apenas os dados estatísticos, mas também a dimensão existencial e política dessas afirmações:

> Os únicos colonizadores que chegam voluntariamente, sem estigma ou sentença judicial, são os cristãos-novos, os judeus recém-batizados. Mas eles também não chegam totalmente por sua vontade, e sim por precaução e medo. Com maior ou menor sinceridade, foram submetidos ao batismo em Portugal para escapar à fogueira, mas, com razão, não se sentem mais seguros à sombra de Torquemada. Melhor, portanto, escapar a tempo para uma nova terra, enquanto a mão feroz da Inquisição ainda não consegue agarrá-los do outro lado do oceano. Grupos fechados desses judeus batizados ou não batizados se estabelecem nas cidades portuárias como os primeiros colonizadores portugueses. Esses cristãos-novos constituem as primeiras famílias da Bahia e de Pernambuco e, ao mesmo tempo, são os primeiros a organizar o comércio. (*Brasil, um país do futuro*, p. 32)

Percebe-se aqui uma mensagem bem clara para o mundo não judaico *e* para o mundo judaico também. Os judeus foram os primeiros colonos e cidadãos europeus no Brasil e constituíam as famílias mais antigas das grandes cidades portuárias do Brasil. Um sinal bem claro de encorajamento para a emigração judaica, depois que inquisidores modernos, os fascistas europeus, tinham reavivado as práticas de perseguição a judeus.

Pouco depois que o livro de Zweig foi publicado, os "atlanticistas", dentro do governo brasileiro no Rio, tiveram êxito em vencer os partidários de Hitler. O ataque japonês a Pearl Harbor em dezembro de 1941 foi decisivo para isso. O antissemitismo não era mais oportuno ao Brasil em termos políticos. Uma deportação em massa de judeus não iria mais ocorrer. Em vez disso, o Brasil rompeu todas as relações com as potências do Eixo e, por seu turno, declarou guerra a elas em agosto de 1942. Com seus expedicionários, o Brasil entrou até militarmente no cenário de guerra europeu. Na volta, esses expedicionários foram festejados com um desfile da vitória coberto de flores. Os que tombaram na guerra ao lado dos aliados contra o exército inimigo são lembrados até hoje, ente outros, pelo Monumento Nacional aos Mortos da Segunda Guerra, no Parque do Flamengo, Rio de Janeiro, assim como em várias outras localidades no país.

O livro de Zweig é exatamente o contrário de uma exaltação apaixonada e despolitizada pelo Brasil. Sua dimensão política reside justamente não em sua suposta função de *slogan* político em prol do regime fascistoide, mas na confrontação do Brasil com uma imagem ideal não fascista de si mesmo. Zweig não mascara a realidade, mas descobre na realidade brasileira uma perspectiva de futuro para uma comunidade política que foi traída na Europa pela política racial e bélica fascista e, por fim, exterminada. O livro de Zweig sobre o Brasil tem uma função autorreflexiva dupla: os europeus devem voltar a se reconhecer de maneira crítica, e no Brasil as forças internas do país devem se sentir revigoradas, justamente as forças dispostas a desenvolver as perspectivas de futuro que a obra de Zweig tratava de apontar como louváveis e promissoras.

9. MORTE NO "PARAÍSO"

Até então parecia que tudo levava à consolidação. Depois que o escritor se mudara para Petrópolis em setembro de 1941, em uma pequena casa relativamente confortável, na Rua Gonçalves Dias, 34 (hoje sede da Casa Stefan Zweig), ele podia continuar a redigir sua autobiografia *Die Welt von gestern* [O mundo de ontem]. Essa obra foi publicada em setembro de 1942, no Rio de Janeiro, e, em Estocolmo, em 1944, na língua alemã. Em uma breve passagem, Zweig resume mais uma vez o essencial de sua experiência no Brasil:

> Com relação ao Brasil, não foi pouco poderosa a minha impressão, nem insignificante a promessa. Esse país, um esbanjamento dado de presente pela natureza, com as cidades mais bonitas do planeta; esse país, cujas estradas, ruas e aviões não são capazes ainda hoje de cobrir seu espaço gigantesco. Aqui, o passado era mantido com mais cuidado do que na própria Europa. Aqui, a brutalidade, que trouxe consigo a Primeira Guerra Mundial não se infiltrou nos costumes, no espírito da nação. As pessoas conviviam mais em paz aqui. Até mesmo o fluxo entre as mais diferentes raças era mais cortês, não tão hostil quanto no nosso caso. Aqui o ser humano não foi dividido pelo ser humano a partir de teorias absurdas de sangue e linhagem e origem; aqui ainda se podia viver em paz, assim se sentia de antemão com um pressentimento curioso; aqui o espaço era de tal modo imenso que, na Europa, os Estados iriam lutar por uma migalha sua e os políticos reclamar o seu quinhão, todos prontos para a abundância imensurável do futuro. Aqui o país esperava ainda pelo ser humano, que ele o usasse e o preenchesse com a sua presença. O que a Europa criou em termos de civilização, aqui se podia desenvolver e prosseguir em outras formas de maneira esplêndida. Com os olhos inebriados pela beleza variada e numerosa dessa natureza, eu tinha tido uma visão do futuro. (*Die Welt von gestern* [O mundo de amanhã], p. 451s.)

Ao mesmo tempo, Zweig se ocupava da elaboração de uma "novela insignificante e periférica", como ele pensava. Era o último trabalho em prosa do escritor, que mais tarde se tornou muito famoso, a *Schachnovelle* [Xadrez], escrita do início ao fim no Brasil. O tema fundamental era: como um intelectual pode fazer prevalecer sua liberdade ante a força imbatível de um poder sombrio? A personagem principal é um emigrante austríaco refinado e sensível, Dr. B., que, por causa de sua atuação de longa data como representante dos interesses da Igreja Católica na Áustria, foi preso pela Gestapo e maltratado durante meses em regime de isolamento. Depois da soltura, ele se deparou por acaso com o campeão mundial de xadrez, que estava jogando durante uma viagem para Buenos Aires, em um navio de passageiros. Tratava-se de um tipo de "máquina de jogar xadrez", pessoa primitiva, arrogante e hostil.

Na prisão, em pleno isolamento, Dr. B. tinha encontrado nas partidas de xadrez contra si mesmo um meio de se preservar da completa apatia; por outro lado, aquela situação o colocou à beira de um colapso psíquico. Dado o fato de que ele havia adquirido habilidades excepcionais no xadrez, deixou-se levar pelos curiosos a disputar uma partida contra o campeão, um jogo que, na verdade, representa uma luta intelectual, segundo Zweig. O inesperado, o inacreditável acontece: Dr. B. consegue encerrar a primeira partida contra o campeão mundial com um empate. A revanche, na qual ele se deixa envolver de maneira irrefletida, levou-o a um estado nervoso febril que ele temia. Antes do total colapso, no entanto, Dr. B. interrompe a partida e dá-se por vencido. O romance termina com uma resignação: as armas do intelecto no fim revelam-se ineficazes na luta contra o poder bruto.

A conclusão sobre a *Schachnovelle* [Xadrez] reflete a condição interior de seu autor no começo de 1942. Em sua inquietação, Zweig procurou consolo mais uma vez em uma personalidade importante. Ao procurar material de leitura, ele se deparou por acaso com os "ensaios" de Michel de Montaigne (1533-1592), um dos maiores escritores e filósofos franceses. Zweig decidiu mais uma vez escrever um ensaio biográfico sobre aquela figura de época. O ensaio ficou inacabado, mas Zweig retratou a partir de Montaigne um companheiro de destino. O filósofo, em sua torre nas proximidades de Bordeaux, e o escritor, em seu lugar de fuga, Petrópolis: ambos retirados do mundo caótico. É preciso tornar visíveis os paralelos entre os séculos XVI e XX. No primeiro, florescimento do intelecto humano, pesquisas, descobertas, tudo aniquilado por uma guerra sangrenta que levou a França ao caos. Assim como Montaigne, Zweig estava no papel do intelectual solitário que oferece resistência intelectual às circunstâncias de sua época, sem que possa mudar as circunstâncias dadas. Ambos, Zweig e Montaigne, tiveram suas ações limitadas a partir de fora, mas permaneceram livres em seu interior. Durante a leitura do filósofo francês, Zweig fez reflexões do seguinte tipo:

> Montaigne não faz qualquer tipo de prescrição. Ele apenas fornece um exemplo de como ele mesmo tenta se livrar de tudo assiduamente, do que oferece impedimentos, atrapalha, restringe. ´Organizemos da seguinte maneira:
>
> Ser livre da vaidade e do orgulho, isso talvez seja o mais difícil. [...] E a última liberdade: a morte. A vida depende da vontade de um outro, a morte da nossa: *"La plus volontaire mort est la plus belle."*[205]

"A morte voluntária é a mais bela?" Talvez fossem necessárias algumas mensagens como essa para motivar Zweig a dar seu último passo. A pedido do escritor, seu aniversário de 60 anos, em 28 de novembro de 1941, foi comemorado em um círculo restrito, constituído apenas de sua mulher e do casal Koogan. Por esse aniversário, ele recebeu congratulações, entre outros, de Klaus Mann. Haveria novidades quanto a publicações em língua alemã no exterior? Stefan Zweig respondeu a pergunta de Klaus Mann em carta de 8 de dezembro de 1941 (o texto integra a seção de Documentação deste livro). Antes, no entanto, o austríaco agradeceu os votos de seu aniversário de 60 anos, que ele denomina na carta, de um modo um tanto mal-humorado, como "passagem para a idade senil". Depois do envio dessa carta, Stefan Zweig viveria mais dez semanas. Klaus Mann foi um dos últimos com quem ele se correspondeu.

Quando Zweig terminou a *Schachnovelle* [Xadrez], ele mesmo postou três exemplares do manuscrito no correio de Petrópolis. Era sábado, 21 de fevereiro de 1942. No dia seguinte, domingo, 22 de fevereiro, escreveu uma declaração em alemão que diz o seguinte:

> Antes de deixar a vida, de livre vontade e juízo perfeito, uma última obrigação se me impõe: agradecer do mais íntimo a este maravilhoso país, o Brasil, que propiciou a mim e à minha obra tão boa e

hospitaleira guarida. A cada dia fui aprendendo a amar mais e mais este país e em nenhum outro lugar eu poderia ter reconstruído por completo a minha vida, justamente quando o mundo de minha própria língua se acabou para mim e meu lar espiritual, a Europa, se autoaniquila.

Mas depois dos 60 anos precisa-se de forças descomunais para começar tudo de novo. E as minhas se exauriram nestes longos anos de errância sem pátria. Assim, achei melhor encerrar, no devido tempo e de cabeça erguida, uma vida que sempre teve no trabalho intelectual a mais pura alegria e na liberdade pessoal o bem mais precioso sobre a terra. Saúdo a todos os meus amigos! Que ainda possam ver a aurora após a longa noite! Eu, demasiadamente impaciente, vou-me embora antes. (*Cartas 1932-42*, p. 345)[206]

Essa declaração foi encontrada no dia seguinte. Na segunda-feira, 23 de fevereiro de 1942, Stefan e Lotte Zweig haviam se suicidado com ingestão de veneno. Na relação de Zweig com o Brasil, trata-se sem dúvida do ponto mais delicado; é difícil fazer-lhe justiça quando se vê a situação de fora. Cabe dizer com todo o respeito: a cisão entre esse autor e seu país de escolha acabou desde o início por aprofundar esse abismo. Zweig recomendou o Brasil à humanidade como "país do futuro". Ele só não permitiu a si mesmo um futuro nesse país. Primeiro, o "enaltecimento" da vida no Brasil; depois, nessa mesma paisagem, a imposição do fim voluntário para a própria vida. Como fazer confluir essas duas coisas: a declaração de amor e o veneno? O elogio da hospitalidade e, ao mesmo tempo, a morte do hóspede pelas próprias mãos?

A obscuridade permanece. Essa "morte no paraíso", como ficou conhecida, deixou muitas perguntas, sobretudo porque o governo brasileiro organizou um funeral para Zweig e sua mulher, em 24 de fevereiro de 1942, que se igualou a honras de Estado. A extravagância e pompa das honras prestadas pelas autoridades brasileiras é de fato notável se pensarmos no *suicídio* de Zweig no Brasil como fato puro e simples. O biógrafo Donald A. Prater descreve as circunstâncias do sepultamento da seguinte maneira:

A tragédia provocou muita comoção no público e o funeral com honras de Estado no dia seguinte, com 4 mil pessoas, foi algo sem precedentes na história brasileira, em se tratando do enterro de um estrangeiro... Quando o cortejo fúnebre passou pela cidade debaixo de um sol radiante, as lojas se fecharam espontaneamente e uma grande quantidade de pessoas o seguiu. Chegou-se a um acordo (embora haja dúvidas quanto a uma eventual concordância do próprio Zweig) quanto a celebrar os ofícios segundo ritos judaicos. O rabino Dr. Lemle e o mestre cantor Fleischmann conduziram o serviço religioso fúnebre, o túmulo não ficava muito distante de onde estava sepultado o imperador dom Pedro II.[207]

Por certo Zweig amava o Brasil. Como Thomas Mann escreveu mais tarde para Friderike, a primeira esposa de Zweig: realmente não faltaram "honrarias estatais significativas prestadas ao falecido pelo país que lhe concedeu seu último asilo" (*Cartas*, vol. II, p. 281). Mas para Zweig esse amor não foi energia suficiente para a vida.

10. A MORTE DE ZWEIG: REAÇÕES DE THOMAS E KLAUS MANN

Em 23 de fevereiro de 1942, Stefan e Lotte Zweig se despediram da vida. No mesmo dia, Thomas Mann foi informado do fato a milhares de quilômetros em Pacific Palisades, Califórnia, por meio de um telegrama. "Ocorrência misteriosa", foi o que ele escreveu em seu diário em 23 de fevereiro de 1942. Apenas três meses antes ele tinha anotado a leitura do livro de Stefan Zweig sobre o Brasil (*Diários*, 4/12/1941). Thomas Mann estava bem informado sobre a vida e obra desse escritor.

A sua primeira declaração pública sobre a morte do admirado escritor, dada em inglês para uma revista, foi escrita de modo diplomático. Segundo Thomas Mann, a autocompreensão de Zweig como artista decorria de uma humanidade e amabilidade que tinham ajudado muitos outros a viver. O mais dolorido, portanto, era que essas qualidades não tinham sido suficientemente fortes para "ajudá-lo a sobreviver às trevas e ver a luz do dia".[208]

Mas o tom diplomático não preponderou. Era cada vez mais claro para Thomas Mann que essa morte era "insensata, débil e aviltante", como ele registrou em seu diário já em 2 de março de 1942. Que o "nosso mundo estivesse perdido" não estava de acordo com o que Thomas Mann pensava. O *seu* mundo não estava perdido, ele pensa, e acrescenta sarcasticamente: "Quem irá se identificar com o humanismo liberal?" Já no dia posterior à morte de Zweig, Thomas Mann revela sua verdadeira atitude frente aos parentes mais íntimos, que culmina em desdém. Ele escreve a sua filha Erika em 24 de fevereiro de 1942:

E esse Zweig Stefan? Não é possível que tenha se matado por falta de esperança, nem por necessidade. A carta que ele deixou é absolutamente vaga. O que era para ele uma *reconstruction of life* que pudesse ser assim tão penosa? Deve ter havido alguma ameaça de escândalo, provavelmente algo relacionado ao belo sexo. Nem é possível comover-se muito, mas de novo se trata de um declínio que se assemelha ao triunfo daqueles poderes históricos aos quais não é opor resistência.[209]

E ainda mais: também diante dos de fora da família, Thomas Mann mostrou cada vez menos consideração. Na carta de 15 de setembro de 1942 à ex-mulher de Zweig, já mencionada anteriormente, ou seja, meio ano depois do acontecimento fatídico, Thomas Mann ainda demonstrava certa compreensão pelos motivos políticos de Zweig. O grande escritor não teria conseguido viver "em um país beligerante", por isso ele teria deixado até mesmo a Inglaterra, onde já tinha cidadania, e os Estados Unidos. Ele foi embora para o Brasil, onde foi extremamente respeitado, e lá deu fim à sua vida "tão logo o Brasil deu sinais de que iria participar da guerra". Então, não obstante todo respeito a Friderike, ainda enlutada, Thomas Mann diz com toda clareza:

A senhora me conta (o que eu não sabia) que a mulher dele [de Zweig] estaria com uma doença incurável, o que teria contribuído em muito para a decisão da morte conjunta. Por que ele não disse isso, em vez de deixar como motivo de sua morte o desespero por esta época e pelo futuro? Ele não estava consciente do dever ante os milhares que tinham grande consideração por seu nome e sobre os quais essa renúncia só poderia lançar efeitos deprimentes? Ante os muitos no mundo todo que partilharam do mesmo destino, mas cujo exílio foi muito ainda mais pesado que o dele, que era um autor celebrado e sem problemas materiais? Será que ele via sua vida como questão meramente particular e então disse: "Vejam só como eu sofro. Olhem bem. Agora me vou"? Ele podia permitir-se conceder essa fama ao arqui-inimigo, a fama de fazer que um de nós desista da luta diante dessa nefasta "renovação do mundo" que ele propõe, e então declarar a própria ruína e suicidar-se? Essa era a interpretação previsível para o ato dele, e tal o valor desse ato para o inimigo. Ele foi individualista o suficiente para não ter se preocupado com isso. (*Cartas*, vol. II, p. 281)

A atitude de Klaus Mann é outra, ele, que manteve contato com Stefan Zweig até o fim, como mencionamos. Em abril de 1942, Klaus Mann publicou um necrológio bastante ponderado, justamente ele, que, como Stefan Zweig, mais de uma vez já tinha se "entretido" com pensamentos sobre suicídio, por causa das próprias crises existenciais. Depois de apresentar um retrato ao mesmo tempo brilhante e sensível de Zweig como artista *austríaco* ("Como ele foi austríaco! Só mesmo Viena para produzir algo assim"), Klaus Mann não perdeu a oportunidade de falar sobre as circunstâncias da morte. Primeiro relatou as reações divididas diante do suicídio, e então fez sua própria avaliação:

Como são absurdos e presunçosos nossos juízos diante da arrebatadora realidade da morte! Ele estava "no direito" de jogar fora sua vida? Foi um derrotado? Será que sua morte voluntária afetou a validade de sua obra? Se assim foi, em que sentido? A questão última é a única que faz sentido? Para a pessoa de Stefan Zweig, nossas medidas e nossos valores tornam-se banais. A nossa moral parte necessariamente do pressuposto de que a vida em si é valiosa e deve ser resguardada. Mas quem renuncia à sua vida exime-se de uma moralidade, que se torna insignificante no vazio da eternidade.

Mas a obra fica, e ela é nossa. O fim trágico do autor influencia sem dúvida nosso posicionamento ante todas as suas biografias brilhantes, seus ensaios versáteis e seus contos magistrais. O ato de desespero de

Zweig em Petrópolis parece conferir novo peso à elegância espontânea de sua prosa.[210]

E ainda mais: também em 1942, Klaus Mann publicou em língua inglesa suas memórias, e isso com apenas 38 anos. O título é *The turning point*; a publicação em alemão saiu postumamente em 1952: *Der Wendepunkt. Ein Lebensbericht* [O ponto de transição. Um relato de vida]. Mais uma vez Klaus Mann encontrou ocasião para falar sobre a morte de Stefan Zweig, para novamente fazer uma reflexão moral sobre a própria vida. Segundo ele, a única questão que permanecia atual e relevante era a seguinte:

> Será que vai surgir um mundo dessa guerra em que pessoas de minha espécie possam viver e dar certo? Pessoas de minha espécie, cosmopolitas por instinto e necessidade, mediadores intelectuais, precursores, pioneiros de uma civilização universal, sentem-se em casa ou *em todo lugar* ou *em lugar nenhum*. Vão precisar de nós em um mundo com a paz assegurada e movido pela cooperação internacional. Um mundo de chauvinismo, de burrice, de violência não tem lugar nem função para nós. Se eu julgasse iminente a chegada de um mundo como esse, então seguiria hoje mesmo o exemplo do humanista desanimado Stefan Zweig.[211]

Klaus Mann seguiu o exemplo de Stefan Zweig sete anos mais tarde, culminância de uma tragédia que há muito tempo se anunciava. A homossexualidade que o pai tinha logrado sublimar e conter em si mesmo, o filho viveu de maneira aberta e ostensiva. Como os parceiros mudam com frequência, a vida de artista e publicista, por si já bastante agitada, torna-se ainda mais inquieta e instável. Com isso, a existência desse homem extremamente talentoso por fim tornou-se abismal, porque Klaus Mann se destruiu com as drogas, das quais nenhuma reabilitação ou terapia o salvou. Depois de uma vida sem sossego, obcecada pelo desejo da morte, marcada por tentativas de suicídio frustradas, Klaus Mann, que deixou uma obra imponente, finalmente se matou em 21 de maio de 1949, aos 43 anos, em Cannes, França.

11. O DESTINO DE ZWEIG NA OBRA *HEXENKINDER* [FILHOS DE FEITICEIRAS], DE FRIDO MANN

Há, entre os integrantes da família Mann, outra tomada de posição em relação a Stefan Zweig, bastante meticulosa e humanamente próxima: a do neto de Thomas Mann e sobrinho de Klaus, Frido Mann, que em seção específica deste livro fará ele mesmo, em um *depoimento literário*, considerações sobre sua relação com o Brasil. No que concerne a Stefan Zweig, Frido Mann se apropria ficcionalmente da sua tragédia para escrever o romance *Hexenkinder* [Filhos de feiticeiras] (2000). Na obra, Stefan Zweig aparece diretamente em cena e aí lhe são restituídos o valor e a dignidade. No romance de Frido Mann, Zweig não é condenado, como fez Thomas Mann, nem classificado como "cidadão do mundo" e "cosmopolita", como sugeriu Klaus Mann. Aqui se figura, isso sim, o caso exemplar de um intelectual que se tornou apátrida entre dois continentes e cuja história provoca questionamentos sobre os poderes dominantes da época.

Detalhes sobre o conteúdo do romance *Hexenkinder* serão fornecidos adiante, na seção de Depoimento literário. Aqui, importa-nos mencionar preliminarmente que os pais da protagonista, Judith Herbst, o casal Rahel e Jonathan Herbst, emigram para o Brasil, como fugitivos da Alemanha nazista por causa de sua origem judaica. Em Petrópolis, ambos travam contato com um escritor que vivia ali, Stefan Zweig.

Motivado pelo debate sobre o destino de Zweig no Brasil e por um programa de rádio, documento histórico que lhe se serve de fonte literária, Frido Mann descreve as lembranças de Zweig que testemunhas da época ainda guardavam na memória, como é o caso do bibliotecário da Biblioteca Municipal que Zweig frequentava; do farmacêutico que fornecia a ele medicamentos, e que talvez tenha até providenciado o veneno letal; do barbeiro e do dono do restaurante que ficavam na frente de sua casa; e, finalmente, de seu editor Abrahão Koogan, no Rio de Janeiro.

Afinal, qual o retrato de Stefan Zweig que Frido Mann concebe? A primeira referência ao escritor austríaco ocorre quando a protagonista Judith Herbst, que nasceu nos EUA e, depois, passa a viver entre Canadá e Europa como intérprete e tradutora, descobre um livro do escritor: *A luta contra o demônio, Hölderlin, Kleist e Nietzsche*. Além disso, ela toma contato com *Schachnovelle* [Xadrez]. Judith quer escrever um roteiro com cenas dessa novela e envolvê-la em um "retrato fílmico das situações características na última semana de vida de Zweig no Brasil". Pois ela vê no fim trágico de Zweig "um embate alegórico" com o destino de pessoas em exílio (*Hexenkinder*, p. 169). Já a leitura de *A luta contra o demônio* fornece de modo bastante elementar tentativas de esclarecimento sobre a autocompreensão de Zweig como artista:

> Por meio de seu desejo criativo de chegar à verdade, o ser humano deixa-se arrancar de sua proteção existencial e lança-se ao mundo dominador e arrebatador da paixão, do caos e do sobrenatural. A isso se segue do mesmo modo uma queda profunda no abismo da morte. A existência sobrenatural que demanda, esgota e desvanece o ser humano incansavelmente é a essência do demônio. Segundo Zweig, ela é a "inquietação original e essencialmente nata a todo ser humano", com quem se firma um pacto, tendo-se como contrapartida, por assim dizer, a destruição física e o aniquilamento antecipados. (*Hexenkinder*, p. 170)

Judith começa a entender que seu pai tinha reverenciado Stefan Zweig de tal modo que, ainda na Europa, ele quis comparecer sob qualquer circunstância, por exemplo, à estreia da ópera cômica de Zweig *Die schweigsame Frau* [A mulher calada], em 24 de junho de 1935, em Dresden. O compositor musical da ópera não era ninguém menos que Richard Strauss. No exílio em comum na América do Sul, acrescenta-se a essa admiração o destino que Herbst partilha com Zweig enquanto judeu e, com isso, a consciência da dupla marginalidade do escritor, "decorrente de sua proveniência étnica e de sua vocação para artista, que, com sua luta intransigente pelo espírito [*Geist*] e pela verdade, coloca-se voluntariamente à margem da sociedade e diante do abismo, com o risco eminente do fracasso e do declínio" (*Hexenkinder*, p. 171).

Com Johnathan Herbst, Frido Mann concebeu uma personagem capaz de observar Zweig não do ponto de vista de quem se encontra em segurança na Califórnia, mas *in loco*, do ponto de vista dos seres humanos desesperadamente apartados da Europa. Mais do que respeito, essa perspectiva aponta para uma empatia. Enquanto leitores podemos, em certa medida, testemunhar de perto sob quais condições Stefan Zweig teve de trabalhar em sua última fase da vida: como ele pôde ficar feliz ao encontrar ao menos alguns livros na biblioteca municipal de Petrópolis, já que tivera que deixar para trás sua enorme biblioteca na Europa; como ele ficou feliz ao adquirir em um sebo do Rio de Janeiro uma edição barata de Goethe, uma coletânea de peças de Shakespeare em inglês, uma tradução alemã de Homero ou um livro sobre xadrez; e como isso pouco mudou sua situação fundamental, o "profundo pessimismo" que feriu sua alma e abriu nela "um abismo de falta de esperança" capaz de arrastar consigo as pessoas que estivessem à sua volta.

Quase ao fim do romance, o narrador volta a falar sobre o destino de Zweig quando refere-se novamente ao projeto de Judith de fazer um roteiro para um filme a partir da *Schachnovelle* [Xadrez]. Todo o drama da morte de Zweig volta à tona, tanto o drama interno quanto a dramaticidade externa, já que Zweig se decidiu pelo suicídio justamente enquanto se festejava o carnaval no Rio de Janeiro, uma semana antes de cometê-lo. No filme planejado, podia-se mostrar tudo ao mesmo tempo: o enredo da novela *Xadrez*, o carnaval no Rio, a última viagem de Zweig à capital, em seguida os acontecimentos da guerra na Ásia e, finalmente, o leito de morte de Stefan e Lotte Zweig. Ao fim, ainda, o sepultamento ao estilo de honras de Estado para um homem que já não acreditava mais em Estado algum. A ficção e a realidade justapostas, de forma a se interpretarem mutuamente. O retrato do destino de Zweig no Brasil feito por Frido Mann difere do de Thomas Mann por estar livre das desconfianças e dos boatos sobre doenças, e também do de Klaus Mann, por estar livre das idealizações de cosmopolitismo e cidadania do mundo. O retrato literário causa impressão e empatia. Ele dá forma ao caso exemplar de alguém que, no encalço de seu demônio, vê-se triturado pelas ideologias da época e, mesmo no "paraíso", não consegue encontrar para si uma pátria, um lugar acolhedor. A

quintessência desse raciocínio aparece na fala de um dos interlocutores de Judith no romance:

> Parto do princípio de que os seres humanos providos de forças e dádi-
> vas especiais são tudo menos felizes, sob essa condição. Eles certamente
> sofrem com isso, eles sofrem também com os seus semelhantes, que
> veem neles algo de estranho, sinistro e ameaçador e por isso rotulam-
> nos de bodes expiatórios e os tornam alvo de inveja, ódio, chacota e,
> por fim, de destruição física. É absolutamente indiferente se se trata de
> um artista, xamã, pajé ou mulheres com supostos poderes de feitiçarias,
> seres humanos de pele branca ou escura, judeus, índios ou qualquer
> coisa que o valha... São criminosos e vítimas na vida e na morte... De
> novo e de novo... Há milhares de anos... (*Hexenkinder*, p. 288)

12. CONSEQUÊNCIAS PARA UMA DISCUSSÃO SOBRE O BRASIL HOJE

"Morte no paraíso": seja lá como se avalie a morte de Zweig, ela desmente com veemência o paraíso que pudéssemos ter em vista nesta
Terra, como seres humanos. Mas ela pode ajudar a nós, das gerações
seguintes, a olhar para a realidade brasileira de modo realista. Como
vimos antes, o livro de Zweig é uma conclamação a enfrentar o desafio
brasileiro. A seguir, algumas considerações sobre isso como encerramento do capítulo:

(1) Desde sua publicação, o livro de Zweig ficou submetido a críticas. Até hoje ele requer do leitor e pesquisador uma desconstrução bem
fundada em dados empíricos. O seu escopo de informações é limitado;
a sua parcialidade na percepção da realidade brasileira é notória; é pungente o essencialismo etnicopsicológico em sua dicção sobre o "caráter
inato da nação" ou sobre o "ser humano brasileiro". Mas no âmbito da
história da literatura, o livro constitui um marco na confrontação de
escritores alemães com o Brasil. Se recorremos a outras tentativas,
como comparação, a exemplo de Robert Müller e Alfred Döblin, deve-
se reconhecer o mérito do risco assumido por Zweig: tecer o retrato de
um país inteiro.

(2) Com isso, já de início Zweig auxilia os leitores europeus a envolver-se em um debate autocrítico. Mais cedo que outros, ele entreviu com um olhar pós-colonial o lugar da Europa em uma civilização global; fomentou a análise da Europa com os olhos de outrem; entendeu história como história mundial; cultura, como cultura mundial; e política, como política externa. Zweig não escreve enquanto historiador, economista ou sociólogo, mas como escritor que, com suas ferramentas literárias, procura interligar as diferentes perspectivas. Daí se segue que:

(3) Zweig desafia os leitores a ver os países e as culturas não apenas sob aspectos econômicos e com propósitos racionais, mas sob uma expectativa holística. Pois as relações econômicas, dentro de uma globalização de mercados e de infraestruturas turísticas que se adensa cada vez mais, não levaram tanto a uma cidadania de mundo, mas, na melhor das hipóteses, a uma eficiência do mercado mundial. Outros continentes e culturas só têm seu valor se podem ser aproveitadas econômica e turisticamente. Com seu livro sobre o Brasil, Zweig obriga a operar uma mudança de perspectiva: para uma visão holística dos continentes e culturas. Certamente é preciso ter familiaridade com aspectos da economia e tecnologia, mas também com a história, fauna e flora, paisagem, as pessoas, culturas e religiões.

(4) Quem aprendeu a ver holisticamente o país que procura entender também pode, de modo tanto mais realista, submetê-lo à *crítica*. Mesmo depois da experiência com o regime de Vargas, a política brasileira viu-se exposta, menos de duas décadas depois, ao domínio do regime militar autoritário. O Brasil é marcado por conflitos sociais irresolvidos, e também no que concerne às diferenças raciais enfrenta problemas, cada vez mais assumidos pela política oficial e enfrentados pela sociedade como um todo. Toda crítica proveniente da Europa em relação a esse país precisa lembrar as frases que Zweig tinha formulado já em 1936, em seu primeiro agradecimento ao Brasil, e que reproduziremos aqui novamente:

E nós? O que sabemos sobre vocês? É difícil dizer isso, mas eu mal saberia de alguém na Europa que pudesse falar com a mesma ênfase e o mesmo conhecimento sobre algum de vocês, como Muso (*sic.* [Múcio]) Leão o fez em relação a mim e, mais importante, quis fazê-lo! ("Dank an Brasilien", Agradecimento ao Brasil, p. 186sf.)

Somente quando houver um equilíbrio, quando um europeu puder falar sobre o Brasil de forma tão abrangente quanto o brasileiro sobre a Europa, o legado do livro sobre o Brasil de Stefan Zweig terá se cumprido.[212]

CAPÍTULO V

Entre os continentes: as gerações depois de Julia Mann

No conflito entre culturas e continentes ao longo de toda a vida de Julia, fui descobrindo um modelo marcante e fundamental para a perda fatal da pátria, para a estrangeiridade e a consequente falta de vínculo nacional, cada vez mais crescente, e para o cosmopolitismo de seus dois filhos, Thomas e Heinrich, e descendentes. Junto a isso, na ocasião de minha primeira visita do Brasil, ficou claro para mim que esse país é também um modelo global para a multiculturalidade e tolerância por causa de sua variedade étnica e cultural. Para mim, é como se dois sujeitos que buscam sua identidade se chocassem: de um lado, a mistura multiétnica de um país gigantesco, dificilmente definível etnicamente, e, de outro lado, o rebento que busca a si mesmo e que pertence a uma família de artistas dispersa entre gerações e continentes.

Frido Mann, *Achterbahn. Ein Lebensweg*
[Montanha-russa. Trajetória de uma vida] (2008)

1. EXÍLIO FORÇADO: THOMAS MANN

Já foi abordado aqui o destino de Julia da Silva Bruhns, a mãe brasileira de Heinrich e Thomas Mann. E como continuou a peregrinação dessa família entre os mundos?

O que vem em seguida anuncia-se como uma mudança das circunstâncias de exílio que havia até então. Os filhos da exilada brasileira tornaram-se ambos exilados alemães nos Estados Unidos por volta de vinte anos depois do fim da Primeira Guerra Mundial. Aqui, pela primeira vez, pode-se falar inequivocamente de um exílio. Ele foi preparado psicologicamente por um destino materno similar ao exílio, que aplainou o caminho para o exílio como tal. Em Thomas Mann, encontramos ainda outra preparação notável para o seu exílio. Trata-se de uma decisão, calcada em algumas casualidades, mas também em uma escolha pessoal clara, que se deu em 1929, ano de seu Prêmio Nobel e também do início do crescimento decisivo das vozes dos nacional-socialistas na Alemanha. Nessa época, Thomas Mann mandou construir uma casa de veraneio em Nida, no istmo da Curlândia, Lituânia, poucos quilômetros para além da fronteira prussiana oriental. Lá, ele e sua família passaram três verões até a emigração para a Suíça e para o sul da França. O istmo, de aproximadamente cem quilômetros de extensão, mas de apenas três de largura, localiza-se no mar Báltico, ou seja, no nordeste da Europa. Mas as condições peculiares de iluminação do lugar, a paisagem de cores intensas, com pinheiros que lembram os pinheiros do sul, sob um céu que durante o dia é de um azul quase mediterrâneo e à noite é inacreditavelmente claro para os padrões europeus e densamente germinado de estrelas, fazem pensar inevitavelmente o que Thomas Mann não foi o primeiro a escrever sobre o istmo, mas sim Wilhelm von Humboldt: o fato de que o istmo deveria ser visto como a Itália, "caso alguém não possa prescindir de uma imagem dentro da alma".[213] Assim, também na escolha de Thomas Mann por esse lugar se impõe a referência ao sul, ao exótico, de uma maneira misteriosa, talvez nem tão consciente.

Em 1933, Thomas Mann emigrou da Alemanha, para sempre em termos políticos e "étnicos". Até a sua morte e durante todo o último terço de sua vida, ele permaneceu ligado à Alemanha apenas linguística e culturalmente, de certa maneira na perspectiva de um regresso, em uma tradição cultural que continuou existindo independentemente de seu povo, que a traiu, e em uma identidade intelectual. Esse afastamento foi ao mesmo tempo um impulso para uma abertura intensificada em direção a um espaço global e internacional para convivência de todos os povos e sua unidade multinacional. Isso corresponde totalmente à ideia de *one new world*, proclamada pelo presidente americano Franklin Roosevelt, a quem Thomas Mann idolatrou durante seu exílio nos Estados Unidos e com quem ele também se encontrou ao menos uma vez. Em parte, pode ser o caso de que a pátria de Thomas Mann o tenha feito cidadão do mundo contra sua própria vontade, algo que também declara sobre si mesmo o emigrante Joséph Schwarz em *Die Nacht von Lissabon* [A noite de Lisboa], de Erich Maria Remarque. Thomas Mann voltou à Europa apenas alguns anos após a guerra, não para a Alemanha, mas para a Suíça. Interessante notar como o modelo de exílio, ausência de pátria e cosmopolitismo continuou prosseguindo consciente ou inconscientemente nas gerações seguintes dos Mann.

2. ENTRE OS MUNDOS: KLAUS E ERIKA MANN

Dos seis filhos de Thomas e Katia Mann que emigraram antes da Segunda Guerra Mundial para os Estados Unidos, apenas a metade retornou para suas raízes europeias. Ao longo do exílio no país, Klaus Mann tentou em vão trocar sua identidade europeia original em favor de uma nova, americana. Como seu tio Heinrich, e já desde muito

J.B. Debret

Jean-Baptiste Debret, vista da costa de Paraty, por volta de 1827.
Perspectiva da Fazenda Boa Vista, a casa dos pais de Julia Mann na região de Paraty.

Maído Baía Zageb

Fazenda Boa Vista/Casa Mann.

Julia Mann, nascida da Silva-Bruhns (1851-1923), com seus filhos Julia, Heinrich e Thomas, por volta de 1880.

Julia Mann, por volta de 1886.

Fac-símile da carta de Julia Mann a seu filho Heinrich, de 19 de março de 1908, com a despedida em português e, por fim, a lamentação pela falta de domínio da língua materna.

"Minha língua materna é português", afirma a personagem central do romance, Lola Gabriel.

MOVIMIENTO ALEMANIA LIBRE

BEWEGUNG FREIES DEUTSCHLAND — MEXICO, D. F. APARTADO 10214

Mexico City, 28. Mai 1942

COMITE ORGANIZADOR:

LUDWIG RENN
PAUL ELLE
WALDEMAR ALTNER

Sehr verehrter lieber Heinrich Mann,

Wir erhielten verschiedene Nachrichten von Ihnen, und ihh denke, die Angelegenheiten des Verlags sind schon von den dafuer Verantwortlichen beantwortet worden. Sie schreiben auch, dass Gruppen von Freien Deutschen in Columbia und Chile an Sie herangetreten sind und Ihnen die Ehrenpraesidentschaft angetragen haben. Wir kennen diese Gruppen und sind mit ihnen in freundschaftlichem Kontakt. Aber wir haben den Eindruck, dass es sich hier um kleine und noch nicht endgueltig konsolidierte Gruppen handelt. Dieser Eindruck entstand bei uns vor allem beim Lesen ihrer programmatischen Erklaerungen, die zwar nicht von unsern Ansichten abweichen, aber auch ueber eine gewisse Laienhaftigkeit nicht hinausgehen.

Wir glauben, dass unsre Zeit so gebieterisch eine Einigung aller anstaendigen Deutschen unter der Fahne des Antinazismus fordert, dass sich auch die kleineren Landesgruppen bald besser organisieren, und dass dann der Zeitpunkt gekommen ist, eine Ehrenpraesidentschaft anzunehmen. Hier in Mexico geht es jetzt gerade stuermisch vorwaerts. Bei einer grossen Kundgebung, am letzten Sonntag, die vom Praesidenten Avila Camacho praesidiert wurde, habe ich im Namen der Bewegung Freies Deutschland gegen Hitler und fuer die Zusammenarbeit mit den Alliierten gesprochen, und mit

H. 1054

solchem Erfolg, dass am Montag in fast allen Zeitungen meine
Rede woertlich abgedruckt war, und dass Diplomaten uns als
staatlich anerkannte und erwuenschte (grata) Organisation
betrachten. Aehnliche Ereignisse koennen sich in lateinamerikanischen Laendern wiederholen und werden zur Einigung
aller Antinazi-Deutschen wesentlich beitragen, sowie auch
zur inneren Konsolidierung der Landesgruppen.

Koennten Sie nicht gelegentlich unsrer Zeitschrift Freies Deutschland eine Zuschrift zukommen lassen? Wir haben sol-
che Zuschriften von fast allen grossen Deutschen Nordamerikas,
nur von Ihnen, die Sie unserm Herzen doch wohl am naechsten
stehen, nicht.

Ich gruesse Sie mit der grossen Achtung, die
jeder Freie Deutsche vor Ihnen empfindet.

[Esboço manuscrito de Heinrich Mann, ilegível em parte]

12. Juni 1942

Carta de Ludwig Renn a Heinrich Mann de 25/8/1942, com o
esboço de uma resposta de Heinrich Mann feito a mão, no verso.

FALTERSCHÖNHEIT

EXOTISCHE SCHMETTERLINGE
IN FARBIGEN NATURAUFNAHMEN

VORWORT VON
HERMANN HESSE

IRIS DRUCK

Capa do livro *A beleza dos lepidópteros* (de Adolf Portmann, com prefácio de Hermann Hesse), fonte para Thomas Mann da informação sobre a borboleta brasileira *Hetaera esmeralda*, um dos motivos centrais do romance *Doutor Fausto*.

Thomas Mann e seus netos Frido e Toni (ao fundo), filhos do músico
e germanista Michael Mann.

Reflexões sobre o romance-rio

Por ERICO VERISSIMO

HOUVE bons tempos tranquilos em qué o ritmo da vida era lento e suave. Havia vagar para tudo. Para longos serões familiares. Para leituras demoradas. Para jogos de salão. As mulheres bordavam toalhas eternas. Os homens jogavam paciencia e decifravam charadas. Os velhos dormitavam ao balanço das cadeiras, esperando a morte. Ninguem tinha pressa. Nem o Tempo. Nem a propria Morte. Para qué fazer hoje o que se podia deixar para amanhã?

Nessa era de deliciosa preguiça os romancistas de folhetim gozavam duma popularidade enorme. As histórias de mil páginas não assustavam ninguem. Morria uma personagem no capitulo XX... No capitulo CX o autor, distraido, punha o defunto de novo em circulação. E ninguem reclamava, porque os tempos eram tranquilos e tudo se permitia aos autores de boa-vontade, desde que eles cumprissem a sua missão de "divertir". Surgiam então calhamaços de duas mil páginas. Estouravam romances em séries que só acabavam quando o escritor rendia a alma a Deus. E Deus é um autor que não cochila: está fóra de seus habitos literarios ressuscitar na página 400 uma personagem que Ele matou em sã consciencia na página 200.

Qué vemos hoje? A vida batendo records de velocidade. Toda a gente aforismada, suada, aflita, endoidecida, correndo ás tontas dum lado para outro. Olhos só voltados para fóra. Adeus, serões do passado! Adeus, tranquilidade de outros tempos! Adeus, vida intima, interiorisada e doce!

Aviões passam roncando no céu, espantando as últimas pombinhas liricas que dormem nos derradeiros telhados coloniais. Brocas eletricas rechinam e trepidam nas ruas, furando trilhos, triturando pedras. Os bondes produzem uma trovoada de fim-de-mundo. Cartazes berram anuncios vertiginosos. Cinemas exibem fitas cada vez mais aperfeiçoadas, cada vez mais delirantes. Novos artigos e novas facilidades de venda acicatam à furia aquisitiva das populações. O radio enche o ar de ondas sonoras. Os alto-falantes arremessam melodias, anuncios, conferencias cientificas, "sketches" teatrais, romances sinteticos... Os automoveis, em quantidade cada vez maior, correm pelas ruas cada vez mais cheias de arranhacéus. Agencias de turismo tentam, com promessas de maravilhosas viagens, o Marco Polo que dorme no fundo de cada um de nós. Os jornais, narrando delirios de velocidade, aumentam a nossa pressa, fazem crescer a nossa ânsia, a nossa aflição. Anuncios por todos os lados. Nas paredes. Nos muros. No ar. No chão. Contra

Thomas Mann.

John dos Passos.

as nuvens. À flor d'agua. As broadcastings guerreiam os jornais no terreno da publicidade. As revistas — publicando romances inteiros num só número — fazem guerra ao livro. Nos laboratorios os quimicos guerreiam surdamente a natureza, buscando materias sinteticas.

Todo o mundo tem pressa. A vida se tornou tão multipla, tão estonteantemente tentacular, que o homem, no afan de tudo gozar, de tudo apprender, de tudo penetrar — procura a sintese, sofre da mania do comprimido, vive assombrado pelo relogio, a procurar o maximo de prazer e de experiencia no minimo de tempo.

No meio de toda essa balburdia a que já nos vamos habituando, ha um fenomeno muito curioso que desafia o nosso espirito de análise. É que no seculo da pressa, da sintese, da falta de repouso para a leitura — o romance-rio, o romance caudaloso, o romance calhamaço resurge à melhor maneira de "Rocambole".

Quando Marinetti lançou aos quatro ventos o seu manifesto futurista, houve uma febre literaria que se caracterizava pela mania da sintese. Queria-se o romance sintetico. Capitulos com duas ou trez palavras. As paisagens eram descritas em estilo telegrafico. E os futuristas afirmavam com insolencia que já não havia mais lugar para o livro-linguiça, para a conversa fiada. Tudo tinha de ser como o seculo: eletrico, sintetico, geometrico e frenetico.

Mas a verdade é que o romance-rio apareceu e continua aparecendo. Na França, para citar apenas dois casos, temos *Les Faux Monnayeurs*, de Gide, com mais de quinhentas páginas. O *Voyage au bout de la Nuit*, de Céline, anda tambem lá pelas quinhentas. Na Alemanha damos logo com a *Montanha Magica*, de Thomas Mann, livro que é uma verdadeira montanha, tanto na grandiosidade como na quantidade de páginas. (Quasi mil.) Nos Estados Unidos ha dois casos arrazadores. E não é de admirar, uma vez que estamos habituados a associar as palavras "milhão" e "monumental" à civilização norte-americana. Trata-se de *Anthony Adverse* e de *Of Time and the River*. O primeiro, de Hervey Allan, tem mil e duzentas e tantas páginas enormes. É um romance ciclico de aventuras, em que o autor deixa de ser apenas o homem que se preocupa com o enrêdo, com a fabula, com o episodio, para ser tambem o psicologo, o romancista no melhor sentido da palavra. Já é mais complicado

17

Ao defender os romances caudalosos e densos que se opõem à expectativa moderna de brevidade e frenesi, Erico Verissimo, também autor de "romances-rios", refere-se a Thomas Mann e seu *Der Zauberberg* como "verdadeira montanha" também "na quantidade de páginas. (Quase mil.)"
(Revista do Globo, v. 9, n. 213, pp. 17-18, 11 set. 1937.)

Herbert Caro, em sua residência.

Foto retirada do Acervo Particular de Herbert Caro, pertencente ao Departamento de Documentação e Memória do Instituto Cultural Marc Chagall

A foto de Thomas Mann, que também se vê ao fundo da foto anterior, na parede do escritório de Caro, foi enviada ao Brasil a seu pedido, em carta de 14 de outubro de 1941.

C&C

REPARTIÇÃO CENTRAL DE POLÍCIA

DELEGACIA DE ORDEM POLÍTICA E SOCIAL

SALVO-CONDÚTO ESPECIAL

(PARA ESTRANGEIRO) Nº 4429

O portador do presente, HERBERT MORITZ CARO, natural de Alemanha , nascido a 16 de Outubro de 1906 , estado civil Casado , de profissão Tradutor , filho de Ernest Caro e de Elene Simonen , cujo retrato se vê ao lado, tem permissão especial para viajar, desta Capital a Vila Elza.

O PRESENTE SALVO-CONDÚTO NÃO PÓDE SER VISADO OU RE-VALIDADO PARA AS LOCALIDADES DA FRONTEIRA OU LITORAL.

Herbert Moritz Caro

(Assinatura do portador)

Cart. mod. 19 nºs.
61035 e 2788
ext. em P. Alegre
em 11-7-1939.

Porto Alegre, 19 de Janeiro de 194

Inspetor-Chefe

O salvo-conduto atesta as condições
excepcionais sob as quais os estrangeiros
viveram no país sob o Estado Novo.

San Francisco Overland Limited

Chicago & North Western Ry.
Union Pacific Railroad
Southern Pacific

26 de Março de 1941.

Prezados Tios João e Iracema

Escrevo lhes do trem, atravessando o Estado de Nevada, rumo de S. Francisco da Califórnia.

Minha viagem até aqui tem sido bem sucedida. Tenho dois contratos com editores de New York para escrever dois livros em inglês sôbre o Brasil para as crianças americanas. Ante ontem conversei com Thomas Mann em Denver e estive com Somerset Maugham em Chicago, há duas semanas. Já fiz umas 20 palestras, sendo que duas em espanhol, duas em português, uma em francês e as restantes em inglês.

Esta é uma grande gente. O país ideal para o tio João morar. Ordem, limpeza, respeito mutuo, discreção e facilidade para tudo.

Carta de Erico Verissimo a seus tios, João e Iracema, escrita em 26 de março de 1941, pouco depois do encontro com Thomas Mann, que o escritor gaúcho menciona nas páginas aqui reproduzidas.

Os trens correm dentro do horário. O Correio é uma maravilha. Os empregados das repartições são atenciosos, rápidos e bem informados. Viajar aqui é a coisa mais fácil do mundo, porque a gente sabe o preço de tudo — do taxi, do Pullman, do carregador, do porter, etc. Ninguem grita, ninguém discute, ninguem corre.

Esta gente está decidida a vencer Hitler e está trabalhando febrilmente para isso.

Em New Orleans recebí a notícia da morte da Lila. Foi uma surpreza bastante desagradável. E logei a pensar no que teria acontecido ao Enio, ela só o Luiz Carlos tambeem vinha no auto. Porque a notícia não trazia detalhes.

Da California tomarei o avião para o Panamá, onde embarcarei num dos vapores da Grace Line que me levará até o Chile. Voltarei ao R. Grande via Buenos Aires.

Tenho aproveitado muito
e creio que estou prestando
um pequeno serviço ao Brasil
na qualidade de seu camelot
Muito saudoso de casa e
já ansioso por voltar.

Beijos para a Vovó, que
espero esteja ainda viva e
bem disposta. Por mais estranho que pareça, tenho citado
o Vovô Aníbal nas minhas con-
ferências aqui.

Lembranças à Jenny, Adelia
e Plinio, enfim, a todo o
pessoal de casa.

Na esperança de vê-lo
em breve, abraça-o
muito cordialmente o
sobrinho e amigo.

Erico

Certidão de nascimento de Julia da Silva-Bruhns.

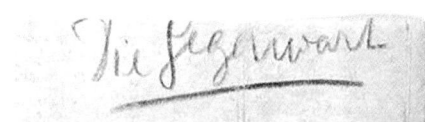

Die Gegenwart

Zwischen den Raſſen. Roman von Heinrich Mann. Verlag Albert Langen (München) 1907.

Als charakteriſtiſch für Heinrich Mann empfinde ich: — kunſtvolle
Durchdringung von Romantik und Naturalismus... Einſichtigeren war
dieſe Grenze ja längſt ſchon ſiehend; welche Grenzen nicht? Romantik
ſollte Nicht-Wirklichkeit, Erſehntes darſtellen, der Naturaliſt die bloßen
Thatſachen ablaſſen. Aber iſt das Erſehnte nicht auch eine Thatſache,
eine Vorſtellung des Sehnenden? Und ob die übrigen Thatſachen mehr
als Vorſtellungen ſind, ſcheint fragwürdig... Da wandte man ein:
Romantik hält ſich eben an die Vorſtellung weniger Myſtiker, Naturalismus an die der Menge... Alſo käme das Ganze auf eine ſtatiſtiſche
Unterſuchung heraus, eine Enquête. Und wenn ſich nun beide Vor-
ſtellungsarten, die des Myſtikers und die der Vollsmenge, bei ein und
demſelben Menſchen zugleich finden?... Heinrich Mann iſt ſolch ein
für Statiſtiker ſchwieriger Menſch. Man hat deßhalb auch anfangs ſehr
gegen ihn gezetert. Man wußte nicht, wohin man ihn thun ſolle, und
in der Wuth beauftragte man Witzblätter, Stellen aus ſeinen Werken
als „übertrieben und ſchwülſtig ſtiliſirt", ſie zum Hohn preiszugeben. Es
hat nicht zu Hohn geführt. Aber zum Glück hat man ſich beſonnen und,
Heinrich Mann jetzt gegen ſolche Angriffe in Schutz nehmen, dieſe ſeinen
wachſenden Ruhm und ſeine immer beliebtere Stellung unter den deutſchen
Erzählern gründlich verkennen. Dabei wird ſeine Art immer noch
ſchärfer und eigener, dieſe Verſchränkung von Sehnen und Thatſächlich-
keit immer inniger. Mitten in einem Geſpräch, deſſen jedes Wort wirklich geſagt ſein könnte, ſo detaillirt beobachtet und gemerkt iſt es, mitten
in dieſem geſchehenen Geſpräch thut ſich in einem kleinen Abſatz wie hinter
einem aufgehenden Vorhang die von den Augen H. Manns geſehene
Landſchaft ſchwärmeriſch auf. „Sie hatten die Laube hinter ſich und
ſtanden, drei Erdſtufen höher, auf einer bäueriſchen Altane, beide aus
fliehenden Wolken von zuckendem Licht ergriffen. Eben noch hatte es ſie
berührt, und ſchon hob es in ungewiſſer Ferne eine Schaar von Schnittern
aus dem Grau des Bodens. Da und dort entſprangen bunte Hügel
dem Land und verſanken, glänzte eine Senſe auf zum erloſch, rauſchte über
einen Wald das Licht hin und ließ ihn in ſtummen Schatten (Seite 168)
... Da atmet man tiefer, von einer Tage befreit, contemplativ und in
heiliger Stimmung. Um ſofort in den nächſten Zeilen die Fortſetzung
des Geſprächs zu erfaſſen, doppelt bedrückt zu ſein von dem Kummer
dieſer hilfloſen, unweglamen Menſchen, doppelt überzeugt von der Wahr-
haftigkeit der Dargeſtellten... Oder aus dem liebenswürdigen Natur-
bild, das eben noch im Lichte des Autors ſtand als eines ſeltſamen und
von Ahnungen erfüllten Beſchauers, knallt plötzlich unerwartet das Witz-
wort eines andern Beſchauers, den ebenderſelbe Autor hinführt, wie ein
Schuß aus friedlichſtem Gebüſch heraus: „Jetzt noch ein paar be-
trunkene Bauern..." Dadurch wird etwas der Wirkung des Stereoſcops
Aehnliches bewirkt, das Leben, von zwei Standpunkten zugleich geſehen,
erſcheint körperlich, materiell.

Etwas von dieſer Verſchränkung der beiden Vorſtellungswelten lebt
auch in der Heldin des neuen Romans. Lola, Tochter einer Braſilianerin
und eines Deutſchen, ſchwankt zwiſchen den Raſſen, zwiſchen zwei Ge-
liebten, zwiſchen dem Myſtiker und dem einfach Sinnlichen. Dem Sinnlichen heirathet ſie, zum Schluß iſt der Myſtiker beſſer geſtellt. Zum
Schluße des Romans, wohlgemerkt. Nicht zum Abſchluße ihres langen
Schwankens. Denn der Dichter hat uns die Gründe ihrer Heirath,
ihrer ſüdlichen Zuneigung und zugleich ihres nördlichen Intellekts ſo
eindringlich und unbegreiflich vorgeführt, daß wir uns Lolas Schwanken
nicht anders als lebenslänglich vorſtellen können. Ewig wird ſie hilflos
und zwiſchen den Raſſen ſtehen, beide begreifen, beide lieben, von beiden
abgeſtoßen werden, einſam ſein. Ja für das Leben iſt ſie keine ſehr
brauchbare Maſchine, zu keinem Glücke geboren, durch ihre Seltſamkeit
allzu ſehr gehandicapt. Aber ſie würde eine excellente Künſtlerin ab-
geben, ſie würde das Seltſame dichten. Ich glaube, ähnlich wie Heinrich
Mann würde ſie dichten...

„Zwiſchen den Raſſen" iſt eines der beſten Bücher, die ich kenne.
Neben der Heldin, die ſo greifbar hingeſtellt iſt, daß man über ſie wie
über eine im Leben Beobachtete gern weiterſinnt, bringt der Aufbau noch
zahlloſe Epiſoden, Nebenperſonen, Städte und bleibt trotz der vielen
hundert Seiten ſchlank und überſlebhaft... Ich glaube, Heinrich Mann
leiſtet für unſere Zeit des entwickelten Capitalismus das, was Flaubert
für die Frühcapitalismus geleiſtet hat; Darſtellung der letzten Be-
wegungen, ohne Stellungnahme, ohne Parteilichkeit. In dieſem neuen
Roman iſt viel von Frauenemancipation die Rede, von Herrenrechten,
Generalſtrike in Italien, Graphologie, Socialismus, Hungerkünſtlern,
Löſbarkeit der Ehe, Muſik von Puccini. Jeder hat eine andere Anſicht
darüber, man ſtreitet, man hat Recht und Unrecht zugleich, es iſt unſere
ſchöne Zeit. Hier dieſelbe Wirkung der gewechſelten Standpunkte, des
Stereoſcops, der Körperlichkeit. Und das bewundernde Gefühl: „Dieſer
Dichter kann alles." Nein, nicht ſo, eher: „Großes Leben! reiche Welt!"

Max Brod (Prag).

Fac-símile de resenha de *Entre as raças,* em Praga, 1907. O resenhista,
entusiasmado com a publicação, é Max Brod, bastante conhecido pela amizade
com Franz Kafka e pelo descumprimento do pedido de destruição dos manuscritos
de sua obra.

Alemão.
Karl v.Lustig-Prean,São Paulo,Brasil,Rua Aracajú, 253   28.Jan.1944
Sehr verehrter Herr Dr.Heinrich Mann!
Anbei finden Sie einen Brief an Bassermann,und ich bitte Sie herzlichst,ihn wei-
terzusenden,da ich die Adresse nicht kenne.Vor etlichen Tagen hörte ich,dass Ihr
UNTERTAN hier portugiesisch erscheinen würde.In meinem,an Bassermann,erwähnten
Buche schreibe ich(das Originalbuch sende ich Ihnen kuriositätshalber)..Die
Brüder Mann...der deutlichere Heinrich,der mit dem Untertan eine der gefährlich
sten Breschen ins reaktionäre Bürgertum geschossen(er hat auch den Blauen Engel
geschrieben,der Marlene Dietrich zum Star gemacht...Das Buch ist natürlich ganz
aufs brasilianische Publikum eingestellt,melodramatischer als literarisch.Von
der Zugehörigkeit dem Ehrenpräsidium des FD in Mexiko hab ich mich getrennt.Ich
hab wirklich eine harte Haut,darf auch sagen,dass ich mehr Opfer gebracht habe,
als ich verantworten könnte,und dennoch konnte ich zuletzt die schäbige Hetze,
die ein Teil der Emigration gegen Renn etc entfaltete,nicht mehr aushalten.Man
hat das FD so sehr als kommunistisch denunziert,dass man Tag und Nacht zu Bemen
tis gebraucht hätte.Da ich seit 20 Jahren gegen die Nazis arbeite und(wie Sie
sich denken können)bis 33 bezw.38 wenig Mitarbeiter hatte,arbeit' ich eben wie-
der allein.Mit vielen herzlichsten Wünschen und verehrungsvollsten Grüssen Ihr

Fac-símile de carta de Karl-Lustig Prean a Heinrich Mann, 28 de janeiro de 1944.

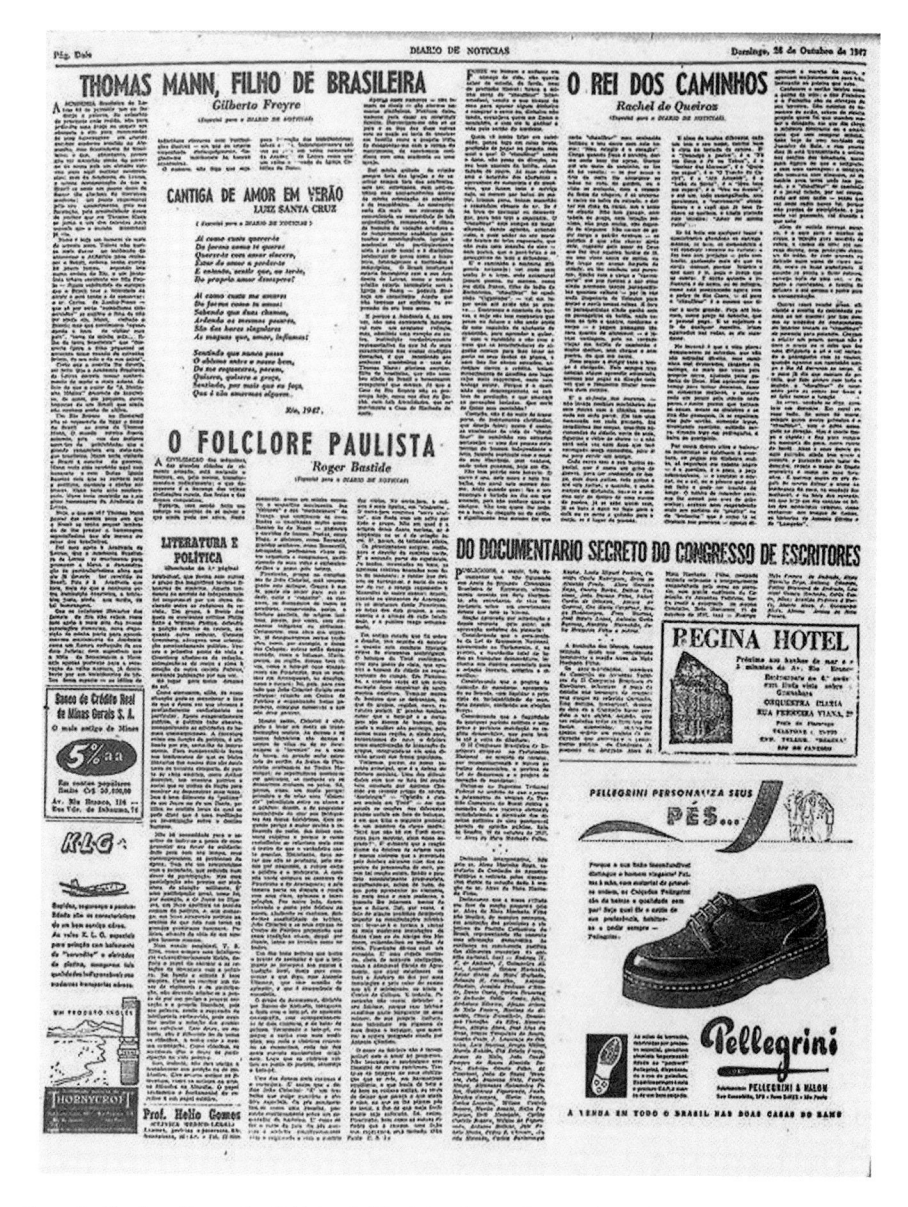

Fac-símile da edição do *Diário de Notícias* de 26 de outubro de 1947, em que o sociólogo Gilberto Freyre conclama a Academia Brasileira de Letras a convidar Thomas Mann para visita ao Brasil, que jamais se realizou.

A edição de 18/19 de fevereiro de 1933 do jornal nazista *Observador do Povo (Völkischer Beobachter)* comentava positivamente o afastamento compulsório de Heinrich Mann do posto de presidente do departamento literário da Academia Prussiana das Artes. Acusava-o de ser um autor "cuja fantasia se exaure fundamentalmente em temas eróticos – isso também por causa de seu sangue, já que a mãe dos Mann era portuguesa –, [um autor] que se permitiu, em meio à Guerra, esboçar 'imagens excitantes' e que, no que concerne à irresponsabilidade diante do povo, tornou-se páreo para um Chaim Bückeburg, também conhecido como Heinrich Heine – ora, um autor dessa laia é que foi conclamado [...] a representar a intelectualidade alemã!!!"

Na edição dos dias 26/27 de março do mesmo ano, o jornal traz, dessa vez na capa, novos ataques ao "antigo 'presidente' da Academia de Letras" por estar "aliado com o foragido judeu do KPD [Partido Comunista da Alemanha], Münzenberg". Trata-se aqui de Willi Münzenberg (1889-1940), amigo de Heinrich Mann. O escritor colaborava ocasionalmente com artigos para a revista O futuro [Die Zukunft], fundada e dirigida por Münzenberg.

BOLETIM BIBLIOGRÁFICO

PUBLICAÇÃO DA BIBLIOTECA PÚBLICA MUNICIPAL DE SÃO PAULO
DEPARTAMENTO DE CULTURA

DIRETOR
FRANCISCO PATI

ANO I
ABRIL — MAIO — JUNHO
1944

VOLUME III
S. PAULO

SECRETÁRIO
SÉRGIO MILLIET

S U M Á R I O

COLABORAÇÃO ORIGINAL

* ESCRITORES ALEMÃES NO EXÍLIO . . . CARLOS VON LUSTIG-PREAN
* MONTEIRO E O PRELO MANUAL . . . . ROGER BASTIDE
* CONTACTOS RACIAIS E CULTURAIS NO BRASIL . . . . DONALD PIERSON, PH. D.
* TRÊS RECENTES PUBLICAÇÕES BRASILEIRAS PARA O INDIANISTA . . . HERBERT BALDUS
* OS SISTEMAS FILOSÓFICOS . . . . . CECILIA DE CAMPOS PEREIRA VAMPRÉ
* LITERATURA ESTATÍSTICA . . . . . FREDERICO HELLER
* APONTAMENTOS PARA A BIBLIOGRAFIA DA LÍNGUA TUPÍ-GUARANÍ . . . M. DE L. PAULA MARTINS
* A DEMANDA DO SANTO GRAAL . . . SILVEIRA BUENO

AUTORES & LIVROS

* A POÉTICA DE GONÇALVES DIAS . . . MANUEL BANDEIRA
* A FILOSOFIA DE ANATOLE FRANCE . . JEAN MAUGUÉ
* HISTÓRIA DA CULTURA . . . . . . EDMUNDO ROSSI
* APONTAMENTOS SÔBRE A CIDADE E A CASA DE SÃO PAULO NO SÉCULO DEZENOVE . . . . ERNANI SILVA BRUNO

BIBLIOGRAFIA

REGISTRO BIBLIOGRÁFICO DAS OBRAS ENTRADAS NA BIBLIOTECA PÚBLICA MUNICIPAL DE SÃO PAULO DE 1 DE FEVEREIRO A 30 DE ABRIL DE 1944

Fac-símile do sumário do *Boletim Bibliográfico* da Biblioteca Municipal de São Paulo (2º trimestre de 1944) em que se anuncia o texto de Karl Lustig-Prean sobre "Escritores alemães no exílio", mencionado também por Thomas Mann em carta.

Heinrich Mann, nas primeiras páginas do romance, decide que a mãe de Lola Gabriel será chamada não de "Maman" (ele risca a forma em francês), mas de "Mai", isto é, "Mãe", em português, na grafia corrente da época. A identidade brasileira das personagens é elemento importante para a composição da obra.

Também o caderno de notas de Heinrich Mann revela, já em 1905, a importância do Brasil e dos elementos brasileiros para a obra.

jovem, ele nunca tinha se sentido pertencente à Alemanha de fato. Ele achava todo o nacionalismo, sobretudo o alemão depois da Primeira Guerra Mundial, ultrapassado e repugnante e, desde muito cedo, assim como seu tio, orientava-se fortemente para a França e sua cultura, país onde permaneceu até o suicídio. Klaus Mann via-se em primeiro lugar como um europeu, já que ele tinha uma identidade geográfica e seu estado de ânimo não era marcado por uma sensação permanente de deslocamento.

Desde 1934 expatriado da Alemanha, durante os primeiros cinco anos de seu exílio político na Europa, Klaus Mann oscilou permanentemente entre Zurique, Paris e Amsterdã. Nos Estados Unidos, ele continuou sua luta implacável contra o fascismo, de início em uma dimensão estritamente literária. Já nessa época ele começou a escrever seus textos em inglês. Começou também a editar outra revista político-literária, como tinha sido com a *Die Sammlung* [A Coleção]: a *Decision*, como vimos no capítulo anterior. Essa última, no entanto, mal sobreviveu um ano. Depois de muitos esforços, que no início não tiveram sucesso, ele foi aceito pelas Forças Armadas americanas, quando os Estados Unidos já se encontravam em guerra contra o Japão e a Alemanha. No entanto, elas o decepcionaram de saída, porque durante a formação básica nos Estados Unidos a vida nas Forças Armadas pareceu-lhe um pesadelo de Kafka e pela primeira vez ele sentiu saudade da Europa.

O que fez sentido e compensou para Klaus Mann foi o que ele vivenciou em solo europeu na luta contra os nazistas. Porém, quando era correspondente especial do jornal do exército americano *The Stars and Stripes*, o maior choque para ele foi entrar na Alemanha devastada, sobretudo em sua cidade natal, Munique, que a ele pareceu transformada em um enorme cemitério. Ele ficou horrorizado, sobretudo, com a falta de sensibilidade e de sentimento de responsabilidade dos alemães, muito menos de culpa. Não estava mais em questão voltar à Alemanha. No período do macartismo, que se consolidou imediatamente depois da guerra nos Estados Unidos, Klaus Mann e sua irmã Erika foram acusados de comunistas. Isso fez com que Klaus Mann se sentisse cada vez mais impelido a uma oscilação incessante e desesperada entre a Europa e os Estados Unidos. Nesse contexto de total desenraizamento, ele pôs fim a sua vida em 1949, em Cannes, como vimos anteriormente, depois de duas tentativas de suicídio nos Estados Unidos. Durante o último ano de sua vida, esse mesmo Klaus Mann escreveu sua obra mais significativa e madura (*Der Wendepunkt* [O ponto de transição], cf. capítulo IV). Este e o romance escrito anos antes, *Mephisto*, elevaram Klaus Mann muitas décadas depois a ídolo e figura de adoração, sobretudo para a juventude dos anos 1980. Durante o exílio da família nos Estados Unidos, sua irmã Erika lutou contra a Alemanha nazista vestida com o uniforme inglês, já que havia adquirido cidadania inglesa por conta do casamento com o escritor Wystan Auden. Até o fim de sua vida na Suíça, ela se sentia como uma inglesa.

3. IDENTIDADES FLUIDAS: GOLO, MONIKA, ELISABETH E MICHAEL MANN

Golo Mann, que como seu irmão mais velho participou da campanha militar como sargento americano contra os nazistas na Europa, e que do mesmo modo adentrou a Alemanha vencida e esmigalhada ao fim da guerra, foi o único que voltou temporariamente a esse país no fim dos anos 1950. Lá, ele procurou influenciar enquanto historiador e escritor o destino político da Alemanha Ocidental ao longo de décadas, até a reunificação.

Monika Mann, que perdeu o marido húngaro Jenö Lanyi de um modo terrível, quando o navio no qual eles fugiam sofreu um torpedeamento pelos nazistas, migrou para o sul da Itália após a guerra e, com idade bastante avançada, morreu por acaso, ou não, na Alemanha.

Com relação aos filhos mais jovens de Thomas Mann, e por isso mais fortemente desenraizados, a situação foi um pouco outra. Depois de uma "parada" longa também na Itália após o fim da guerra, Elisabeth Mann-Borgese manteve-se presa ao solo americano até sua morte. Por causa disso ela perdeu substancialmente sua identidade original europeia, ao mesmo tempo sem aceitar uma americana. No que se refere ao filho mais novo, Michael Mann, e sua esposa suíça Gret, eles até se recusaram por um tempo a falar alemão em casa, nos Estados Unidos, durante a guerra.

Mas eles não mantiveram esse propósito por muito tempo. Depois de um *intermezzo* na Europa, após a guerra, Michael deu as costas para sempre à sua pátria europeia imediatamente após a morte do pai e se estabeleceu novamente em seu exílio americano anterior. Lá, ele lecionou até o fim no Departamento de Germanística da Universidade da Califórnia, em Berkeley, sem se sentir de fato como um americano. Alguns anos antes de sua morte, ele e sua esposa adotaram uma criança indiana abandonada, uma menina asiática, que cresceu em uma família europeia de artistas, em solo americano, entre três culturas. Mais tarde, ela se casou com um inglês que ela havia conhecido na Índia.

4. AUSÊNCIA DE PÁTRIA: HEINRICH MANN E OS SEUS

Quatro anos mais velho, o irmão de Thomas Mann, Heinrich, esteve mais longe de conquistar novas raízes depois de seus anos de exílio no sul da França e na América. Ele viveu em Santa Monica, Califórnia, próximo a seu irmão, pobre e solitário com sua segunda esposa Nelly, uma mulher doente física e mentalmente. Como se vivesse em terra de ninguém. Quando se tornou um viúvo grisalho, decidiu aceitar um convite honroso em 1950 para a Alemanha Oriental comunista, o que significaria um retorno definitivo para o país. Mas morreu pouco antes da realização desse plano, em março de 1950.

Outro capítulo especialmente trágico, que até então permanecera um mistério, sobretudo na Europa Ocidental, é a história dos descendentes de Heinrich Mann em Praga. A primeira mulher de Heinrich, a atriz iniciante Maria Kaanová, mais conhecida como Mimi, era de Praga e viveu com ele em Munique até o divórcio no começo dos anos 1930. Depois disso, ela voltou com a filha Leonie para Praga. Lá, mãe e filha caíram na armadilha da ocupação nazista em 1939 e foram presas várias vezes. A mãe foi levada ao campo de concentração de Theresienstadt e internada lá até a libertação final. A filha viveu sozinha em Praga durante a guerra e foi interrogada mais de uma vez pela Gestapo. Imediatamente após o fim da guerra, a mãe foi levada de volta a Praga e estava totalmente abalada física e psiquicamente. A filha cuidou de

Mimi durante quase dois anos, até sua morte. Pouco depois, Leonie Mann casou-se com o escritor Ludvik Ashkenase, nascido em uma região hoje pertencente à Polônia, e deu à luz dois filhos: Jindrich e Ludvik Mann. Em 1968, a família inteira fugiu das tropas do Pacto de Varsóvia para o Ocidente. Jindrich tinha 20 anos, e Ludvik, 12. O filho mais velho voltou para Praga na virada dos anos 1990, Ludvik nunca voltou. O destino desse ramo da família Mann permaneceu mais do que todos os outros Mann em um destino de exílio e ausência de pátria com todo o seu lado sombrio.[214]

5. O DESTINO DOS DESCENDENTES

Os quatro filhos dos dois filhos mais novos de Thomas Mann nasceram nos Estados Unidos e, naturalmente, têm cidadania americana: Frido Mann, na Cannery Row [Rua das Sardinhas] de John Steinbeck, em Monterey, Califórnia; seu irmão Toni nas proximidades de São Francisco; Angelica e Dominica (Nica), filhas de Elisabeth e Antonio Borgese, em Chicago. Todos os quatro cresceram bilíngues: Frido e Toni em inglês e alemão, e as primas, em inglês e italiano. Todos os quatro frequentaram escolas americanas, brincaram em ruas americanas com crianças americanas e se encontravam regularmente nas férias de verão e de inverno no mundo completamente diferente da casa dos avós.

Em Pacific Palisades, havia sempre os natais alemães com árvore, fitas coloridas e brilhantes e velas acesas, que nos Estados Unidos era proibido colocar nas árvores de natal. Falava-se alemão e ouvia-se música alemã. O avô lia contos de fada alemães e escandinavos. Ali também apareciam com regularidade — para o chá, jantar ou saraus de música de câmara — "tios e tias" alemães famosos que moravam na vizinhança. A casa dos avós era para todos os netos um verdadeiro enclave alemão na sua pátria americana da infância. As estadas regulares e fascinantes nesse enclave marcaram desde cedo o pertencimento cultural à Europa e à cultura e língua alemã.

Como relata Frido Mann em sua autobiografia *Achterbahn* [Montanha-russa], a mudança para Zurique, imposta a ele pelos pais quando tinha 8 anos, foi sentida como uma perda dolorosa de sua pátria "biológica" e biográfica. Apesar disso, sua vivência europeia da infância amenizou a dor da separação, facilitou e acelerou sua adaptação ao novo dia a dia na vida e escola europeias. Alguns anos depois dele e de seu irmão, suas primas americanas também foram com os pais delas para a Itália. Todos os quatro se encontravam enquanto eram crianças e, décadas depois, como adultos, geralmente na Europa. Mais tarde, muito raramente nos Estados Unidos. No fundo, até hoje todos continuam sendo americanos-europeus "exilados" depois da Europa e se comunicam exclusivamente em inglês. Eles se tornaram atentos a sua origem comum americana, sobretudo depois que morreu o último membro das gerações mais antigas de emigrantes, Elisabeth Mann-Borgese. Então, como os remanescentes, eles começaram a se reunir com mais frequência e dar continuidade juntos à herança intelectual da família.

Como nenhum outro de seus integrantes, Frido Mann tornou-se mais consciente das raízes brasileiras da própria família. Não casualmente como alguém que se tornou psicoterapeuta, tanto no âmbito clínico quanto científico. Em 1994, ele viajou pela primeira vez ao Brasil, para acompanhar a apresentação pública das *Lembranças* de sua bisavó, sem saber para onde essa busca dos vestígios de origem iria levá-lo. Desde então ele permaeceu intimamente ligado ao país e se tornou um importante mediador entre a cultura alemã e brasileira. Ele começou a aprender a língua de sua bisavó e a fazer do Brasil objeto de uma confrontação literária. Daí surgiram três romances. Em outra seção deste livro, em depoimento literário bastante pessoal, Frido Mann contará sobre o significado que o Brasil tem para ele. Ele revelará como o país se tornou um desafio não só biográfico mas também literário.

Depoimento literário
De volta ao Brasil: um relato de Frido Mann

Quanto mais eu me ocupava com aquele país gigante e multifacetado, num primeiro momento ainda de longe, mais ficava claro para mim que o Brasil não deveria ser apenas o cenário principal de meu romance (*Brasa*). Por causa dos meus ancestrais de lá, o Brasil é também parte de minha origem biográfica e, com isso, um pedaço de minha pátria que se perdeu, pátria essa que eu gostaria de ver o mais depressa possível e conquistar para mim. Eu descobri um paralelo especialmente interessante com minha bisavó Julia. Com exatamente a mesma idade ela foi transplantada involuntariamente de seu paraíso exótico da infância para a Europa, como eu de meu idílio na Califórnia, no hemisfério norte do mesmo continente americano. Ela, no entanto, nunca mais voltou ao Brasil.

Frido Mann, *Achterbahn. Ein Lebensweg*
[Montanha-russa. Trajetória de uma vida] (2008)

1. VOLTA ÀS RAÍZES BRASILEIRAS

Não fosse minha bisavó Julia da Silva Bruhns Mann eu não teria encontrado há 15 anos o caminho para o Brasil, onde se abriu para mim um horizonte totalmente novo. O motivo principal para minha primeira viagem ao Brasil nos rastros de minha bisavó foram pesquisas culturais e históricas para meu romance, que havia pouco eu tinha concebido, o *Brasa*. Esse romance deveria ser uma transcrição convertida para um texto ficcional do ramo brasileiro de minha família, que, na Europa, sempre se reconheceu como "família alemã". Por outro lado, minha bisavó não deveria figurar como uma pessoa do enredo, como uma personagem-retrato, mas muito mais existir como *princípio*, *modelo* marcante e, assim, tornar-se de certo modo onipresente no romance. A repercussão maciça, que muito me surpreendeu e com a qual especialmente a imprensa me recepcionou na minha primeira viagem, foi um claro sinal do quanto os brasileiros ficaram orgulhosos, e o são, de que um dos seus dera ao mundo dois dos seus mais importantes escritores.

A experiência mais marcante durante a minha primeira viagem ao Brasil foi ver a cidade natal de Julia e a casa onde viveu com seus pais que ainda existe até hoje, a antiga Fazenda Boa Vista. A partir da descoberta dessa propriedade, logo cresceu em mim e em um grupo de amigos no Brasil, Alemanha e Suíça a ideia de fundar um centro cultural euro-brasileiro ou uma fundação cultural de nome Julia Mann; um lugar de encontro entre o patrimônio cultural europeu e brasileiro de Julia. Quase dois anos depois dessa primeira viagem, aquele mesmo grupo criou em Zurique uma associação de apoio para o novo centro, ainda a ser estruturado, que se chamava Casa Mann. Sobre isso, há um relato mais pormenorizado de Peter K. Wehrli neste livro, na seção de Documentação.

Aqui é suficiente dizer que a Casa Mann e o Instituto Goethe de São Paulo organizaram em conjunto uma programação cultural de dez dias no fim dos anos 1990. Os pontos principais da programação foram uma exposição sobre a vida de Julia, que foi mostrada em muitos lugares da América do Sul e da Europa, assim como *workshops* para os moradores de Paraty e redondezas, nos quais foi produzida uma crônica da cidade na forma de um livro e onde também crianças de rua representavam diante de uma câmera em movimento cenas da vida da pequena Julia em Paraty com base nos documentos do catálogo da exposição. Em diferentes lugares de Paraty, entre eles a casa dos pais de Julia Mann, mostraram-se filmes europeus sobre o Brasil; proferiram-se palestras; deram-se concertos e apresentou-se um solo de dança de um mestre do balé afro-brasileiro que vive na Alemanha. Sobre isso também há um relato, porém de Dieter Strauss, na época diretor do Instituto Goethe de São Paulo.

Um modelo de organização para os propósitos da Casa Mann e, com isso, um parceiro importante da programação cultural em Paraty foi o Thomas-Mann-Kulturzentrum [Centro Cultural Thomas Mann], fundado pelo governo lituano um ano antes, 1996 portanto. O Centro Cultural localiza-se na antiga casa de veraneio de Thomas Mann, no istmo da Curlândia, em Nida, a antiga Nidden [o nome em alemão] do território de Memel outrora pertencente à Alemanha. Depois de palestras proferidas pelo centro lituano em Paraty sobre seu trabalho cultural na Lituânia, um ano depois, durante quase uma semana, ocorreu um evento sobre a cultura brasileira com o título de Blaue Brücke [Ponte azul], no contexto do Festival de Música Thomas Mann que se promove todo ano.

A abertura do evento foi a mesma exposição "Julia Mann — Ein Leben zwischen zwei Kulturen" [Julia Mann — Uma vida entre duas culturas] que no ano anterior tinha sido apresentada em Paraty e em São Paulo. Na Lituânia, apresentaram-se palestras de especialistas brasileiros sobre a história da cidade natal de Julia e sobre as particularidades e os problemas do patrimônio cultural de lá e da proteção dos monumentos, com todas suas semelhanças e seus paralelos surpreendentes com os do istmo da Curlândia. A cidadezinha pesqueira de Nida foi preenchida muitas vezes com os sons da música brasileira popular e clássica. Houve exposição de obras nordestinas da arte do entalhe em madeira e pinturas e fotografias artísticas de Paraty, além de leituras literárias públicas. O ponto máximo daqueles dias em Nida foi a apresentação de chorinho por um conjunto brasileiro na Casa Thomas Mann, de onde sempre ressoava exclusivamente música clássica europeia. A outrora casa de veraneio de Thomas Mann de repente parecia mergulhada em cores brasileiras. É como se sua mãe brasileira fizesse uma visita tardia à casa lituana do filho alemão-americano.

Essa troca cultural mútua entre dois locais deveria ser uma espécie de prelúdio, uma abertura virtual do centro de cultura e de encontro planejado pela Casa Mann, na antiga casa de Julia, para cuja implementação a associação vinha se esforçando havia alguns anos. Apesar do interesse e do apoio de todos, também membros de renome da Casa Mann e do governo brasileiro, a Associação Casa Mann tem enfrentado cada vez mais batalhas contra problemas extremamente complicados de direito de propriedade no Brasil, antes de poder começar a restauração arquitetônica urgente, a reforma e, por fim, a organização da infraestrutura para o esperado centro de cultura e encontro em nome de Julia Mann.

É preciso também dizer algumas palavras sobre o desenvolvimento de Paraty. Depois da decadência incessante que avançava na época das duas guerras, fez-se nos anos 1950 a primeira visita de carro de alguém de fora, graças a uma estrada de comunicação com a rodovia entre Rio de Janeiro e São Paulo. Isso levou ao aumento da compra a preços baixos de casas antigas prestes à completa degradação na região idílica, ainda conservada em seus tempos mais antigos. Mantiveram-se as marcas características da fachada externa das casas e reformaram-se de modo mais abrangente as partes destruídas em decorrência da péssima conservação, de modo que também o interior dessas casas fosse transformado em residências modernas. Isso levou, então, a um rápido aumento dos preços de terrenos e imóveis. Em 1966, Paraty foi declarada Monumento Nacional por meio de um decreto do presidente da República válido até hoje.

A consequência disso é que cada mudança arquitetônica dentro de todo o município de Paraty está sujeita a leis e normas rígidas para proteger a conservação do patrimônio. Com isso, não apenas o patrimônio arquitetônico colonial, mas também a abundância e a multiplicidade das plantas e dos animais que vivem na Mata Atlântica devem ser protegidos da destruição predatória. Por meio da preservação de monumentos, que marca a cidade, e da abertura do tráfego na rodovia costeira Rio–Santos em 1976, estabeleceu-se sobretudo o significado ecológico do entorno enquanto objeto de exploração turística. Economicamente falando, Paraty obtém seus rendimentos da produção de banana, milho e gengibre, provavelmente a maior de todo o país. Das 230 empresas de produção de cachaça que havia antes, sete ainda estão ativas até hoje. Como fonte de rendimentos do município, tem-se a rede de hotéis com oitenta estabelecimentos e pousadas e o comércio, com aproximadamente 750 diferentes tipos de empreendimentos. A terceira fonte econômica é a pesca. A área total do município de Paraty compreende hoje 917 km^2, dos quais 80% estão sujeitos à preservação total da paisagem, com garantia da legislação federal, estadual e municipal. Tais áreas verdes foram designadas como parques e reservas biológicas. Maria Sene, nascida e residente em Paraty, também antes membro da diretoria da associação Casa Mann no Brasil, em uma palestra, até então não publicada, e proferida em Lübeck em 1997, expressou-se com as seguintes palavras: "Paraty, a cidade rodeada de águas e de mar, recorda-nos o poder da natureza; lava nossa alma e limpa nosso espírito."

Para corresponder à sua concepção geral no espírito da Família Mann, o centro Casa Mann não deve ser concebido como um fim em si. Ele se compreende muito mais como parte de uma rede mundial e comunicativa de todas as outras instituições e sociedades Mann. Além disso, enquanto parceiro de cooperação, ele tenciona juntar-se a outras organizações internacionais importantes de intermediação cultural e promoção de paz, como os Institutos Goethe, Unicef, ONU e especialmente com a fundação Weltethos [Fundação de Ética Mundial], de Tübingen. Almeja-se a organização de uma exposição permanente sobre Julia Mann e a família de escritores Mann, principalmente do ponto de vista do exílio e do cosmopolitismo; seu conteúdo se daria sobretudo a partir de objetos fac-símiles de exposições em Lübeck, Zurique, Praga, entre outros. O espaço se prestaria também a exposições temporárias com conteúdos interculturais. Por não se tratar de modo algum apenas de um museu, mas também de um lugar vivaz de encontro, deveriam ocorrer todo ano entre três e quatro breves encontros de fim de semana ou *workshops*, com temas sobre literatura, música, cinema, filosofia, religião, ciência e pedagogia.

Um outro objetivo seria convidar bolsistas de todo mundo, das áreas da arte, da cultura e da ciência, que quisessem trabalhar sobre um projeto intercultural no Centro Julia Mann, ao longo de alguns meses. Eles poderiam apresentar os resultados desses projetos nos encontros de fim de semana. Mas os objetivos práticos de nossa concepção cultural e de fomento à compreensão mútua entre os povos não devem acontecer tão rapidamente. Em longo prazo, e se tudo tornar-se possível, há planos de elaboração e execução de programas para educação artística e cultural de crianças e adolescentes de Paraty e região. O centro poderá ser, ao mesmo tempo, refúgio e local de encontro para membros da família Mann, inclusive os de gerações futuras, que formaram suas famílias nos Estados Unidos, na Inglaterra e na Suíça.

2. O BRASIL COMO DESAFIO LITERÁRIO

O Brasil não foi desafio para mim apenas no âmbito familiar e de políticas de cultura, mas também durante anos no âmbito literário. Isso é motivo suficiente para mim e para os leitores de nosso livro de prestar contas sobre a porção brasileira em minha obra literária até então. Tentarei descrever da forma mais exata possível de que modo eu lidei com os estímulos irresistíveis provindos do Brasil e, em particular, de que maneira eu me impus o consequente desafio.

Para a compreensão de minhas considerações seguintes, primeiro vou delinear a história pregressa e o pano de fundo para meu encontro literário com o Brasil. Pois minha atividade como escritor, que começou tarde, surgiu em um tempo em que eu de modo algum tinha me confrontado com minhas raízes brasileiras, o país dos antepassados que eu mal conhecia, em um tempo em que meus temas literários eram totalmente outros.

Antes dos meus 40 anos, provavelmente por motivos psicológicos, mantive-me longe de toda literatura e, por isso, durante todo o tempo de minha carreira acadêmica não li praticamente nenhuma obra escrita por minha própria família. Isso mudou quando um colega médico chamou minha atenção para a biografia de Klaus Mann (*Der Wendepunkt* [O ponto de transição]). Eu a devorei num fôlego só e rapidamente me veio o desejo de prosseguir exatamente de lá onde meu tio tinha parado, ou seja, de estrear também com um tipo de relato da própria vida. O resultado foi meu romance autobiográfico *Professor Parsifal*, publicado em 1985, pela editora de Munique que também fora a de Klaus Mann. O romance descreve, em uma roupagem em parte autobiográfica, em parte ficcional e mitológica, a trajetória de vida de um rapaz da geração de 1968, que procura se libertar da sombra onipotente do avô e dos braços da família e cujos esforços para a autorrealização levam-no da teologia para a psicologia e, finalmente, para a medicina.

Meu romance seguinte, *Der Infant* [O infante], publicado em 1992, carrega em si ocultamente os *leitmotive* autobiográficos. Esses *leitmotive* todos emergem voltados para o puramente fictício, tal como convém ao modelo fundamental do romance clássico e como se pode depreender do resumo do romance. A ação do romance se passa em uma clínica psiquiátrica na Alemanha reunificada. O filho de um "tubarão" da imprensa da Alemanha Ocidental, levado a força para a clínica, tenta combater com sua escrita obsessiva o pai prepotente e seu jornal cínico, além das condições políticas e os métodos questionáveis da psiquiatria. Dado o fato de que sua resistência se mostra cada vez mais inócua e de que seus esforços para uma renovação radical da linguagem falham, ele se evade cada vez mais para uma construção grandiosa, uma analogia histórica: ele mesmo como *Don* Carlos, infante da Espanha; o pai como o rei Filipe; a madrasta, seu amor incestuoso; o marquês de Posa; o grande inquisidor. Todos aparecem lá. O foco narrativo do romance é o do bobo, que, a partir de sua perspicácia satírica, oferece uma visão da realidade, cuja "normalidade" tida como certa é reconhecida como patologia. O mote do romance, escrito já no início, é uma citação de Lessing de sua tragédia *Emilia Galotti*: "Quem não perde o juízo sobre certas coisas não tem nada a perder."

Minha última obra beletrista, publicada apenas dois anos depois, antes de meu trabalho literário relacionado ao Brasil, não é um romance, mas uma parábola. Nele, de autobiográfico, ou melhor, da biografia da família, há o cenário do enredo, mais especificamente o campo de concentração Theresienstadt, na Boêmia, um campo de passagem e de reunião, concebido como modelo de um gueto "idílico", a serviço da "solução final". A cidade também foi o local de morte e de sofrimento de minha tia-avó tcheca e judia Maria Mann-Kanová, a primeira esposa de Heinrich Mann ficou presa durante cinco anos até a libertação do campo e morreu logo depois em consequência dessa experiência. Seu sobrinho Klaus Mann visitou esse lugar imediatamente depois da libertação como correspondente de guerra dos Estados Unidos. Em 9 de maio de 1945, ele mencionou a sua mãe Katia, que estava na Califórnia, em uma carta escrita em inglês: "For it so happened that I visited the sinister place, Theresienstad near Prague, where my deplorable aunt... had to spend the past years. The place has to be described..."

No meu romance-parábola *Terezín. Hitler oferece uma cidade aos judeus*, que cumpre a exigência de meu tio na carta, narra-se a história da encenação de uma peça de teatro escrita naquele gueto que retrata os acontecimentos de lá com pregnância simbólica. A peça trata da resolução da Morte de se demitir de seu ofício, com isso os homens se tornam imortais e são deslocados para um estado de oscilação insuportável entre luz e escuridão. Depois de a peça mostrar explicitamente aos habitantes do gueto sua verdadeira situação, instaura-se uma insurreição. Esta é suprimida, a peça proibida pouco antes de sua estreia, a companhia totalmente liquidada ou deportada.

Décadas mais tarde, o manuscrito da peça é encontrado e, com ele, o último sobrevivente da companhia. Ele tinha o papel da Morte. Ambos tornam possível a reconstrução dos acontecimentos da época, são testemunhas da luta dos atores humanos contra a violação de sua honra ocasionada pelo poder da mentira. A narrativa se move não apenas na transição permanente e recíproca entre a realidade e sua reprodução teatral, por meio de analogias entre o hoje e o amanhã, mas também mostra a onipresença potencial do delito denunciado. A intenção principal dessa parábola multifacetada é despertar a coragem e a vontade para recordar. Essa recordação implica sempre uma confissão da responsabilidade partilhada, tornando-se, com isso, uma recordação preventiva. O relato é baseado em episódios reais, mas ele não aspira à reprodução da realidade histórica.

3. O PRIMEIRO ROMANCE SOBRE O BRASIL: *BRASA* (1999)

Ainda durante a feitura das provas editoriais de *Terezín*, em fevereiro de 1994, eu já me encontrava em minha primeira viagem pelo Brasil. Já naquele momento eu tinha no bolso a concepção pronta de meu próximo romance, *Brasa*. Pouco antes da viagem, uma página tinha sido escrita.

Como surgiu esse livro, que ao mesmo tempo foi prelúdio para um ciclo inteiro de romances subsequentes de outra natureza?

O surgimento da história se deu bem longe do Brasil.[215] No começo dos anos 1990, eu vi o filme premiado de Nikita Michalkow chamado *Urga*. Ele é encenado na Mongólia e na China e mostra os contrastes ao longo de gerações entre uma cultura arcaica nômade e a sociedade industrial, que causava a destruição da natureza. O filme me impulsionou para meu romance seguinte, do mesmo modo com a saga intercultural de uma família em suas várias gerações. Coincidentemente, publicavam-se naquele momento, pela editora Aufbau, as memórias de infância de minha bisavó brasileira Julia da Silva Bruhns Mann, *Da infância de Dodô*, publicadas pela primeira vez em 1958; desta vez, porém, viriam dentro de uma coletânea maior intitulada *Ich spreche so gern mit meinen Kindern* [*Cartas e esboços literários*, pela editora Ars Poetica]. Também quase ao mesmo tempo foi publicado um livro sobre a história de minha família, escrito por uma socióloga da família,[216] e que ressaltou especialmente as raízes brasileiras.

Animado com isso, transferi o cenário de meu romance para o Brasil, o grande país de origem de meus predecessores, até então absolutamente desconhecido e misterioso para mim. Meses mais tarde, depois de minhas primeiras pesquisas ainda muito abrangentes sobre o Brasil, manifestei ao meu amigo suíço e há tempos especialista no país Peter K. Wehrli a minha intenção de ir atrás dos vestígios de minha bisavó, nascida supostamente na floresta, em algum lugar na costa atlântica do sudeste brasileiro. Diante disso, ele ofereceu sua companhia para a viagem. Logo veio a notícia de que um escritor brasileiro, João Silvério Trevisan, preparava seu romance *Ana em Veneza*. Nesse contexto, eu soube que a casa de Julia em Paraty, a Fazenda Boa Vista, situada mais ou menos no meio do caminho entre o Rio de Janeiro e São Paulo, estava intacta e poderia ser visitada. Outra coincidência é que estava para acontecer, por uma editora em São Paulo, o lançamento da tradução das memórias de infância de Julia Mann, ao qual eu queria estar presente como bisneto. Isso e um convite do Instituto Goethe no Rio de Janeiro foram o último sinal de largada para minha viagem e, ao mesmo tempo, para o começo da escrita do meu romance.

Quanto mais eu me aprofundava em minhas pesquisas de maneira diversificada e precisa, especialmente durante minha primeira viagem, e quanto melhor eu conhecia o país, mais ficava claro para mim que a origem brasileira de minha bisavó não fora o único motivo pelo qual eu me dirigi a esse país. Durante meu envolvimento cada vez mais crescente com seu destino, Julia Mann tornou-se para mim cada vez mais um símbolo da cisão entre dois continentes e culturas, da ausência de pátria e busca de identidade, também do cosmopolitismo, o que é característico para a descendência de Julia Mann até hoje. Para mim também ficou claro que Heinrich e Thomas Mann, marcados pela inquietação e instabilidade de sua mãe, puderam, apesar do duro sofrimento, administrar sua emigração da Alemanha nazista para os Estados Unidos de alguma maneira mais facilmente e mais naturalmente do que outros emigrantes ainda mais desenraizados em seu próprio país. Também os filhos dos filhos de Julia e os filhos dos filhos dos filhos puderam conduzir mais facilmente até hoje a existência em uma ampla desvinculação nacional.

Como fato especialmente interessante e peculiar, o que chama cada vez mais minha atenção é que o nosso país ancestral, o Brasil, a partir de sua própria história, é o país mais colorido e multifacetado etnicamente. Nesse sentido, o Brasil mostrou exemplarmente a migração e a mistura globais dos povos de hoje e luta ele mesmo desde os primórdios com o problema da busca de identidade. Isso, e não apenas meu status de bisneto, foi talvez o principal motivo para a repercussão maciça com a qual o público brasileiro e a mídia me receberam já no primeiro dia de minha chegada, em fevereiro de 1994. Aqui se encontraram, ou melhor dizendo, chocaram-se um país e um rebento em busca de identidade, este último provindo de uma família de artistas que migrou entre mundos. Isso acelerou minha rápida e contínua adaptação ao país durante minhas viagens frequentes ao Brasil, meu aprendizado do português, assim como a escrita que eu tencionava para o *Brasa*.

O fato de o livro se chamar *Brasa* decorre de uma das lendas sobre o nome do país, que diz ser provindo do pau-brasil, madeira de uma árvore de cor vermelha como brasa, da costa recém-descoberta, que era cobiçada pelos primeiros colonizadores portugueses. Escolhi o título *Brasa* para meu romance sobre o Brasil em sentido figurado: a brasa do amor, a brasa da luta. Isso se expressa na epígrafe do livro, uma poesia de Vinicius de Moraes chamada "Capoeira". No romance, narra-se a história da família Melo por mais de cinco gerações, na confusão do século XIX até hoje, na Suíça, para onde a família emigrou pouco antes da Primeira Guerra Mundial. Depois que o patriarca Heitor de Melo adquiriu uma fazenda de café e de cana no sudeste do Brasil, ele ainda não tinha se dado conta da importância que a fazenda Prosperidade, localizada na paisagem costeira idilicamente tropical, iria ter para a família. Sua bisneta Berenice Santini, nascida e crescida na Suíça, conhecia o Brasil apenas das narrações de seu avô Pedro José e de seu tio Gilberto. Até que ela se apaixonou por um jovem jornalista brasileiro chamado Ignácio Bandeiras, quando um dia ele fazia uma leitura pública em Zurique a que ela esteve presente. Berenice finalmente procurou perseguir com ele suas próprias raízes no Brasil também geograficamente.

Dado o fato de que eu dediquei o *Brasa* a minha bisavó nascida na floresta de Paraty, poder-se-ia pensar que se trataria novamente de um romance autobiográfico, como o meu primeiro *Professor Parsifal*. Mas esse não é o caso. De toda forma, poder-se-ia falar, se necessário, em "toques autobiográficos", se o romance não fosse biográfico de modo fundamentalmente outro, ou seja, no sentido de uma biografia inventada de uma dinastia — talvez de minha própria dinastia. Para ser mais exato, trata-se de uma biografia irrompida "beletristicamente", na qual ficção e dados reais preciosos se cruzam.

Durante minha primeira visita ao Brasil, um importante jornal notificou em manchete: "Frido Mann narra a saga da família brasileira." Isso é totalmente simplificador. No *Brasa* não há uma congruência de acontecimentos históricos e narração. O romance, pelo contrário, é cheio de deslocamentos dos níveis e dos acontecimentos. Na visão geral sobre a sina de uma família em cinco gerações, seria possível qualificar plasticamente o todo como uma paisagem prenhe de falhas geológicas, nas quais toda a matéria acumulada e processada é sobreposta de 1841 até os anos 1950. Pois, no *Brasa*, eu não retrato apenas as superposições culturais que determinam o Brasil e a interpenetração total da mistura de raças na miscigenação brasileira.

Os deslocamentos e as transferências quase permanentes do material narrativo são também de espécie material e ideal. A isso se acrescenta que, nas periferias dessas falhas, a "camada" Brasil superpõe a "camada" exaurida da Europa como um humo fértil. Em face disso, eu levo o elemento europeu a evadir-se para dentro de seus próprios clichês, para que ele possa no fim sentar-se no lombo do gigante da linha do equador, para poder sobreviver nesse outro país que traz em si o futuro. Por causa de todos esses motivos, a caracterização de "saga da família", que tem como objetivo o processamento de dados e fatos verificáveis, não pode se sustentar. No romance *Brasa*, os fatos isolados são colocados muito mais como parte integrante de uma saga fictícia em contextos totalmente novos.

É claro que emergem no romance fatos evidentemente baseados na realidade: como a mudança da família de uma fazenda para uma outra muito mais exuberante, a Prosperidade, correspondente à Boa Vista da realidade, na periferia da cidadezinha colonial de Portobelo, que facilmente se reconhece como Paraty. Depois, naturalmente, a mudança do viúvo para a Europa com seus filhos. Porém a mudança não é para a

Alemanha, para a cidade de Lübeck, mas para a Suíça, cidade de Zug. Agora estamos em um país que, a partir de outra camada da história (real) da família, mais precisamente da minha origem materna, "cai" para dentro do romance. Quando em um lugar do romance o patriarca ouve falar da ousadia de tornar o Tietê navegável, esse é outro exemplo de procedimento literário. Trata-se novamente de um elemento de "deslocamento de níveis", ou seja, um fato histórico que emerge de um novo contexto.

O João Luis Germano Bruhns histórico, o pai alemão de Julia Mann, chegou de Lübeck ao Brasil em 1839 de fato com a intenção, que prometia sucesso, de tornar o Tietê navegável e assegurar à região em volta de São Paulo um novo caminho para o interior do país gigantesco. Não houve sucesso na empreitada. O plano de Bruhns só se concretizou 150 anos depois, justamente em 1994, durante minha primeira estada no Brasil, como se a atualidade dos acontecimentos participasse do jogo ousado do deslocamento de níveis, por meio do trineto e escritor.

Nesse sentido, era importante para mim alicerçar da melhor maneira possível todo o elemento ficcional no romance e dar a ele uma âncora firme na realidade. A maior parte do tempo em minha primeira viagem ao Brasil dediquei a pesquisas cuidadosas nos seguintes locais: nas vielas, nas praças e nas igrejas de Paraty, Rio de Janeiro, Ouro Preto e Salvador, assim como no labirinto de águas do Pantanal. Reconstruí o que restou do alambique do meu trisavô teuto-brasileiro; visitei em Campinas uma plantação de café e o processo de torrefação em uma tina clássica de cobre e, pela primeira vez na minha vida, permiti-me, no Pantanal, montar nas costas de um cavalo e, com o quadrúpede teimoso, trotar por sobre o pântano cercado de crocodilos, para, com a própria experiência, ao menos ter a noção das aventuras de montaria, descritas por mim, do patriarca Heitor de Melo. Cada cenário no romance deveria ser o mais vinculativo possível, os detalhes teriam de ser afinados antes que cada elemento ficcional fosse *encaixado* nos respectivos cenários. Exemplo disso são os comentários de Pedro José de Melo e de sua mãe durante uma pausa da apresentação de uma ópera, no Teatro Municipal do Rio de Janeiro, que correspondem quase literalmente a uma crítica de jornal encontrada no arquivo sobre a encenação de *Carmen* em 6 de setembro de 1913. Pequena parte de uma das pesquisas fiz nesse mesmo teatro, construído em estilo barroco. Registrei os detalhes arquitetônicos. Observei com bastante acuidade as escadarias pomposas da construção de cima a baixo, até que ficasse comprovado que o pequeno Gilberto Balthasar poderia escorregar ali, no vestíbulo do térreo, para espanto dos frequentadores da ópera.

De maneira geral, isso significa que o enredo ficcional pode representar-se em cenas reais e, de maneira inversa, o cenário fictício representar um enredo fudamentado, "real". Um de ambos os elementos deve permanecer apreensível. O ofuscamento mútuo dos níveis facilita ao leitor a concretização dos "esclarecimentos culturais duplos": um país, outrora ocupado por nativos indígenas, para o qual os colonizadores europeus haviam importado escravos africanos e que foi formado por imigrantes de quatro continentes pode e deve reconhecer-se na influência mútua de identidades etnicamente determinadas. Nessa situação, pode-se compreender que a atenção dos anfitriões brasileiros recai tanto mais sobre um europeu que veio para o Brasil, para suas próprias raízes familiares, para sua busca de identidade.

Brasa não é uma montagem paralela entre história familiar real e romance ficcional, é um disfarce do apreensível. A história deve conservar sua ligação com o literário, mas não a partir de uma fidelidade dos fatos que se deseja para si e que deve satisfazer a curiosidade. Se o romance é entendido como montagem paralela, então isso só é possível por causa do seu cruzamento permanente de experiências das personagens brasileiras na Europa e de experiências dos europeus no Brasil. Se, sobretudo, minha primeira viagem ao Brasil é entendida pelos brasileiros como "busca da identidade" entre culturas, então provavelmente também é porque, no romance — na invenção deste "mundo no entremeio" —, busca de identidade e autodescobrimento encaixam-se na multiplicidade de seus povos e no amálgama de suas culturas. O Brasil é um princípio (o princípio!), um modelo para isso. Também nesse sentido cabe ler o *Brasa* como resposta a esse desafio.

Com isso se desmente energicamente a caracterização errônea de *Brasa* como "*Os Buddenbrooks* brasileiro". Embora a "pessoa principal" do romance, Julia da Silva Bruhns Mann, esteja presente nele apenas como "princípio" recorrente, pois não é retratada como tal em nenhum lugar, eventualmente dispõem-se aqui e ali membros isolados dos Mann, que se assemelham à família suíço-brasileira do romance. Com isso, embora se encontrem na maior parte nos diferentes cenários, eles são transferidos, sobretudo, para dentro do Brasil e em épocas históricas nos quais eles na realidade nunca estiveram. Também suas relações de parentesco de modo algum correspondem à árvore genealógica dos Mann. Por causa disso, essas pessoas nunca podem aparecer na narrativa como personalidade completa, apenas são atribuídas às personagens do romance determinadas características que se ajustam a feições externas isoladas que vêm daquelas. Assim, o dandismo do irmão de Heitor de Melo, Filipe, que "põe em perigo" o universo feminino no Teatro Municipal do Rio de Janeiro, juntamente com algumas características fisionômicas, pode lembrar Heinrich Mann; a amazona e ousada Leonora Augusta, a irmã de ambos, lembra Erika Mann e o destino da mimosa Maria Antônia, pretensiosa e inábil para a vida, lembra Monika Mann. As feições representadas em *Brasa* do tio brasileiro de Berenice, Balthasar Johanes, e especialmente as artimanhas na Suíça das pessoas de seu círculo apontam mais claramente para Golo Mann e determinados acontecimentos e pessoas em volta dele.

No entanto, meus parentes não são modelos exatos para suas cópias no romance. A isso se acrescenta que o foco narrativo, que salta entre os tempos e entre os cenários, é totalmente outro com relação ao do "narrador onisciente" do romance *Os Buddenbrooks* que incessantemente volta-se para trás cronologicamente. À mudança de foco alia-se a intenção de representar o todo sob a perspectiva de cada sujeito, que por sua vez se compõe muito diferentemente. Algo como em um estilo de "cubismo literário", que se forma a partir de pedaços heterogêneos da narrativa que são unidos a uma totalidade de modo a não se encaixar. Apesar de toda a semelhança com a família Mann, *Brasa* continua não sendo uma narração de seu destino, mas uma história de família inventada livremente, que contém uma mensagem intercultural geral a partir do modelo multicultural dos Mann. O romance também termina de maneira correspondente com uma visão prenhe de símbolos e que também se vincula ao nosso projeto Casa Mann de estabelecimento de um centro cultural e de encontro. Essa inferência a partir do romance é elucidada com o excerto a seguir:

No lado oposto da baía, estendia-se mar adentro a península legendária que pertencera aos avós de Berenice. Ainda no começo desse século [XX], ela era um local com plantação de café e açúcar. Agora ela tinha sido reflorestada, mas a nova floresta parecia relativamente rala e, mesmo assim, parecia esconder as casinhas de fim de semana e de férias, que, segundo a explicação de Ignácio, havia aos montes por lá. Via-se apenas uma casa bem no começo da península, próximo à escola de navegação, como um pequeno bloco. A Fazenda Prosperidade.

Eles embarcaram em uma pequena lancha, que ele tinha alugado de um arrais e que eles deveriam trazer de volta para a baía.

No caminho, Berenice lançava um olhar sobre o mar aberto e as ilhas no entremeio. Era um panorama onírico, quase como um cenário de palco.

Enquanto o barco, com seu motor rumorejante, navegava pela baía, os olhares de Berenice se concentravam cada vez mais na fazenda, que a cada segundo parecia mover-se para mais perto. No caminho de ambos para o porto, o sol estava já entrecortado pela cobertura pesada de nuvens e ardia, apesar do vento que vinha forte da direção contrária. Havia cheiro de gasolina e algas. A todo momento gotas salgadas umedeciam o rosto. Berenice estava imensamente feliz pela proximidade de Ignácio, em quem ela se agarrava no assento traseiro do barco, enquanto ela espreitava a península e a fazenda por sobre a proa.

Tudo se movia tão rapidamente que Berenice tinha a impressão cada vez mais crescente de que, com a percepção do que se oferecia a seu olhar, ela procurava acompanhar a realidade tropegamente ou a realidade atrás de sua percepção. Ela não sabia o que era. De qualquer modo, quanto maior se tornava a casa, mais lhe parecia que sua forma, e também algo mais além disso, não condizia com a foto. O cume da casa parecia a ela cada vez mais fechado, mais alto e pontiagudo. Na varanda em volta da casa algo havia mudado e as entradas conduziam para um porão.

Agora eles tinham chegado tão próximos da margem coberta com palmeiras e outras árvores e moitas que o piloto diminuiu a rotação do motor e foi diminuindo consideravelmente sua velocidade. Com isso tudo foi ficando pior, pois, por causa da diminuição, o que Berenice via de modo cada vez mais evidente e nítido foi ficando mais coercivo. Agora não só o cume da casa se evidenciou inequívoco e pontiagudo, como também o chalé da mãe de Berenice no vale entre a passagem de uma montanha a outra e o lago de Zug, ou como o de seu tio Gilberto em Gstaad. Também o aspecto incomum da varanda de madeira com relação à foto tornou-se evidente. A balaustrada estava preenchida com vasos de gerânio com flores vermelhas luminosas.

A maior surpresa para Berenice foi o que se lhe apresentava diante das entradas do porão lá embaixo. Ela não queria acreditar. Isso antes que eles de fato tivessem chegado à margem, onde ela poderia convencer-se a partir da proximidade imediata.

Nesse ínterim o motor foi desligado. Eles boiavam calmamente sobre a água lisa e marrom como óleo até chegar à margem. A prainha ficava mais perto da casa do que parecia nas narrações do avô. Também não se via um pátio de pedra.

Embaixo, na frente das portas de madeira pintadas de amarelo, que davam para o porão, haviam sido colocadas mesas de aparência rústica. Diante delas havia convidados. Negras e mulatas, com aventais padronizados em seu uniforme preto com bordado e debrum, meias brancas até o joelho, blusa com babados, corriam com bules enormes e adornados e serviam aos hóspedes café com leite em xícaras de cerâmica bojudas. Do interior da casa se ouviam sons de trompa alpina.

Enquanto eles atracavam, Berenice olhava sem compreender ora essa cena macabra, ora o rosto de Ignácio. Mas Ignácio sorria para Berenice simpática e calmamente, assim como o fez durante toda a travessia.

Será que ele queria esconder o seu espanto e, como no primeiro momento do choque, manter a sua postura firmemente? Ou ele já conhecia a casa nesta situação, ao menos em parte, porque as transformações durante a sua última visita já se iniciavam e suas dimensões de agora já eram previsíveis para ele? Ela deveria ter pensado nas insinuações de Ignácio de alguns dias antes, e no emaranhado de espelhos da Confeitaria Colombo no Rio de Janeiro, sobre eventuais planos de reforma da casa pelos proprietários. De qualquer modo, ele mantinha seu sorriso simpático e calmo. Ela o deixou ali e também não comentou sobre sua descoberta terrível, porque ela não queria se arriscar à perturbação e à confusão.

Embora Berenice não soubesse interpretar o sorriso de Ignácio, o sorriso se mantinha. Era o sorriso bom e confiável, que dava a impressão de que ele estava lá, que ele podia apanhar e agarrar Berenice, que até então, em sua instabilidade desesperada, flutuava como um beija-flor sobre a água e o chão firme. E isso era o mais importante, o essencial, para o qual ainda era válido se mostrar e se revelar digno a ele ao longo do tempo. (*Brasa*, p. 392-395)

4. O ROMANCE *HEXENKINDER* [FILHOS DE FEITICEIRAS] (2000)

No meu romance *Hexenkinder*, que saiu apenas um ano depois de *Brasa*, intensificou-se a temática do exílio ou da ausência de pátria, que se iniciou em *Brasa*. Aqui não se trata mais de uma mudança de um continente para outro, caracterizada pela esperança e pela disposição voluntária para partida, mas de fato de uma perda imposta, múltipla e dolorosa da pátria e da identidade sofrida pelas pessoas por meio da discriminação, perseguição, procrastinação ou fuga. No romance, entrelaçam-se dois, afinal até mesmo três destinos de diferentes épocas da história, sendo que o destino da personagem histórica é narrado do ponto de vista da protagonista da ação passada no presente. Judith Herbst, filha de emigrantes judeus, nascida nos Estados Unidos, vive agora entre Canadá e Europa como intérprete e tradutora. Sob o estímulo de uma apresentação de *As bruxas de Salem*, de Arthur Miller, ela vai atrás dos acontecimentos históricos subjacentes à peça de teatro que foi escrita com a ajuda de estudos feitos em atas de tribunais. Ela se ocupa intensivamente em especial das histórias verídicas de sofrimento da personagem principal da peça, a menina indígena Tituba, que, no fim do século XVII, foi raptada da América do Sul por caçadores de humanos para ser escrava, levada até o Caribe e de lá para uma igreja puritana na região de Boston/Massachusetts, onde foi acusada de bruxa e feita de bode expiatório de acontecimentos assombrosos.

Com isso, inicia-se um dos dramas mais terríveis e vergonhosos da história americana: o processo das bruxas de Salem. Quando Judith Herbst dá à luz uma menina durante um voo transatlântico, ela passa a manifestar certas extravagâncias. Judith começa a ser tomada pelo medo crescente de que sua filha pudesse ser o renascimento dessas bruxas. Quanto mais intensivamente ela se dedica à história das bruxas de Salem, mais se tornam claros para ela os paralelos de seu próprio passado, da história de seus pais, judeus que tiveram de fugir da Alemanha nazista e encontraram abrigo primeiro no Brasil. Imediatamente depois de sua chegada a São Paulo, eles encalharam primeiro em uma cidadezinha chamada Portobelo, de *Brasa*, e depois travaram contato em Petrópolis com o escritor Stefan Zweig, que do mesmo modo vivia em exílio. Essa é a terceira personagem do romance. O casal Rachel e Jonathan Herbst é testemunha indireta do suicídio de Zweig. Profundamente abalados com isso, eles se mudam para a Califórnia, onde se estabelecem e onde também nasce Judith.

Dois acontecimentos diferentes me inspiraram para o enredo e para a escolha das personagens e dos cenários desse romance. O primeiro aconteceu em Viena, quando eu preparava lá junto com George Tabori, na metade dos anos 1990, uma versão teatral para meu romance-parábola *Terezín*. Uma noite, graças a um ingresso grátis, vi por acaso uma encenação brilhante de *As bruxas de Salem*, de Arthur Miller, que me impressionou profundamente. Esse acontecimento lançou em mim imediatamente um processo intensivo de criação. O resultado foi uma primeira estrutura básica para o meu *Hexenkinder*. A segunda etapa se deu quando ouvi um programa de rádio, gravado por um amigo em fita cassete, sobre o aniversário de cinquenta anos de morte de Stefan Zweig. Testemunhas brasileiras ainda vivas de Petrópolis apresentaram suas lembranças extremamente vivazes e plásticas do escritor: o bibliotecário da biblioteca pública que Zweig frequentava; o farmacêutico que vendia medicamentos a ele, talvez até mesmo o veneno que o matou; o seu barbeiro; o dono do bar que ficava em frente a sua casa e seu editor Abrahão Koogan, do Rio de Janeiro. Essas impressões me impeliram para a concepção de Stefan Zweig como terceira personagem simbólica do sofrimento e do exílio. Os dados biográficos relacionados ao programa de rádio completaram e refinaram a concepção geral do romance, reforçando a legitimação da protagonista Judith Herbst como personagem-narradora paralela a Tituba, acusada de bruxa.

Diferentemente de *Brasa*, as pessoas da narrativa contemporânea de *Hexenkinder* são, com pouquíssimas exceções, totalmente inventadas. Isso vale para a Judith Herbst adulta, seus pais, seus ex-maridos e todas as demais pessoas relacionadas. Isso vale também para praticamente todos os cenários na Europa, nos Estados Unidos e no Canadá. Apenas na descrição breve do pano de fundo da infância de Judith na Califórnia emergem pinceladas de lugares do Mill Valley, situado nas proximidades da ponte Golden Gate, de minha própria infância. Eu mesmo apareço ali brevemente como vizinho e amigo de 8 anos da pequena Judith. Essa pequena Judith, se tenho permissão para revelar aqui um segredo íntimo de infância, é ela mesma uma reprodução de minha amiga do coração Joannie, da mesma idade e de longa data, que vivia na vizinhança. Até mesmo a cena triste de despedida entre ela e o pequeno Lionel é exatamente a da minha separação dessa Joannie, na ocasião de minha mudança para a Europa quando eu tinha 8 anos. Depois disso nunca mais nos vimos. Às vezes penso, e espero ainda hoje, que um dia, por algum milagre ou pela leitura de Joannie em uma tradução em inglês de meu *Hexenkinder*, possamos nos reencontrar como dois grisalhos. Uma outra conexão com um acontecimento familiar e biográfico, da qual aliás mais tarde me dei conta, reconhece-se no início dramático do romance: na descrição do nascimento da filha de Judith no avião, que pode ser lido como uma variante moderna do nascimento de minha bisavó na floresta.

Por trás da escolha de Portobelo, ou Paraty, e da Fazenda Prosperidade como um dos cenários no romance, que na maior parte se passa nos Estados Unidos e no Canadá, está também a combinação de todos os três romances desse ciclo intercultural de narração por meio da referência ao lugar tão significativo para a biografia de minha bisavó brasileira. Mas esse lugar emerge nos três romances em épocas totalmente diferentes. Sobre o terceiro falarei no próximo subcapítulo. Em *Brasa*, a cidadezinha colonial de Portobelo, situada entre o Rio de Janeiro e Santos, é apresentada como domínio da família de Melo no seu período áureo do século XIX e nos primeiros sinais de decadência na virada do século. Esse declínio ocasionou a emigração da família de fazendeiros e comerciantes para a Suíça. Em *Hexenkinder*, por outro lado, encontramos a cidadezinha no começo da Segunda Guerra Mundial em estado desesperador de decadência, no qual de fato se encontrava Paraty pouco antes de sua redescoberta e restauração subsequente até tornar-se colônia de artistas e cidade de turismo, na metade do século XX. Esse estado de decadência do outrora Eldorado do ouro e do café dos de Melo combina perfeitamente com o estado de alma dos fugitivos de guerra Jonathan e Rachel Herbst, que, graças a uma organização judaica de ajuda em São Paulo, encontram um primeiro refúgio exatamente no casarão decadente que outrora pertencia aos de Melo. O idílio da baía tropical, em contraste com a decadência, a perda da pátria e o medo da guerra, é sentido pelo casal de fugitivos Herbst de maneira correspondentemente sinistra e assombrosamente mórbida.

A narrativa paralela, contemporânea e concebida como parábola à caça das bruxas de Salem, mais especificamente a história comovente de Judith Herbst, baseia-se quase que exclusivamente na ficção. Por outro lado, na narração paralela da história de sofrimento da escrava Tituba, de sua deportação até sua acusação de feitiçaria juntamente com outras vítimas, em parte terrivelmente executadas, no povoado de Salem, próximo a Boston, em 1692, dou maior valor a uma reconstrução histórica, a mais exata possível, com a ajuda de uma abundância de documentos, atas de tribunais e livros de história. Para Arthur Miller, durante suas pesquisas para o seu *As bruxas de Salem* no começo dos anos 1950, esses textos ou ainda não eram acessíveis, ou o eram em parte, ou de acesso muito difícil. Em sua peça, na qual os acontecimentos reais são reproduzidos livremente, trata-se muito menos de uma representação histórica do que de uma parábola para o período do macartismo em seu país durante o começo dos anos 1950.

Hoje, é possível voltar a ler o decurso desse drama tão detalhadamente e sem lacunas que não é mais difícil projetar-se psicologicamente, para além dos fatos externos, nas vivências tanto das vítimas quanto do inquisidor, que cai cada vez mais profundamente no apelo do delito, e criar um retrato geral com ampla pretensão de verdade. Diante disso, parece-me que o mais importante é a tentativa de compreender, se possível, todas as facetas da história trágica e extremamente agitada da garota arrancada de sua natureza idílica e da sua tribo tetebetana (daí o nome Tituba) de indígenas aruaques sul-americanos, entre a Guiana e a Venezuela, história essa de sua deportação e escravização até a experiência traumática na prisão de bruxas.

Diante de minha origem por parte de Julia Mann, que foi levada à força da América do Sul com 7 anos para Lübeck e lá casada sob um certo aspecto à força, com certeza não é por acaso que eu tenha escolhido essa história verdadeira que havia muito ficara para trás, na qual uma garota nativa da América do Sul, quase que exatamente na mesma idade da pequena Julia da Silva Bruhns, deve ter se sentido desenraizada e perdida em um lugar percebido como duplamente frio e desumano, no hemisfério norte, e sem esperanças. Pode ser que seja uma coincidência, ou não, que minha própria mudança involuntária dos Estados Unidos para a Europa com 8 anos tenha acontecido quase que exatamente na idade da emigração de Julia. Com isso, fica mais uma vez evidente como a cisão étnica e cultural de toda a vida de Julia marcou o caráter cosmopolita e de exílio que percorreu todas as gerações da família Mann até hoje. Se o *Brasa* persegue até certo ponto um modelo apolítico e da biografia *familiar*, no *Hexenkinder* predomina, nesse sentido, um momento *etno*biográfico.

Cabe encontrar já no *Hexenkinder* um primeiro grande passo no desenvolvimento depois do *Brasa*. Trata-se do debate, reproduzido sobretudo em conversas, sobre questões filosóficas e teológicas, que são de qualquer modo apreensíveis na temática fundamental do livro. Com a ajuda de uma total imersão filosófica e teológica na questão sobre os motivos para uma exclusão e perseguição de minorias, ocorre quase ao fim do romance de Judith Herbst superar seu medo inicial de um enfeitiçamento de sua própria filha e converter seu *delírio* referente a uma migração de almas para a *compreensão* referente a uma afinidade de almas. A lenda da Idade Média do Fausto, do pacto entre o demônio e aquele que tem sede de poder e magia irrestritos, vem para lhe ajudar a esclarecer. Ela acredita, afinal, ver como razão da discriminação e perseguição dos diferentes menos a inveja da massa que seu medo de que aquele que vê a si mesmo como eleito tenha de fato adquirido suas capacidades excepcionais por meio de um pacto com o demônio no sentido do mal e, com isso, em detrimento de todos os demais. Essas ideias culminam na conclusão bastante hipotética de que a discriminação pela maioria dos seres humanos, que repousa como uma maldição sobre os diferentes, é um tributo a pagar para o demônio já durante a vida em prol das capacidades adquiridas no pacto e praticadas com abuso.

Para exemplificar tudo isso, gostaria de apresentar aqui um episódio curto que se passa no Brasil relacionado a uma outra personagem. Depois da indígena Tituba e da filha de emigrantes Judith Herbst, trata-se da terceira personagem apátrida, um fugitivo que se tornou um *outsider* não apenas por meio de sua origem racial, mas também por meio de sua atividade de artista: Stefan Zweig.

Durante uma grande recepção promovida pelo prefeito da cidade, para a qual Dr. Ulisses levou junto o casal Herbst, Jonathan, para sua grande alegria, conheceu Stefan Zweig. Ele ficou fascinado pelo charme, pela nobreza e pela timidez cativante do grande escritor e, para ele, foi uma experiência especial poder conversar pessoalmente com Zweig, mesmo que o tempo tenha sido curto demais para isso. Depois, havia sempre ocasião para encontros esporádicos em passeios, em um ou outro café ou restaurante da cidade, ou também no barbeiro, onde costumavam trocar algumas gentilezas.

Jonathan via o escritor com mais frequência na biblioteca. Lá, no entanto, quase não se falava, pois Zweig ficava principalmente sentado, mergulhado nos livros a uma mesa nas salas de leitura, ou diante de uma escada, para pegar livros das estantes, os quais ele folheava cuidadosamente. Em geral ele ia à biblioteca à tarde. Seu caminho sempre o levava à rua onde o casal Herbst morava e onde Jonathan também trabalhava. Zweig passava pela rua geralmente imerso em seus pensamentos, o que frequentemente se estendia à expressão facial sorumbática, já que ele se sentia inobservado na anonimidade da rua. Essa expressão pouco combinava com o cuidado acentuado pela vestimenta. Se alguém o encontrava na biblioteca, era como se ele se transformasse, e portava-se diante dos funcionários sem o menor indício de sorumbatismo, sempre gentil, elegante e querido.

Uma vez Jonathan presenciou na biblioteca uma conversa longa entre Zweig e o jovem e sempre atento bibliotecário José, por quem o escritor parecia ter uma afeição especial. Dessa vez a mulher de Zweig, Lotte, estava junto. Para não incomodar os leitores, Stefan Zweig e José haviam se deslocado para próximo dali, para a ampla fronte da janela. Eles também pareciam ter arriscado nessa conversa, porque a sala naquele dia estava quase vazia. Enquanto eles ora conversavam, ora sussurravam em francês, Lotte estava sentada a uma mesa próxima. Um tanto curvada, com seu vestido preto, os braços apoiados sobre a mesa e sem um livro diante de si, ela seguia com dedicação e com uma expressão contraída e dolorosa os movimentos labiais de seu marido. Também Jonathan, embora sentado mais distante, tentava compreender mais ou menos o que era falado na janela.

"Sua biblioteca está de longe em um nível superior da cidade", Jonathan ouviu dizer o escritor, com sua forma nasal e vienense de falar. Zweig sublinhava seu elogio com um sorriso extremamente amável.

Então, ele explicava a José como ele se alegrava com essa biblioteca, pois ele teve de deixar na Europa quase todos seus livros e manuscritos, além de todo o material recolhido sobre Balzac e Montaigne, sobre os quais ele desejava escrever algo extenso, ainda que, em vez de "teve de deixar", ele tenha dito "tinha perdido". Em seguida, ele lhe contou que, antes de sua mudança em setembro do Rio para Petrópolis, ele tinha adquirido, num sebo alemão no Rio, na Rua Sete de Setembro, uma edição barata de Goethe, uma coletânea de peças de teatro de Shakespeare em inglês e...

"O senhor joga xadrez?", ele perguntou meio frouxamente, quase que no meio da frase, com um olhar suave, como que perdido, no qual se mesclou uma feição de forte tristeza quando da resposta negativa do jovem bibliotecário, e as marcas de expressão de sua testa emergiram de modo especialmente pungente.

Em seguida, Zweig insinuou que ele o jogava muitas vezes em casa com um imigrante da Alemanha. Além disso, ele teria comprado um livro sobre xadrez "para a solidão", como ele mesmo se expressou, a partir do qual ele repetia diariamente as partidas do grande mestre.

Logo em seguida, ele desistiu novamente do tema xadrez e pareceu refletir. Depois que ele tinha lançado um olhar interrogador para sua mulher, que permanecia imóvel e fixada em seus lábios, Zweig prosseguiu com seus relatos e suas manifestações cada vez mais pessoais. Ele ficaria muito satisfeito se lhe fosse possível encontrar consolo nesse oásis brasileiro, com sua paisagem idílica e sua gente bela, querida e espontânea; esquecer a Europa, o ódio, a perseguição e o desdém que havia lá; e como ele tinha muita esperança de sublimar as muitas perdas e o sofrimento que a Europa lhe infligira. No entanto, isso não seria fácil em vista dos desenvolvimentos catastróficos no cenário de guerra europeu que se desenrolavam para o período do inverno. Inverno, ele disse, não verão, embora na porção sul do globo, onde ele se encontrava naquele momento e no mês de outubro, o verão logo começaria. Também sua avaliação totalmente negativa das condições na Europa estava em contradição com as mais confiantes de Jonathan e Rachel Herbst. Era evidente que um pessimismo profundo dominava a alma ferida do escritor. Justamente em consideração à grande reverência pelo escritor, era difícil para Jonathan Herbst não se deixar envolver com ele no precipício da desesperança, pois a esperança era a condição mais importante para sobreviver ao exílio. Em seguida, Zweig começou a falar sobre seu isolamento. Ele estava feliz por poder viver sem problemas financeiros naquele país da abundância e dos custos extremamente modestos e se concentrar totalmente em sua atividade de escritor.

"Mas de que serve tudo isso se minha produtividade está ameaçada a ser extinta?", ele perguntou. "Sem abastecimento suficiente para o estímulo e para material, como um ser sufocado sem oxigênio por falta de luz?" José sacudia a cabeça energicamente, como se ele quisesse dissuadi-lo disso. Então, seguiu-se a explicação. Como se Zweig se esquecesse por um momento quem ele tinha diante de si, como se, em seu desespero, ele vertesse seu interior para fora, sem censura, para lá onde se supunha nada mais do que a fachada de seu vínculo amável, ele pensou, não havia de fato nesta biblioteca algo de essencial e sem seus livros perdidos na Europa e sem sua biblioteca em Nova York deixada para trás havia pouco, ali ele se sentia amputado de tudo. Por um momento, aquele ser humano normalmente tão amável parecia ter perdido a compostura. Ele ficou totalmente irritado, espantado com a perda momentânea de controle de si mesmo. Também a expressão facial de José, ainda que apenas durante uns segundos, já não apresentava nenhuma emoção ou sentimento. A conversa, pelo menos aquela, estava encerrada.

"Vamos, Lotte", disse Zweig, dirigindo-se a sua mulher, cuja expressão facial fora se tornando cada vez mais amarga ao longo da conversa, com um olhar que, embora se dirigisse ao seu marido, parecia voltar-se cada vez mais para dentro. "Vamos, Lotte", o que parecia soar um pouco como "Lotte, vamos Lotte…" "O senhor me desculpe", gaguejou Zweig, perturbado. Assim, ele sorriu, distraído e distante, e então, sem se despedir de José, alcançou as portas de entrada, com Lotte, que nesse ínterim se levantara e já tinha se colocado ao lado do marido.

Aos domingos ou feriados, Jonathan Herbst ia com frequência à bodega Carvalho, no outro extremo da cidade, para tomar um café ou um copo de cachaça. Às vezes encontrava lá o casal Zweig, que também morava em uma casa alugada na Rua Gonçalves Dias, 34, do outro lado da ponte e de frente para os Herbst. Às vezes, Jonathan via da mesa e pela janela do bar o escritor sentado na varanda coberta da casinha construída no alto ou como ele observava as plantas no jardim dispostas para a rua, via-o envolver-se com elas ou sozinho, ou com Lotte, ou com o jardineiro. Às vezes, Zweig descia junto com seu cachorro a escada íngreme, equipada com um corrimão e coberta de plantas viçosas, em direção ào portão do jardim, ou voltava de seu passeio, passava pelo portão e novamente subia as escadas. Ele ficava mais relaxado e feliz lá em cima, na região mais rural, com seus burros que pastavam, e na rua com crianças brincando, caso isso não fosse apenas a expressão de uma fachada que ele tomava por incorporação habitual. Quando durante breves encontros Jonathan perguntava como estava Zweig, ele recebia quase sempre a mesma resposta simpática e positiva que ele dava sem maior compromisso. Apenas quando Zweig parecia tão mal e infeliz, que não pudesse escondê-lo de ninguém, ele respondia com um sorriso imperturbável: "Obrigado por perguntar. Estou indo."

Jonathan era orgulhoso da popularidade de Stefan Zweig entre as pessoas ao seu redor.

"É, ele é um tipo distinto, esse escritor", pensava o dono da bodega, Lourenço, com quem Jonathan ocasionalmente conversava. "Toda manhã ela dá sua volta com o cachorro. Ele conversa muito pouco com as pessoas, diz 'Bom dia' e continua andando, em geral pela rua abaixo até o barbeiro, onde faz a barba, ou até a farmácia, ou até a cidade. Ele é sempre simpático com os outros, tanto com os pobres quanto com a gente. Antonio, o jardineiro, e sua mulher

Duke, a empregada deles, sempre falam empolgados sobre ele, sobre sua simpatia e bondade. E..."

Lourenço interrompeu a conversa brevemente, sorriu e, do balcão, fixou o olhar mais longamente através da janela para a casa do escritor, como se acreditasse de repente ter descoberto o próprio. Logo desistiu da ideia, porque Zweig aparentemente não estava lá.

"E uma vez por mês, isso eu sei do Graciliano, o barbeiro, quando é dia de pagamento, ele viaja para o Rio para levar o pagamento do aluguel pessoalmente para a dona da casa, uma inglesa ou americana, junto com uma caixa de pralinas... Ela tira dele vinte contos do aluguel, disse o Graciliano, parece que o contrato vence em abril..."

No caminho de casa, rua abaixo para o centro da cidade, Jonathan foi até a farmácia, que ficava pouco mais para baixo do barbeiro, onde ele queria comprar uns analgésicos para o Dr. Ulisses. A porta de correr, abaixo da placa com a inscrição "Farmácia", estava já meio fechada, um sinal para que os clientes se apressassem. Ele gostava muito da atmosfera dessa farmácia: a grande vitrine com vidros e ampolas e sobre a estante os potes, nos quais o farmacêutico Ribeiro costumava transformar, com a ajuda de um pilão, ervas medicinais e óleos de éter em pomadas curativas. Ao mesmo tempo, ele sabia do Dr. Ulisses, que era amigo do farmacêutico, que Stefan Zweig comprava ali seus remédios. Ao menos uma vez por semana ele costumava reabastecer-se de sumos, xaropes e pozinhos contra tosses, gripe e dor de cabeça. Ulisses afirmava saber de algum lugar onde o cliente, sempre simpático, mas taciturno, pedia regularmente aspirina, o que aqui no país era raro, assim como era rara a possibilidade de esse desejo ser satisfeito.

Jonathan e Rachel Herbst estavam de comum acordo que o Brasil era um país muito bonito. A existência no exílio é tanto mais triste e difícil, às vezes até perigosa, quando a tristeza de outras pessoas, que têm de viver ali involuntariamente, é contagiosa. (*Hexenkinder*, p. 173-179)

5. O ROMANCE *NACHTHORN* [COR DE NUIT] (2002)

Diferentemente do caráter parcial e indireto de biografia *familiar* do romance *Brasa*, bem como do de *Hexenkinder*, num certo sentido *etno-*

biográfico, o terceiro romance, *Nachthorn*, com certeza tem uma direção mais indiretamente *auto*biográfica. Mas novamente o romance está longe de ser uma cópia autêntica, que se dá apenas de trechos de minha história de vida e de minha migração entre os mundos. O protagonista Fernando d'Amora é um organista, pianista e compositor que trabalha na cidade de Belém do Pará e descende de índios e brasileiros por parte de pai e, por parte de mãe, de tchecos, da Bohemia. Ele segue os passos da música clássica alemã, que durante toda sua vida ele mais amou, e consegue um emprego como regente de coral em um teatro de óperas da Alemanha Oriental. No entanto, Fernando sofre um choque cultural na Alemanha, que o impele a voltar para o Brasil. Dado o fato, porém, de que ele, nesse ínterim, não pode mais se acostumar à sua pátria, ele prossegue oscilando entre os continentes. Apenas em seu último retorno a suas raízes, na Amazônia brasileira, ele consegue sair de sua crise existencial e finalmente alcançar a tranquilidade.

Ainda durante sua colaboração em um ensaio do oratório de Haydn *A criação*, nas ruínas da catedral da outrora metrópole de Königsberg, da Prússia Oriental, atualmente Calingrado, ficou clara para Fernando a discrepância entre o divino tematizado no oratório de Haydn e o que os seres humanos fizeram com isso. Por causa disso, começa a retrabalhar a obra de Haydn. Uma fonte de energia para ele não é apenas o som do órgão que herdou do espólio europeu materno, simbolizado especialmente por seu pedal misterioso *cor de nuit*, mas também a cantoria mágica de um lendário pássaro da floresta que ele conhecia de sua infância, o amazônico uirapuru. Para Fernando, a música é inseparavelmente ligada à espiritualidade, filosofia, teologia e ética. O que no desfecho de *Hexenkinder* se irrompeu brevemente com reflexões teológicas, em *Nachthorn* prossegue-se com aprofundametno e minúcia.

No centro de uma longa disputa entre professores e alunos em uma escola de música em Munique, na qual Fernando leciona temporariamente, está uma discussão intensa sobre a crise atual da globalização, incluindo seus laivos de esperança, chances, riscos, perigos e ameaças, a partir da qual se procura buscar uma saída ao longo da conversa. Era consenso que as chances de sobrevivência da humanidade não podiam residir nas grandes religiões mundiais, já que elas fazem disputas acirradas uma contra as outras. Embora de maneira ainda muito defensiva e cética, isso ressoa à concepção defendida pelo teólogo Hans Küng sobre a "ética mundial" e a conversa termina com a observação de que, mais do que nas religiões, a fórmula para uma espiritualidade global ainda possível de ser salva poderia residir na música, mas, ainda assim, na música espiritual.

Comparado aos volumes anteriores da trilogia, em *Nachthorn* o Brasil e a Europa são menos objeto de caracterizações históricas e culturais do que cenário de duas formas regionalmente muito distintas de uma globalização única juntamente com sua problemática geral explosiva. Do mesmo modo, ambos os continentes contribuem diferentemente tanto para uma crise da globalização quanto para uma possível solução. Nesse sentido, há também em *Nachthorn* um pequeno debate sobre a cidadezinha de Portobelo, embora dessa vez trate-se da Portobelo turística de hoje. Apesar disso, como cenário principal brasileiro em *Nachthorn*, apresenta-se um local totalmente novo, a cidade de Belém, no norte equatorial, próximo ao Amazonas, onde a parcela da população indígena é a que de longe tem mais presença no Brasil.

O motivo para a escolha dessa região brasileira com a menor presença europeia reside, ao menos em parte, novamente na motivação da biografia de Julia Mann, cuja origem em parte indígena pertence a uma tradição totalmente silenciada de minha família. É como se eu, depois de ter concebido a cidade natal de Julia, Paraty, como cenário para meus primeiros romances, tenha me imposto o desafio de, em seguida, embrenhar-me literariamente na região amazônica, um espaço para mim ainda não familiar, por um lado, mas, por outro, também ligado a mim indiretamente pelo meu próprio sangue, para destacar de modo ainda mais evidente a porção não europeia de minha origem brasileira. Durante as minhas contínuas pesquisas para o *Nachthorn*, combinei minhas viagens, que pela sexta ou sétima vez se davam até então principalmente para o sudeste brasileiro, com um voo para o norte, Belém, onde um amigo meu vivia. Ele tinha trabalhado ao longo de dez anos na Alemanha como músico em diferentes teatros e, nesse ínterim, atuava como diretor musical e organista.

Enquanto esse amigo me guiava em Belém, eu esboçava a ele o enredo do romance, cujas primeiras páginas já tinha escrito. Eu pedia a ele que verificasse especialmente a plausibilidade de minha versão inventada para a história da origem de um determinado órgão em Belém. Por conseguinte, qual não foi minha surpresa ao constatar que minha versão coincidia quase que completamente com a verdadeira história do órgão da catedral de Belém, de modo que quase não precisei mudar minha versão inventada para o romance. Nesse mesmo tempo, mantive contato amistoso na Alemanha com um brasileiro de Fortaleza, que preparava uma tese de doutorado sobre o filósofo Kant em uma universidade alemã, onde também era bolsista.

Tanto suas experiências de choque cultural em Paris e na Alemanha quanto muitas de suas experiências diárias "típicas do Brasil" em sua terra natal do nordeste brasileiro estão inseridas detalhadamente em *Nachthorn*, sendo que as últimas todas são geograficamente deslocadas para a cidade de Fernando, Belém. Além disso, inseri em *Nachthorn*, também como cenário, os contrastes entre o sul, industrialmente avançado e com marcas europeias, e o norte do Brasil, rural e mais pobre. Todos eles correspondem às narrativas do meu amigo, que, aqui na Alemanha como brasileiro do nordeste, teve de aguentar as alfinetadas "racistas" de um compatriota sul-brasileiro contra os brasileiros "primitivos" do norte. Com isso, o protagonista Fernando d'Amora é derivado em certa medida da ligação entre dois modelos da porção mais ao norte do Brasil.

Apesar de tudo, meu romance *Nachthorn* é, ainda mais do que *Brasa* ou *Hexenkinder*, uma narrativa que chega até os mitos arcaicos indígenas, com um claro caráter de romance de formação. Ele é, sobretudo, um romance *sobre um músico*, definido mais pelo desenvolvimento biográfico de uma pessoa do que por ações que de fato impelem para trás e que se imiscuem sutilmente umas nas outras. Poucas são as cenas dramáticas descritas. Em parte, trata-se de algo mais psicológico, aventuras espirituais, como, por exemplo, o episódio da inspiração de Fernando para compor diante das ruínas das catedrais de Königsberg. Em parte trata-se de cenas de guerra narradas por outras pessoas que a viveram na infância. O acidente dramático de trem, para Fernando uma reviravolta do destino, forma quase que uma exceção em termos de cenas dramáticas. Um acidente no qual ele se feriu tão gravemente, que a longo prazo apenas a volta para Belém era ainda questionável. Também as outras personagens que aparecem no romance são, sobretudo, personagens que se agrupam em volta de Fernando. Até mesmo sua namorada alemã e futura esposa Ângela, apesar das tensões que volta e meia se irrompem na relação, sobretudo por causa de diferenças culturais, mantém-se mais ou menos uniforme e orgânica no estilo geral épico.

Também pouco dramática é a história de surgimento do romance. Nem um filme com o qual me ocupei incisivamente, nem uma experiência no teatro que mexeu comigo ou um programa de rádio, como o fora em *Brasa* e em *Hexenkinder*, deu-me o estímulo para isso. As ideias se desenvolveram devagar. Elas foram alimentadas tanto pelas reflexões de minha própria vida e pela importância cada vez mais crescente para mim de temas teológicos ou espirituais quanto pelas muitas conversas com meus "informantes" do norte brasileiro. Também o incidente de colocar o órgão como centro do enredo do livro, embora eu não soubesse praticamente nada sobre esse instrumento, veio como por acaso. O meu trabalho intenso sobre o órgão, eu mesmo um organista iniciante durante algum tempo, é consequência da concepção e escrita do romance, e não a causa. Meu redirecionamento para a teologia, religião, ética e espiritualidade pode ser visto biograficamente como um retorno ao meu próprio passado enquanto doutor em teologia, hoje, no entanto, em um nível de abrangência religiosa totalmente novo e diverso. Também aqui escolho um excerto desse romance:

> Sem a força escaldante do equador, o sol servia apenas como disfarce. Disfarce amistoso, no entanto, que dava leveza ao céu de dezembro em Paris, saturno como chumbo nos últimos dias. Agora a luz vertia como leite frio e inodoro sobre os telhados e as ruas que despertavam ao amanhecer, e também sobre as praças ao pé do cerro Montmartre, e lançava suas primeiras sombras na escada íngreme ao lado do funicular que levava morro acima, até a Basílica do Sacre Coeur.
>
> Pouco a pouco as lojas abriam suas persianas. Figuras sós de rostos sonolentos, cobertas por cachecóis e casacões, atravessavam a rua ou se arrastavam pelas calçadas como répteis meio regelados. Sobretudo o

silêncio soava irreal para Fernando d'Amora, o silêncio que mais uma vez na noite anterior quase o tinha deixado louco, e o levado a acender a luz, perambular pelo quarto e buscar uma bebida na geladeira. Sentia falta da torrente de cores e cheiros e do calor úmido que poucos dias antes ainda abrasava sua pele. Tinha saudades da gritaria de comerciantes e das crianças e do grasnar dos urubus que pelejavam pelo lixo na feira do porto em Belém, sua cidade natal. Em Paris sentia-se como atrás de uma vitrine e como se por ela um novo dia lhe sorrisse, oferecendo-lhe luz do sol filtrada pelo inverno. E no azul pálido do céu voltavam a aparecer as primeiras nuvens que, deslizando como cisnes dormentes, ameaçavam levar consigo a claridade cedida por alguns instantes.

Em uma viela próximo à Place du Tertre já era a quinta vez esta semana que entrava na padaria. Nesse tempo, já estava quase acostumado ao jeito chocante como vendedores e fregueses lidavam com os pães. Pelo visto, era assim em todo o país. Desde sua chegada, jamais tinha visto no balcão vendedora ou vendedor que entregasse os pães ou bolos ao freguês em um pedaço de papel ou celofane, como era costume em sua terra, para evitar o contato com as mãos sujas de dinheiro. E fazia parte do dia a dia nas ruas de Paris, talvez da França inteira, a imagem de pessoas saindo das padarias com uma ou mais baguetes embaixo do braço. De qualquer modo, isso sempre lhe causava um mal-estar.

Ao ver Fernando, a *madame* corpulenta e de maquiagem berrante, sorrindo atrás do balcão, levantou alguns dedos de suas mãos enquanto a expressão do rosto completava a pergunta: são oito?

"Sim, oito croissants, por favor", confirmou Fernando, em um francês que ele mesmo julgava tão claro e sem sotaque que a *madame* bem poderia honrar-lhe o esforço e responder com palavras. Mas ela insistia em adiantar-se a ele com sua linguagem de sinais. Escreveu o preço em uma papeleta, que lhe entregou em silêncio junto com os pães, com o sorriso mais charmoso que tinha, para logo em seguida receber o dinheiro. Hoje havia sido a última tentativa. Amanhã seria domingo, depois o Ano-Novo e depois de amanhã ele deixaria Paris em direção à Alemanha.

Fernando d'Amora, carregando os croissants, deixou a padaria e vagueou de volta ao pequeno apartamento, que ficava em uma rua transversal mais tranquila. Estava hospedado com amigos brasileiros, que viviam havia mais tempo em Paris. Como tinha o costume de acordar cedo, era sempre ele quem buscava os croissants; e adorava ir até *la Butte*, no centro, subindo as vielas e escadas íngremes com os corrimãos de ferro. As impressões que Fernando d'Amora havia reunido aqui nesses últimos dias eram na verdade muito instáveis e só correspondiam em parte às ideias idílicas que havia trazido do Brasil. Mesmo as vielas e praças pitorescas traziam as marcas da desfiguração turística. Irritavam Fernando os preços drasticamente altos nos cafés e nas cervejarias. E não bastava que houvesse lojas de suvenires por todos os lugares: mesmo nas vitrines das lojas clássicas de artigos coloniais, que por si mesmas seriam atraentes e de bom gosto, as latas de bebidas e os pirulitos com cores berrantes no formato da torre Eiffel ficavam expostos bem em frente, agredindo os olhos. Fernando só ficava satisfeito quando via as bancas apetitosas armadas nas lojas de frutas e verduras. Gostava mesmo era de ficar em um dos terraços, aproveitando o panorama maravilhoso da cidade, sem preocupar-se com a hora. Em seu país conhecia paisagens ainda mais imponentes do que esta de Paris: por exemplo, o mar sem fim sob a luz muito clara do sol equatorial, com inúmeras ilhas, baías e praias, ou então no interior, as imensas vias fluviais em meio aos segredos da floresta virgem às margens dos rios Pará ou Amazonas. O que mais lhe agradava aqui, em comparação com a natureza intocada do lugar de onde vinha, eram as estruturas de uma cultura humana tão concentrada no espaço, apuradas e contrabalançadas ao longo de séculos de crescimento. Elas faziam com que uma cidade como Paris, apesar dos edifícios altos e importunos, surgisse como joia gigantesca polida com refinamento por mão cuidadosa: sua superfície multifacetada e de cores infindáveis irradiava a própria riqueza aos olhos do observador. (*Nachthorn*, p. 16-18)

Nachthorn é a conclusão de um ciclo de romance em três volumes sobre o Brasil como consequência dos desafios desse país gigante, condicionados biografica e literariamente. O romance foi ao mesmo tempo uma transição para um próximo grande projeto, uma prosa narrativa, em que a questão religiosa, ou melhor, a questão de ética mundial que abrange diversas religiões, tornou-se o foco.[217] Aqui a religião não é mais refletida primeiramente na teoria. Ela se torna agora palco de luta para dramas de um amor intenso e parcialmente proibido e para ideologias e conflitos de interesse violentos com atores correspondentemente pregnantes e agitados. Com isso, o estilo épico e o caráter de romance de formação desaparecem por meio do gênero do romance de ação, movimentado e cheio de tensões. Essa mudança para o mais agitado deve ter sido inspirada pela *Brasa* do Brasil, ao menos inconscientemente.

Mas o Brasil mesmo não é mais objeto desse novo romance. Ao menos uma pausa se anuncia para a colaboração temática do Brasil em minha atividade literária. Os próximos desafios que, em algum momento mais tarde, possam vir desse país cheio de maravilhas e contradições em minha direção, um país para mim ainda especial e de longe ainda não explorado, isso só o futuro vai mostrar.

Observações

Referências de obras literárias, excertos de obras em prosa, diários ou cartas indicam-se, se possível, com a menção da fonte no texto mesmo. Assim, usamos abreviações como "ER" para o romance *Entre as raças* (1907), de Heinrich Mann, e "*Der Wendepunkt*" para a autobiografia de Klaus Mann *Der Wendepunkt. Ein Lebensbericht* [Ponto de transição. Relato de uma vida] (1952).

As obras literárias, os ensaios e as cartas de Thomas Mann são citados no texto mesmo, com volume abreviado com números cardinais mais a página (p. ex., 1.1, 21), sempre que possível, a partir da edição comentada de Frankfurt (GKFA), organizada por Heinrich Detering e Eckhard Heftrich, entre outros (Frankfurt/M, 2002 ss.). Ensaios ainda não publicados nessa última edição, citamos a partir e *Ensaios*, organizado por Hermann Kurzke e Stephan Stachorsky, vol. III-VI, Frankfurt/M., 1994-1997, que indicamos de modo abreviado como *Ensaios*, mais o volume em número romano, mais a página. Os *Diários* (vols. I-X, organizados por Peter de Mendelssohn e Inge Jens, Frankfurt/M., 1979-1995) são citados no texto como *Diários*, mais data. As cartas que ainda não foram publicadas na edição de Frankfurt (GKFA) são citadas a partir de: *Briefe 1889-1955* e *Nachlese*, organizados por Erika Mann, vols. I-III, Frankfurt/M., 1961-1965, de modo abreviado, mais página.

Quanto às demais referências, todas as indicações de citações são referidas em nota de modo abreviado, com menção a autor e ano. A citação completa se encontra na seção Referências bibliográficas.

Referências bibliográficas

ADORNO, Theodor Wiesengrund. "Para um retrato de Thomas Mann". In: ____. *Notas de literatura*. Rio de Janeiro: Tempo Brasileiro, 1972, p. 7-15.

ALKER, Stefan. *Entronnensein — zur Poetik des Ortes: internationale Orte in der österreichischen Gegenwartsliteratur. Thomas Bernhard, Peter Handke, Christoph Ransmayr, Gerhard Roth*. Wien: Braumüller, 2005.

ALTENHOFEN, Cléo Vilson. *Hunsrückisch in Rio Grande do Sul. Ein Beitrag zur Beschreibung einer deutschbrasilianischen Dialektvarietät im Kontakt mit dem Portugiesischen*. Stuttgart: Franz Steiner, 1996.

ALVES DE SOUZA, Ruth Vilella. "Deutsche Autoren unter den brasilianischen Kinderbüchern". *Staden-Jahrbuch* 33 (1985):101-106.

ANDRADE, Ana L. "The Carnivalization of the 'Holly Sinner': An Intertextual Dialogue Between Thomas Mann and João Guimarães Rosa". *Latin American Literary Review*, Pittsburg, ano 14, nº 27 (jan.-jun. 1986):136-144.

ANDRADE, Mário de. *Amar, verbo intransitivo*. São Paulo: Casa Editora Antonio Tisi, 1927.

ANER, Margarida. "O tema fáustico em Thomas Mann e Guimarães Rosa". *Correio do Povo*, Porto Alegre, 29/11/1969.

ARNAU, Frank. *Brasilia. Phantasie und Wirklichkeit*. Munique: Prestel-Verlag, 1960.

____. *Der verchromte Urwald*. 5ª ed. revis. Frankfurt/M.: Umschau, 1967 [1ª ed.: 1957].

ARTUCIO, Hugo Fernández. *The Nazi Underground in South America*. Nova York: Farrar & Rinehart, 1942.

AULICH, Werner. *O Paraná e os alemães: estudo caracterológico sobre os imigrantes germânicos*. Curitiba: Grupo Étnico Germânico do Paraná, 1953.

ÁVILA, Myriam. "Das Brasilien-Bild im Deutschland der Goethe-Zeit". *Germanistentreffen*, São Paulo, 8-12/10/2001. Dokumentation der Tagungsbeiträge [Anais]. Bonn: DAAD, 2002, p. 309-316.

AZEVEDO, Carlos A. "Brasiliens exotische Präsenz im Werk Thomas Manns". *Deutsch-Brasilianische Hefte*, ano 15, n° 6 (1976):380, 382, 384, 386.

BADENBERG, Nana. "Indianer in der Maxburg. Über ein vergessenes Kapitel der bayrisch-brasilianischen Beziehungen, Kulturrevolution". *Zeitschrift für angewandte Diskurstheorie* 32/33 (dez. 1995):69-74.

BADER, Wolfgang. "Zwischen Metaphysik und Arbeit: die Deutschen in der brasilianischen Literatur". *Komparatistische Hefte* 2 (1980):53-71.

BADER, Wolfgang (org.). *Deutsch-brasilianische Kulturbeziehungen: Bestandsaufnahme, Herausforderungen, Perspektiven*. Frankfurt/M.: Vervuert, 2010.

BAITELLO Jr., Norval. *Die Dada-Internationale. Der Dadaismus in Berlin und der Modernismus in Brasilien*. Frankfurt/M.: Peter Lang, 1987.

BARANOW, Ulf von. "Zur Literatur über das Deutsche als Einwanderersprache in Brasilien". *Staden-Jahrbuch* 20 (1972):127-143.

BARTELS, Adolf. *Jüdische Herkunft und Literaturwissenschaft: eine gründliche Erörterung*. Leipzig: Verlag des Bartels-Bundes, 1925.

BAUSCHINGER, Sigrid; COCALIS, Susan (orgs.). *Neue Welt/DritteWelt. Interkulturelle Beziehungen Deutschlands zu Lateinamerika und der Karibik*. Tübingen: Francke, 1994.

BAUSCHINGER, Sigrid. "Als postkolonialer Ethnologe in Brasilien: Hubert Fichte 'Das Haus der Mina' und 'Explosion'". In: LÜTZELER, Paul Michael. *Schriftsteller und "DritteWelt": Studien zumpostkolonialen Blick*. Tübingen: Stauffenburg, 1998, p. 183-206.

BECHER, Ulrich. *Brasilianischer Romanzero*. Hamburgo: Rowohlt, 1962.

_____. *Makumba*. Berlim: Aufbau, 1968.

_____. *Samba*. Wien: Universal Edition, 1950.

BENN, Gottfried. "Rede auf Heinrich Mann". In: _____. *Sämtliche Werke*. Vol. III (Prosa 1), G. Schuster (Ed.). Stuttgart: Klett-Cotta Verlag, 1987, p. 315-322.

BOECKH, Andreas. "Das ewige 'Land der Zukunft'? Reformen und Reformblockaden in Brasilien". *Martius-Staden-Jahrbuch* 52 (2005):135-159.

BOHUNOVSKY, Ruth. "O Brasil de Ulrich Becher no romanceiro brasileiro: a harmonia em questão". *Pandaemonium germanicum* 12 (2008):80-99.

BOLLE, Willi; GALLE, Helmut. *Blickwechsel. Akten des XI. Lateinamerikanischen Germanistenkongresses* [Atas]. São Paulo, Paraty, Petrópolis, 2003. Vol. 1. São Paulo: Edusp/Monferrer, 2005.

BOLLE, Willi. "Lever du soleil sur le fleuve Amazone: théorie des couleurs de Goethe et littérature moderniste brésilienne". *Revue Germanique Internationale* 12 (1999):271-285.

BÖLLER, Hugo. *Die Deutschen im brasilianischen Urwald*. Berlim/Stuttgart: W. Spemann, 1883.

BONSELS, Waldemar; DUNGERN, Freiherr Adolf von. *Brasilianische Tage und Nächte*. Berlim: Reimar Hobbing, 1931.

BONSELS, Waldemar. "Reisebriefe aus Brasilien". *Der Schünemann Monat* (mar. 1927):214-223.

BOSSMANN, Reinaldo. "Lyrik auf dem Lande. Ein Beitrag zur deutsch-brasilianischen Literatur". *Letras UFPR*, Curitiba, nº 20 (1972):148-162.

BORDINI, Maria da Glória. Herbert Caro nas cartas de Erico Verissimo. *Contingentia*, vol. 2, maio 2007, p. 15-22.

BRAUN, Peter. *Eine Reise durch das Werk von Hubert Fichte*. Frankfurt/M.: Fischer, 2005.

BRIESEMEISTER, Dietrich. "Das deutsche Brasilienbild im 19. und 20. Jahrhundert". In: BAUSCHINGER, Sigrid; COCALIS, Susan (org.). *Neue Welt/Dritte Welt. Interkulturelle Beziehungen Deutschlands zu Lateinamerika und der Karibik*. Tübingen: Francke, 1994, p. 65-84.

BRILL, Marte. *Der Schmelztiegel*. Frankfurt/M.: Büchergilde Gutenberl, 2002.

BRINK, Christl M.K. "Betrachtungen zur deutschbrasilianischen Lyrik". *Staden-Jahrbuch* 34/35 (1986/1987):111-123.

_____. "Deutsche Literatur in Brasilien. Eine Anpassungskontroverse zwischen Ablehnung und Annahme". *Kontroversen, alte und neue*, vol. 10 (1986):113-119.

_____. "Die Frau als Schriftstellerin in der deutschbrasilianischen Literatur". *Blätter für Kunst und Sprache*, Wien, cad. 91 (jul./ago. 1993):2-6. [Publicado primeiro no *Staden-Jahrbuch* 33 (1985).]

BRUNN, Gerhard. *Deutschland und Brasilien (1889-1914)*. Colônia: Böhlau, 1967.

BURMEISTER, Hermann. *Reise nach Brasilien*. Berlim: G. Reimer, 1853.

CAMPOS, Cynthia Machado. *A política da língua na era Vargas: proibição do falar alemão e resistências no Sul do Brasil*. Campinas: Unicamp, 2006.

CANDELORO, Rosana J. *Herbert Caro*. Porto Alegre: Unidade Editorial, 1995.

CANSTATT, Oskar. *Das Republikanische Brasilien in Vergangenheit und Gegenwart*. Leipzig: F. Hirt & Sohn, 1899.

CARNEIRO, Maria Luiza Tucci; STRAUSS, Dieter. *Brasilien, Fluchtpunkt in den Tropen. Lebenswege der Flüchtlinge des Nazi-Faschismus./Brasil, um refúgio nos trópicos. A trajetória dos refugiados do nazi-fascismo*. São Paulo: Estação Liberdade, 1996.

CARO, Herbert. "A mãe brasileira de Thomas Mann". *Humboldt*, Munique, n° 57 (1975).

CARP, Ulrich. *Rio Bahia Amazonas. Untersuchungen zu Hubert Fichtes Roman der Ethnologie mit einer lexikalischen Zusammenstellung zur Erforschung der Religionen Brasiliens*. Würzburg: Königshausen und Neumann, 2002.

CARPEAUX, Otto Maria. *A literatura alemã*. 2ª ed. São Paulo: Nova Alexandria, 1994.

CERRI, Chiara. *Heinrich Mann und Italien*. Munique: Meidenbauer, 2006.

CHACON, Vamireh. *Thomas Mann e o Brasil*. Rio de Janeiro: Tempo Brasileiro, 1975.

CHIAPPINI, Ligia; ZILLY, Berthold. *Brasilien, Land der Vergangenheit?* Frankfurt/M.: TFM, 2000.

COHEN, Robert; SEGHERS. Amado. "Brasilien". *Argonautenschiff. Jahrbuch der Anna-Seghers-Gesellschaft, Berlim e Mainz assoc. regist.*, Berlim, n° 10 (2001):175-187.

CORTEZ, Maria Teresa. "Zwischen Gut und Böse: die Darstellugn Brasiliens in der Erzählung 'Die Auswanderer nach Brasilien oder die Hütte am Gigitonhonha' von Amalie Schoppe". *Hebbel-Jahrbuch*, vol. 61 (2006):53-71.

CZIESLA, Wolfgang; ENGELHARDT, Michael von (orgs.). *Vergleichende Literaturbetrachtungen. 11 Beiträge zu Lateinamerika und dem deutschsprachigen Europa*. Munique: Iudicium, 1995.

Das Merkwürdigste aus der Reise in Brasilien von Moriz Rugendas. Schaffhausen, 1836.

DETERING, Heinrich. *"Juden, Frauen und Litteraten". Zu einer Denkfigur beim jungen Thomas Mann*. Frankfurt/M.: Fischer, 2005.

DEWULF, Jeroen. "'Die Literatur ist das letzte Kulturgebiet, das chauvinistisch ist': Hugo Loetscher über Portugal, Brasilien und die 'Mulattisierung' der Literatur". *Runa* 27 (1997-1998):311-316.

_____. *Hugo Loetscher und die "portugiesischsprachige Welt": Werdegang eines literarischen Mulatten*. Bern: Peter Lang, 1999.

_____. *Brasilien mit Brüchen. Schweizer unter dem Kreuz des Südens*. Zurique: Verlag der Neuen Zürcher Zeitung, 2007.

DIERKS, Manfred; WIMMER, Ruprecht. *Thomas Mann und das Judentum*. Frankfurt/M.: Klostermann, 2004 (Thomas Mann-Studien vol. 30).

DIMAS, Antonio. "Ein Optimist gegen den Strom". In: CHIAPPINI, Ligia; DINES, Alberto. *Tod im Paradies. Die Tragödie des Stefan Zweig*. Frankfurt/M.: Büchergilde Gutenberg, 2006 (original em port.: *Morte no paraíso. A tragédia de Stefan Zweig*. Rio de Janeiro: Nova Fronteira, 1981 [2ª ed.: 1982; 3ª ed. ampl.: 2004]).

DÖBLIN, Alfred. *Amazonas. Romantrilogie*. Munique: dtv, 1991.

_____. *Schriften zu jüdischen Fragen*. Hans Otto Horch (Ed.). Solothurn: Walter, 1995.

Documentos do Arquivo Herbert Caro, Instituto Cultural Judaico Marc Chagall em Porto Alegre [Faksimile]. *Contingentia* 2 (maio 2007):71-73.

DORNBUSCH, Claudia. *Aspectos interculturais da recepção de Thomas Mann no Brasil*. Dissertação de mestrado, Universidade de São Paulo, 1992.

DREKONJA-KORNAT, Gerhard. "Stefan Zweigs Freitod und das 'Brasilien-Buch': Gerüchte und Zusammenhänge". In: SAINT SAVEUR-HENN, Anne. *Zweimal verjagt. Die deutschsprachige Emigration und der Fluchtweg Frankreich — Lateinmerika 1933-1945*. Berlim: Metropol, 1998.

_____. "Stefan Zweig und Paul Fischauer in Brasilien". In: SCHWAMBORN, Ingrid. *Die letzte Partie. Stefan Zweigs Leben und Werk in Brasilien*. Bielefeld: Aisthésis, 1999, p. 115-118.

DÜRBECK, Gabriele. "Rassismus und Kosmopolitismus in Heinrich Manns 'Zwischen den Rassen' (1907)". *Heinrich Mann-Jahrbuch*, Ariane Martin e Hans Wisskirchen (ed.), vol. 25 (2007):9-30.

ECKL, Marlen. *Das Paradies ist überall verloren. Das Brasilienbild von Flüchtlingen des Nationalsozialismus*. Frankfurt: Vervuert, 2010.

EDSCHMID, Kasimir. *Südamerika wird fotografiert*. Bielefeld: Velhagen & Klasing,1931.

_____. *Glanz und Elend Südamerikas*. Hamburg: Paul Zsolnay Verlag, 1950.

EHRENREICH, Paul. *Beiträge zur Völkerkunde Brasiliens*. Berlim: W. Spemann 1891.

EICHER, Thomas (org.). *Stefan Zweig im Zeitgeschehen des 20. Jahrhunderts.* Oberhausen: Athena, 2003.

EISENBERG-BACH, Susan. 'French an German Writers in Exile in Brazil: Reception and Translations". In: MOELLER, Hans-Bernhard. *Latin America and the Literature of Exile. A Comparative View of the 20th-Century European Refugee Writers in the New World.* Heidelberg: Carl Winter, 1983, p. 293-307.

ELSAGHE, Yahya. *Thomas Mann und die kleinen Unterschiede. Zur erzählerischen Imagination des Anderen.* Colônia: Böhlau, 2004.

EMRICH, Elke. "Nachwort. Zur Entstehungs- und Überlieferungsgeschichte. Materialien". In: MANN, Heinrich. *Zwischen den Rassen.* Frankfurt/M.: Fischer, 1987, p. 465-518.

ERHARDT, Jacob. *Alfred Döblin: Eine kritische Untersuchung seines Romans "Amazonas".* Tese de doutorado, Case Western Reserve University, 1968.

ETTE, Ottmar. *Literatur in Bewegung. Raum und Dynamik grenzüberschreitenden Schreibens in Europa und Amerika.* Weilerswist: Velbrück Wissenschaft, 2001.

_____. ÜberLebenswissen. Die Aufgabe der Philologie. Berlim: Kulturverlag Kadmos, 2004.

_____. *ZwischenWeltenSchreiben. Literaturen ohne festen Wohnsitz.* Berlim: Kulturverlag Kadmos, 2005.

EWERS, Ludwig. "Heinrich Mann und sein jüngstes Werk". *Königsberger Blätter für Literatur und Kunst* (Suplemento do jornal *Königsberger Allgemeinen Zeitung*), nº 19 (1907):1 f.

FICHTE, Hubert. *Explosion. Roman der Ethnologie.* Frankfurt/M.: Fischer, 2006.

FLEISCHER, Marion. *A poesia alemã no Brasil. Tendências e situação atual.* São Paulo: Faculdade de Filosofia, Ciências e Letras da Universidade de São Paulo, 1967.

_____. "Aspectos da poesia alemã no Brasil". *Boletim de Estudos Germânicos* 9 (1972):187-193.

_____. "Die deutsch-brasilianische Literatur". *Deutschsprachige Literatur des Auslandes* (1989):101-118.

_____. *Elos e anelos. Da literatura de língua alemã no Brasil.* São Paulo: USP, 1981.

FLÜGGE, Manfred. *Heinrich Mann. Eine Biographie*. Reinbeck bei Hamburg: Rowohlt, 2006.

FLUSSER, Vilém. *Brasilien oder die Suche nach dem neuen Menschen. Für eine Phänomenologie der Unterentwicklung*. Bensheim: Bollmann, 1994. [Ed. bras.: *Fenomenologia do brasileiro: em busca de um novo homem*. Rio de Janeiro: Eduerj, 1998.]

FOUQUET, Karl. *Kulturelle Vereinigung im Brasilianisch-Deutschen Bereich* (palestra proferida em 21 de novembro de 1969, em Rolândia, norte do Paraná). São Paulo: Instituto Hans Staden de Ciências, Letras e Intercâmbio Cultural Brasileiro-Alemão, 1970.

Freies Deutschland. Mexico 1941-1946. Bibliographie einer Zeitschrift. Volker Riedel (adapt.). Alexander Abusch (pref.). Berlim/Weimar: Aufbau, 1975.

FREYRE, Gilberto. *Nós e a Europa germânica. Em torno de alguns aspectos das relações do Brasil com a cultura germânica no decorrer do século XIX*. Rio de Janeiro: Grifo, 1971.

GELBER, Mark H. "Stefan Zweig und die Judenfrage von heute". In: _____ (org.). *Stefan Zweig heute*. Nova York/Frankfurt/M.: Peter Lang, 1987, p. 160-180.

_____. "Wandlungen in Stefan Zweigs Verhältnis zum Zionismus". In: EICHER, Thomas (org.). *Stefan Zweig im Zeitgeschehen des 20. Jahrhunderts*. Oberhausen: Athena, 2003, p. 93-107.

_____ (Hrsg.). *Stefan Zweig heute*. Nova York; Frankfurt/M.: Peter Lang, 1987.

GIACHETTI, Carlo. *La questione del divorzio*. Florenz: Niccolai, 1907.

GÖRTEMAKER, Manfred. *Thomas Mann und die Politik*. Frankfurt/M.: Fischer, 2005.

GROSSE, Sybille. "Gibt es nur Stereotypes im Brasilienbild der Reiseberichte, Sprachführer und Lehrbücher zu Beginn des 20. Jahrhunderts?". In: GROSSE, Sybille; SCHÖNBERGER, Axel. *Dulce et decorum est philologiam colere: Festschrift für Dietrich Briesemeister zu seinem 65. Geburtstag*. Berlim: Domus, 1999, p. 925-940.

GROSSEGESSE, Orlando (org.). *Portugal — Alemanha — Brasil. Actas do VI Encontro Luso-Alemão*. Vol. 2. Braga: Universidade do Minho, 2003.

_____. "O 'descobrimento' do Brasil no romance "Äquator" de Curt Meyer-Clason". In: _____ (org.). *Portugal — Alemanha — Brasil. Actas do VI Encontro Luso-Alemão*. Vol. 2. Braga: Universidade do Minho, 2003, p. 311-337.

GUENTHER, Konrad. *Das Antlitz Brasiliens*. Leipzig: R. Voigtländer, 1927.

GUINSBURG, Jacó; MARTINS FILHO, Plínio (orgs.). *Sobre Anatol Rosenfeld*. São Paulo: Com-Arte, 1995.

HAMACHER, Gottfried. *Gegen Hitler. Deutsche in der Résistance, in den Streitkräften der Antihitlerkoalition und der Bewegung "Freies Deutschland". Kurzbiografien*. 2ª ed. corr. Berlim: Dietz, 2005 (Série: Manuscritos/Fundação Rosa Luxemburg, vol. 53).

HAMANN, Dora. *Trocano e Atabaque — Unter Brasiliens Südkreuz. Gedichte*. São Paulo: Planegraphis, 1964.

HANSEN, Volkmar; HEINE, Gert (orgs.). *Frage und Antwort. Interviews mit Thomas Mann 1909-1955*. Hamburgo: Knaus, 1983.

HARMS-BALTZER, Käte. *Die Nationalisierung der deutschen Einwanderer und ihrer Nachkommen in Brasilien als Problem der deutsch-brasilianischen Beziehungen. 1930-1938*. Berlim: Colloquium, 1970.

HAUPT, Jürgen. *Heinrich Mann*. Stuttgart: Metzler, 1980.

HEINE, Gert; SCHOMMER, Paul. *Thomas Mann Chronik*. Frankfurt/M.: Klostermann, 2004.

HEINZE, Dagmar. *Kulturkonzepte in Alfred Döblins Amazonas-Trilogie. Interkulturalität im Spannungsfeld von Universalismus und Relativismus*. Trier: WVT, 2003.

HINDEN, Heinrich (ed.). *Deutsche und deutscher Handel in Rio de Janeiro 1821-1921*. Publ. pela Gesellschaft Germania Rio de Janeiro Zur Erinnerung an Ihr Hundertjähriges Bestehen [Sociedade Germânia do Rio de Janeiro para lembrar de sua existência centenária]. Rio de Janeiro: Hoepfner, 1921.

HOFFMANN-HARNISCH, Wolfgang. *Brasilien. Ein tropisches Großreich*. Berlim: Safari, 1952.

HOFMANN-ORTEGA LLERAS, Gabriela. *Die Produktive Rezeption von Thomas Manns "Doktor Faustus". Einzeltextanalysen zu João Guimarães Rosa, Clarice Lispector, Michel Tournier und Daniele Sallenave*. Heidelberg: Winter, 1995.

HOHNSCHOPP, Christine; WENDE, Frank. *Exil in Brasilien. Die deutschsprachige Emigration 1933-1945. Eine Ausstellung des Deutschen Exilarchivs 1933-1945*. Frankfurt/M.: Die Deutsche Bibliothek, 1994. (Die Deutsche Bibliothek: Sonderveröffentlichungen [publicações especiais], nº 21.)

HOLANDA, Sérgio Buarque de. *Die Wurzeln Brasiliens. Essay*. Frankfurt/M.: Suhrkamp, 1995. (ed. bras.: *Raízes do Brasil*. São Paulo: Companhia das Letras, 1997.)

_____. "Thomas Mann e o Brasil". In: _____. *O espírito e a letra. Estudos de crítica literária I, 1920-1947*. São Paulo: Companhia das Letras, 1996, p. 251-256.

HOLZNER, Johann. "Stefan Zweigs Brasilienbild". In: SCHWAMBORN, Ingrid (org.). *Die letzte Partie: Stefan Zweigs Leben und Werk in Brasilien (1932-1942)*. Bielefeld: Aisthesis, 1999, p. 137-144.

HONOLD, Alexander; SCHERPE, Klaus. *Mit Deutschland um die Welt. Eine Kulturgeschichte des Fremden in der Kolonialzeit*. Stuttgart/Weimar: Metzler, 2004.

HONOLD, Alexander. "Das Fremde als literarische Produktivkraft bei Thomas-Mann und Heinrich Mann". In: BOLLE, Willi; GALLE, Helmut. *Blickwechsel. Akten des XI. Lateinamerikanischen Germanistenkongresses*. São Paulo, Paraty, Petrópolis 2003. São Paulo: Edusp/Monferrer, 2005, p. 93-97.

_____. "Land der Zukunft oder verlorenes Paradies. Brasilien im Blick der Exilautoren Alfred Döblin und Stefan Zweig, Kulturrevolution". *Zeitschrift für angewandte Diskurstheorie* 32/33 (dez. 1995):65-68.

HORCH, Rosemarie E. "Karl-Lustig Prean". *Staden-Jahrbuch. Beiträge zur Brasilienkunde*, vol. 41, 1993, São Paulo, Martius-Stiftung.

HUBER, Valburga. *A ponte edênica. Da literatura dos imigrantes de língua alemã a Raul Bopp e Augusto Meyer*. São Paulo: Fapesp/Annablume, 2009.

Impressum. Internationale Zeitschrift für ausländische Literatur und Presse, 160 Jahre deutsche Einwanderer in Brasilien 1824-1984, Munique, cad. 3 (1984).

JACOB, Heinrich Eduard. *Estrangeiro. "Der Fremdling". Ein Tropen-Roman*. Frankfurt/M.: Scheffler, 1951.

JACQUES, Norbert. *Heisses Land. Eine Reise nach Brasilien*. Dachau: Eichhorn, 1924.

_____. *Neue Brasilienreise*. Munique: Drei Masken, 1925.

JENS, Walter; JENS, Inge. *Auf der Suche nach dem verlorenen Sohn. Die Südamerika-Reise der Hedwig Pringsheim 1907/08*. Hamburgo: Rowohlt, 2006.

KARSEN, Sonja P.; RITTER, Mark. "Stefan Zweig's and Gilberto Freyre's Views of Brazil as Country of the future". In: MOELLER, Hans-Bernhard.

Latin America and the Literature of Exile. A Comparative View of the 20th-Century European Refugee Writers in the New World. Heidelberg: Carl Winter, 1983.

KESTING, Hanjo. *Heinrich und Thomas Mann. Ein deutscher Bruderzwist.* Göttingen: Wallstein, 2003.

KESTLER, Izabela Maria Furtado. *Die Exilliteratur und das Exil der deutschsprachigen Schriftsteller und Publizisten in Brasilien.* Frankfurt/M.: Peter Lang, 1992. (Ed. bras.: *Exílio e literatura: escritores de fala alemã durante a época do nazismo.* São Paulo: Edusp, 2004.)

KOCH, Walter. "Brasilianische Natur in unveröffentlichten Gedichten Erich Fausels". *Boletim de Estudos Germânicos* 9 (1972):291-300.

KOHLHEPP, Gerd. "Das Bild Brasiliens im Lichte deutscher Forschungsreisender des 19. und der ersten Häfte des 20. Jahrhunderts". *Martius-Staden-Jahrbuch*, São Paulo, nº 53 (2006):213-238.

KOHUT, Karl. *Deutsche in Lateinamerika — Lateinamerika in Deutschland.* Frankfurt/M.: Vervuert, 1996.

KOOPMANN, Helmut. *Thomas Mann — Heinrich Mann. Die ungleichen Brüder.* Munique: Beck, 2005.

KRAUSE, Fritz. *In den Wildnissen Brasiliens.* Leipzig: Voigtländer, 1911.

KRÜGER, Michael. *Himmelfarb. Roman.* Salzburgo: Residenz, 1993. (Ed. bras.: *A última página.* Sérgio Tellaroli (trad.). São Paulo: Companhia das Letras, 1995.)

KRUKOWSKI, Elizabeth J. "An Epic Journey to Brazil: The Exile Poems of Julian Tuwin and Ulrich Beche". In: MOELLER, Hans-Bernhard. *Latin America and the Literature of Exile. A Comparative View of the 20th-Century European Refugee Writers in the New World.* Heidelberg: Carl Winter, 1983, p. 323-345.

KRÜLL, Marianne. "Zwei Väter, drei Söhne und der Tod. Der Senator Mann, Thomas Mann und Klaus Mann". In: KARLAUF, Thomas; RAABE, Katharina. *Vater und Söhne. 12 biografische Porträts.* Berlim: Rowohlt, 1996.

_____. *Im Netz der Zauberer. Eine andere Geschichte der Familie Mann.* Zurique: Arche, 1991. (Ed. bras.: *Na rede dos magos. Uma outra história da família Mann.* Erlon José Paschoal (trad.). Rio de Janeiro: Nova Fronteira, 1997.)

KÜPPER, Klaus; MERTIN, Ray-Güde. *Bibliographie der brasilianischen Literatur: Prosa, Lyrik, Essay und Drama in deutscher Übersetzung.* Frankfurt/M.: TFM Ferrer de Mesquita, 1994.

KURZKE, Hermann. *Thomas Mann. Epoche, Werk, Wirking.* 3ª ed. Munique: Beck, 1997.

_____. *Thomas Mann. Das Leben als Kunstwerk.* Munique: Beck, 2000.

KUSCHEL, Karl-Josef. "Thomas Manns Suche nach einem 'Grundgesetz des Menschenverstandes'". In: KÜNG, Hans; KUSCHEL, Karl-Josef (orgs.). *Wissenschaft und Weltethos.* Munique: Piper, 1998. (Ed. bras.: "Thomas Mann e a redescoberta da ética". In: KUSCHEL, Karl-Josef. *Os escritores e as Escrituras.* São Paulo: Loyola, 1999.)

_____. *Weihnachten bei Thomas Mann.* Düsseldorf: Patmos, 2007.

KUX, Hedwig. "Über das Brasilienbild in der Literatur der Schweiz". In: RUPP, Heinz; ROLOFF, Hans-Gert. *Akten des VI Internationalen Germanisten Kongresses.* Basel 1980. Teil 3. Berna: Lang, 1980, p. 440-445.

LAFAYE, Jean-Jacques. "Stefan Zweig à Petrópolis". *Austriaca,* ano 17, nº 34 (1992):121-125.

LAMBERG, Moritz. *Brasilien Land und Leute in ethischer, politischer und volkswirtschaftlicher Beziehung und Entwicklung. Erlebnisse, Studien und Erfahrungen während eines, zwanzigjährigen Aufenthaltes.* Leipzig: H. Zieger, 1899.

LÄNGLE, Ulrike. "'Ich 'bin also Brasilianerin': Paula Ludwigs Exil und die Rückkehr nach Deutschland". In: HENTSCHEL, Roswitha (org.). *Paula Ludwig — Waldemar Bonsels: Dokumente einer Freundschaft.* Wiesbaden: Harrassowitz, 1994, p. 119-148.

LEFTWICH, Joseph. "Stefan Zweig and the World of Yesterday". *Leo Baeck Institut Year Book* 3 (1958):81-100.

LEHMBERG, Sina. "Bewegung freies Deutschland". In: <http://golm.rz.uni-potsdam.de/mexiko/bewegung/bewegungfreiesdeutschland.htm>, 2001.

LIEDERER, Christian. *Der Mensch und seine Realität. Anthropologie und Wirklichkeit im poetischen Werk des Expressionisten Robert Müller.* Würzburg: Königshausen & Neumann, 2004.

LOETSCHER, Hugo. *Wunderwelt. Eine brasilianische Begegnung.* Zurique: Diogenes, 1979.

LÖHNORF, Ernst F.; REIF, Hermann. *Blumenhölle am Jacinto: Urwalderlebnis.* Gütersloh: Bertelsmann-Lesering, 1961. (Ed. original: Bremen: Carl Schünemann Verlag, 1932.)

LOMEIER, Manfred. "Welche Themen bilden die Schwerpunkte in der deutschsprachigen Literatur Brasiliens? Ein Interview mit Marion Fleisches". *Staden-Jahrbuch,* nº 43/44 (1995-1996):69-70.

_____. "Wir haben ein Recht auf eigene Dichtung. Zur Geschichte der deutschsprachigen Literatur in Brasilien". *Staden-Jahrbuch*, n° 43-44 (1995-1996):61-68.

LOOSE, Gerhard. *Der junge Heinrich Mann*. Frankfurt/M.: Klostermann, 1979.

LOEWENSTEIN, Karl. *Brazil under Vargas*. Nova York: Macmillan, 1942.

LUSTIG-PREAN, Karl. "Escritores alemães no exílio". *Boletim Bibliográfico*, Biblioteca Pública Municipal de São Paulo, ano 1, vol. 3 (abr./mai./jun. 1944): 7-16.

_____. *Lustig-Preans lachendes Panoptikum*. Mit Zeichnungen von Hollitzer, Kraft, Stadler Vadász u. a. Frankfurt/M./Wien: Forum-Verlag, 1952.

MANN, Frido. *Professor Parsifal. Autobiographischer Roman*. Munique: Ellermann, 1985. (Edition Spangenberg.)

_____. *Der Infant*. Bielefeld: Argonauten, 1992.

_____. *Terezín oder Der Führer schenkt den Juden eine Stadt. Eine Parabel*. Münster: LIT, 1994. (Ed. bras.: *Terezín. Hitler oferece uma cidade aos judeus*. São Paulo: Ars Poética, 1995.)

_____. *"Echo" zwischen Tod und Leben*. Lübeck: Dräger, 1998.

_____. *Brasa*. Munique: Nymphenburger, 1999.

_____. *Hexenkinder*. Munique: Nymphenburger, 2000.

_____. *Nachthorn*. Munique: Nymphenburger, 2002.

_____. *Babylon. Roman*. Munique: Gärtig, 2007. (Edição de bolso: Hamburg: Rowohlt, 2008.)

_____. *Achterbahn. Ein Lebensweg*. Hamburgo: Rowohlt, 2008. (Edição de bolso: 2009.)

MANN, Golo. *Erinnerungen und Gedanken. Eine Jugend in Deutschland*. Frankfurt/M.: Fischer, 1991.

MANN, Heinrich. *Ausgewählte Werke in Einzelausgaben*. Alfred Kantorowicz (ed.). Bd. I-XII. Berlim: Deutsche Akademie der Künste, 1950-1955.

_____. *Ein Zeitalter wird besichtigt*. Frankfurt/M.: Fischer, 1988.

_____. *Zwischen den Rassen*. Frankfurt/M.: Fischer, 1987.

MANN, Jindrich. *Prag. Poste restante. Eine unbekannte Geschichte der Familie Mann*. Hamburgo: Rowohlt, 2007.

MANN, Julia. *Ich spreche so gern mit meinen Kindern. Erinnerungen, Skizzen, Briefwechsel mit Heinrich Mann*. 3ª ed. Rosemarie Eggert (ed.). Berlim: Aufbau, 2000. (Ed. bras.: *Cartas e esboços literários*. Claudia Baumgart (Trad.). São Paulo: Ars Poética, 1993.)

MANN, Katia. *Meine ungeschriebenen Memoiren*. E. Plessen e M. Mann (ed.). Frankfurt/M.: Fischer, 1976.

MANN, Klaus. *Mephisto. Roman einer Karriere*. 10ª ed., nova ed. adapt. Hamburgo: Rowohlt, 2000.

_____. *Der Wendepunkt. Ein Lebensbericht*. Hamburgo: Rowohlt, 1993.

MANN, Thomas; MANN, Heinrich. *Briefwechsel 1900-1949*. Hans Wysling (ed.). Frankfurt/M.: Fischer, 1984.

MANN, Thomas. *Reden und Aufsätze*. Col. 3. Frankfurt/M.: Fischer, 1960.

_____. *Briefe 1889-1936*. Frankfurt/M.: Fischer, 1961. (Cartas)

_____. *Briefe 1937-1947*. Erika Mann (Ed.). Frankfurt/M.: Fischer, 1963. (Cartas)

_____. *Os Buddenbrook. Decadência de uma família I e II*. Rio de Janeiro: Bruguera, s/d.

_____. *Die Briefe Thomas Manns. Regesten und Register*. Yvonne Schmidlin, Hans Bürgin, Hans Otto Mayer e Gert Heine (Adapt. e ed.). 5 volumes (I, 1976; II, 1980; III, 1982; IV, 1987; V, 1987). Frankfurt/M.: Fischer, 1976-1987. (Regesten)

_____. *Tagebücher*. Frankfurt/M.: Fischer, 1979 ff. (Diários)

_____. "Das Bild der Mutter". In: _____. *Über mich selbst. Autobiographische Schriften*. Frankfurt/M.: Fischer, 1983, p. 152-154.

_____. *Betrachtungen eines Unpolitischen*. Frankfurt/M.: Fischer, 1983.

_____. *Doutor Fausto I e II*. Herbert Caro (Trad.). Rio de Janeiro: Record/ Altaya, s/d.

_____. *Confissões do impostor Felix Krull*. 2ª ed. Lya Luft (trad.). Rio de Janeiro: Nova Fronteira, 2000.

_____. *Morte em Veneza/Tonio Kröger*. 2ª ed. Eloísa Ferreira Araújo Silva (trad.). Rio de Janeiro: Nova Fronteira, 2000.

_____. *A gênese do Doutor Fausto*. Ricardo F. Henrique (trad.). São Paulo: Mandarim, 2001.

_____. *Große Kommentierte Frankfurter Ausgabe*. Frankfurt/M.: Fischer, 2001-2009.

_____. *Essays II. 1914-1926*. Frankfurt/M.: Fischer, 2002.

_____. *A montanha mágica*. 1ª ed. especial. Herbert Caro (trad.). Rio de Janeiro: Nova Fronteira, 2006.

MANN, Viktor. *Wir waren fünf. Bildnis der Familie Mann*. Frankfurt/M.: Fischer, 1994. (Ed. orig. 1949.)

MÄRKEL, G.F.E. *Die deutschen Colonien Südamerikas und unsere deutschen Landsleute in denselben.* Leipzig: Andra, 1875.

MATOS, Mario. "'Kein Pass für Rio': Brasilienbilder in der DDR". In: GROS-SEGESSE, Orlando (org.). *Portugal — Alemanha — Brasil. Actas do VI Encontro Luso-Alemão.* Vol. 2. Braga: Universidade do Minho, 2003, p. 289-309.

MAX Brod. "'Zwischen den Rassen', Roman von Heinrich Mann, Die Gegenwart". *Wochenschrift für Literatur, Kunst und öffentliches Leben*, Berlim, ano 36, vol. 72, n° 37 (14/9/1907):174.

MENASSE, Robert. *Selige Zeiten, brüchige Welt.* Frankfurt/M.: Suhrkamp, 1994.

_____. *Sinnliche Gewißheit.* Frankfurt/M.: Suhrkamp, 1996.

MENDELSSOHN, Peter de. *Der Zauberer. Das Leben des deutschen Schriftstellers Thomas Mann.* Parte 1. Frankfurt/M.: Fischer, 1975.

MEYER-CLASON, Curt. *Äquator.* Roman. Bergisch Gladbach: Lübbe, 1986.

MISKOLCI, Richard. *Thomas Mann, o artista mestiço.* São Paulo: Annablume/Fapesp, 2003.

MOELLER, Hans-Bernhard. *Latin America and the Literature of Exile. A Comparative View of the 20th-Century European Refugee Writers in the New World.* Heidelberg: Carl Winter, 1983.

MOESCHLIN, Felix. *Ich suche Land in Südbrasilien.* Leipzig: Montana, 1936.

MOOG, Vianna. *Um rio imita o Reno.* 7ª ed. Porto Alegre: Globo, 1957.

MOSER, Bruno. *Die schwarze Mutter von São Paulo.* Colônia: Diederichs 1966.

NEUMANN, Gerson Roberto. *"Brasilien ist nicht weit von hier!" Die Thematik der deutschen Auswanderung nach Brasilien in der deutschen Literatur im 19. Jahrhundert (1800-1871).* Frankfurt/M.: Peter Lang, 2005.

NITSCHACK, Horst. Las *Deutsche Blätter (Hojas Alemanas)* en Chile (1943-1946): una revista alemana del exilio en los márgenes de la historia literaria, *Revista Chilena de Literatura*, abr. 2010.

NOESKE, Jürgen. *"Freies/Neues Deutschland. Alemania Libre". Zur Inszenierung von Wirklichkeit in einer Exilzeitschrift.* Leiden: thesis, 1980.

NÜNDEL, Ernst. *Die Kunsttheorie Thomas Manns.* Bonn: Bouvier, 1972.

OBERACKER JR., Karl Heinrich. *Der deutsche Beitrag zum Aufbau der brasilianischen Nation.* São Paulo: Herder, 1955. (Ed. bras.: *A contribuição teuta à formação da nação brasileira.* 2ª ed. Rio de Janeiro: Presença, 1968.)

OBERMAIER, Franz. "Die frühen Einblattdrucke zu Brasilien und die Herausbildung transnationaler Kommunikationsverbindungen im Pressewesen". *Brasilien-Dialog*, nº 1 (2002):43-71.

OH, Yoon-Hi. *Fremdheit und Fremde bei Heinrich Mann*. Tese de doutorado, Universität Mannheim, 1995.

OLIVEIRA, Dennison. *Os soldados brasileiros de Hitler*. São Paulo: Juruá, 2008.

OLIVEIRA, Franklin de. "Thomas Mann e Guimarães Rosa: dois grandes momentos do diabo no romance moderno". *O Globo*, Rio de Janeiro, 24/11/1974, p. 2.

OPITZ, Alfred. "Neue Welten. Deutschsprachige Brasilienliteratur im frühen 20. Jahrhundert". In: GROSSEGESSE, Orlando (org.). *Portugal — Alemanha — Brasil. Actas doVI Encontro Luso-Alemão*. Vol. 2. Braga: Universidade do Minho, 2003, p. 165-180.

PALM, Erwin Walter. *Rose aus Asche; spanische und spanischamerikanische Lyrik seit 1900*. Munique: Piper, 1955.

PAPKE, Kaja. *Heinrich Manns Romane "Die Jagd nach Liebe" und "Zwischen den Rassen". Mentalitäten, Habitusformen und ihre narrative Gestaltung*. Munique: Meidenbauer, 2007.

PAULINO, Sibele; SOETHE, Paulo Astor. "Thomas Mann e a cena intelectual no Brasil: encontros e desencontros". *Pandaemonium germanicum. São Paulo*, nº 14, 2009 (2):28-53.

PFERSMANN, Andreas. "Exill and Brasilien". In: STADLER, Friedrich. *Vertriebene Vernunft II. Emigration und Exil österreichischer Wissenschaft 1930-1940*. Vol. 2. Berlim/Hamburgo/Münster: LIT Verlag, 2004, p. 1013.

PINSDORF, Margarida. "Deutsch-brasilianische Bibliographie". *Staden-Jahrbuch*, nº 43-44 (1995-1996), p. 149-161/nº 41 (1993), p. 201-215/nº. 37/38 (1989-90), p. 242-287.

POHLE, Fritz. *Emigrationstheater in Südamerika abseits der "Freien Deutschen Bühne" Buenos Aires*. Hamburgo: Hamburger Arbeitsstelle für Deutsche Exilliteratur, 1989.

POOTH, Xenia. *Der Blick auf das Fremde: Stefan Zweigs "Brasilien, ein Land der Zukunft"*. Marburg: Tectum, 2005.

PORTMANN, Adolf. *Falterschönheit. Exotische Schmetterlinge in farbigen Naturaufnahmen*. Hermann Hesse (Pref.). Basileia: Iris, 1935.

PRATER, Donald. A. *Stefan Zweig. Eine Biographie*. Hamburgo: Rowohlt, 1991.

RALL, Dietrich. "Brasa — Frido Manns Buddenbrooks". In: BOLLE, Willi; GALLE, Helmut. *Blickwechsel. Akten des XI. Lateinamerikanischen Germanistenkongresses*. São Paulo, Paraty, Petrópolis, 2003. Vol. 1. São Paulo: Edusp/Monferrer, 2005, p. 67-75.

RANSMAYR, Christoph. *Morbus Kitahara. Roman*. Frankfurt/M.: Fischer, 1995.

RENNER, Rolf G. "Das 'kalte Porträt meiner Mutter'. Thomas Mann und Brasilien". In: BOLLE, Willi; GALLE, Helmut. *Blickwechsel. Akten des XI. Lateinamerikanischen Germanistenkongresses*. São Paulo, Paraty, Petrópolis, 2003. São Paulo: Edusp/Monferrer, 2005, p. 86-92.

RINGEL, Stefan. *Heinrich Mann. Ein Leben wird besichtigt. Eine Biographie*. Darmstadt: Primus, 2000.

ROCHE, Jean. "Die deutsche Siedlung in Brasilien im Spiegel der brasilianischen Literatur". In: _____. WOHL, Dieter; BAYER, Hans. (orgs.). *Die Deutschen im Brasilianischen Schrifttum*. Bonn, Romansiches Seminar der Universität Bonn, 1968.

ROSEMARIE, E. *Staden-Jahrbuch. Beiträge zur Brasilienkunde*, Vol. 41. São Paulo: Martius-Stiftung, 1993.

ROSENFELD, Anatol. *Thomas Mann*. São Paulo: Perspectiva, 1994.

ROSENFELD, Werner. "Guimarães Rosa und die deutsche Kultur". *Staden-Jahrbuch*. São Paulo, vol. 21-22 (1973-74):21-33.

RÖSSNER, Michael (org.). *Lateinamerikanische Literaturgeschichte*. Stuttgart: Metzler, 1995.

RUGENDAS, Johann Moritz. *Das Merkwürdigste aus der Reise in Brasilien*. Schaffhausen: J. Brodtmann, 1836.

SABALIUS, Romey. *Die Romane Hugo Loetschers im Spannungsfeld von Fremde und Vertrautheit*. Nova York: Peter Lang, 1995.

_____. "Eine postkoloniale Perspektive. Hugo Loetscher: Brasilien als Beispiel". In: LÜTZELER, Paul Michael. *Schriftsteller und "Dritte Welt": Studien zum postkolonialen Blick*. Tübingen: Stauffenburg, 1998, p. 167-181.

SÁBATO, Ernesto. *The outsider* (trad. ingl. de *El Tunel*) [s/d].

SANTINI, Lea Ritter. *L'italiano Heinrich Mann*. Bolonha: Il Mulino, 1965.

SCHAFFER, Ritter von. *Brasilien als unabhängiges Reich*. Altona: J.F. Hamerich, 1824.

SCHÄFFNER, Gerhard. *Heinrich Mann — Dichterjugend. Eine werkbiographische Untersuchung*. Heidelberg: Winter, 1995.

SCHERPE, Klaus R. (org.). *Mit Deutschland um die Welt. Eine Kulturgeschichte des Fremden in der Kolonialzeit*. Stuttgart/Weimar: J.B. Metzler, 2004, p. 457-464.

SCHLICHTHORST, Carl. *Rio de Janeiro, wie es ist. Beiträge zur Tages- und Sitten-Geschichte der Hauptstadt von Brasilien mit vorzüglicher Rücksicht auf die Lage des dortigen deutschen Militairs*. Hannover: Hahn, 1829.

SCHMIDT-BERGMANN, Hansgeorg. "Der historische Roman und das Exil Überlegungen zu Döblins 'Amazonas' — Roman". In: STAUFFACHER, Werner (org.). *Internationales Alfred Döblin Kolloquium*. Berna: Peter Lang, 1991, p. 90-102.

SCHNEIDER, Dieter Marc. *Johannes Schauff, 1902-1990. Migration und 'Stabilitas' im Zeitalter der Totalitarismen*. Munique: Oldenbourg Wissenschaftsverlag, 2001.

SCHÜLER, Heinrich. *Brasilien, ein Land der Zukunft*. Stuttgart/Leipzig: Deutsche Verlagsanstalt, 1912.

SCHWAMBORN, Ingrid (org.). *Die letzte Partie: Stefan Zweigs Leben und Werk in Brasilien (1932-1942)*. Bielefeld: Aisthesis, 1999.

_____. "Stefan Zweig, ein Europäer in Brasilien". In: CHIAPPINI, Ligia; ZILLY, Berthold (orgs.). *Brasilien, Land der Vergangenheit?* Frankfurt/M.: TFM, 2000, p. 29-48.

_____. "Stefan Zweigs ungeschriebenes Buch: 'Getúlio Vargas'". In: EICHER, Thomas. *Stefan Zweig im Zeitgeschehen des 20. Jahrhunderts*. Oberhausen: Athena, 2003, p. 129-157.

SCHWARZ, Roberto. "*Grande sertão* e *Dr. Faustus*". In: SCHWARZ, Roberto. *A sereia e o desconfiado: ensaios críticos*. Rio de Janeiro: Civilização Brasileira, 1965, p. 28-36.

SCHWARZ, Thomas. "Die kolonialen Obsessionen des Nervösen. 1915: Freilandsphantasien in Robert Müllers *Tropen*". In: HONOLD, Alexander; SEGELCKE, Elke. *Heinrich Manns Beitrag zur Justizkritik der Moderne*. Bonn: Bouvier, 1989.

SENE, Maria. "Johann Ludwig Hermann Bruhns". In: STRAUSS, Dieter (org.). *Julia Mann: Brasilien, Lübeck, Munique*. Lebensstationen der Mutter von Heinrich und Thomas Mann. Lübeck: Dräger, 1999, p. 101-111.

SIEBENMANN, Gustav. *Suchbild Lateinmerika. Essays über interkulturelle Wahrnehmung*. Tübingen: Niemeyer, 2003.

SIMO, David. "Die Bedeutung der synkretistischen Kultur Brasiliens und der Karibik für Hubert Fichte". In: BAUSCHINGER, Sigrid (org.). *NeueWelt — Dritte Welt. Interkulturelle Beziehungen Deutschlands zu Lateinamerika und der Karibik*. Tübingen: Francke, 1994.

SOETHE, Paulo Astor. *Ethos, corpo e entorno. Sentido ético da conformação do espaço em "Der Zauberberg" e "Grande sertão: veredas"*. Tese de doutorado, Universidade de São Paulo, 1999, 201p.

_____. "Podiumsgespräch 'Thomas Mann und Brasilien'. Die Frau im Kino oder Die schwere Kunst, Blickezuwechseln". In: BOLLE, Willi; GALLE, Helmut. *Blickwechsel. Akten des XI. Lateinamerikanischen Germanistenkongresses*. São Paulo, Paraty, Petrópolis, 2003. São Paulo: Edusp/Monferrer, 2005, p. 79-85.

_____. "Der brasilianische Raum in Anne Zielkes Novelle *Arraia*". *Akten des XII. Kongresses des Lateinamerikanischen Germanistenverbandes (Aleg)*. Havanna, mar. 2006c. CD-ROOM.

_____. "Deutschsprachiges Laientheater in Brasilien". In: FASSEL, Horst; ULRICH, Paul S. (orgs.). *Alltag und Festtag im deutschen Theater im Ausland vom 17.-20. Jahrhundert. Repertoirepolitik zwischen Wunschvorstellungen der Kritik und des Publikums*. Tübingen: LIT, 2007a, p. 281-289.

_____. "'Goethe war ein sertanejo': das selbstreflexive Deutschland-Bild Guimarães Rosas". In: BIRLE, Peter; SCHMIDT-WELLE, Friedhelm. *Wechselseitige Perzeptionen: Deutschland — Lateinamerika im 20. Jahrhundert*. Frankfurt/M.: Vervuert, 2007b, p. 171-193s.

SOMMER, Frederico. *O intercâmbio literário entre a Alemanha e o Brasil. Der Literarische Austausch zwischen Deutschlad und Brasilien*. São Paulo: Sociedade Hans Staden, 1941.

SONNENFELD, Marion (org.). "Zweig and Judaism" (com contribuições de L. Spitzer, L. Botstein, K. Carmely). In: ZWEIG, Stefan. *The World of Yesterdays' Humanist Today*. Proceedings of the Stefan Zweig Symposium, Albany (NY), 1983, p. 64-117.

SOUSA, Celeste H. Ribeiro de. *Brasilien-Bilder in der deutschen Literatur. Metapmorphosen von Mythen der Entdeckung und Eroberung Südamerikas*. Tese de doutorado, Universidade de São Paulo, 1988.

_____. *Retratos do Brasil: hetero-imagens literárias alemãs*. São Paulo: Arte&Cultura, 1996.

_____. *Do cá e do lá. Introdução à imagologia*. São Paulo: Humanitas, 2004.

SOUSA, Márcio. *Breve história da Amazônia*. Rio de Janeiro: Agir, 2001.

SPERBER, George. *Wegweiser im Amazonas. Studien zur Rezeption, zu den Quellen und zur Textkritik der Südamerika Trilogie Alfred Döblins*. Munique: Tuduv, 1975.

SPINASSÉ, Karen Pupp. *Deutsch als Fremdsprache in Brasilien. Eine Studie über kontextabhängige unterschiedliche Lernersprachen und muttersprachliche Interferenzen*. Frankfurt/M.: Peter Lang, 2005.

SPIX, Johann Baptiste. *Avium species novae in itinere per Brasiliam annis MDCCCXVII-MDCCCXX*. Munique: Hübschmannus, 1824.

STAMMEN, Theo. "Thomas Mann und die politische Welt". In: Koopmann, Helmut (org.). *Thomas-Mann-Handbuch*. 2ª ed. Stuttgart: A. Kröner, 1995.

STAN I, Mirjana. "Die spezifische Bildlichkeit des Romans 'Der neue Urwald'. Ein Beitrag zur Poetik der Exilliteratur A. Döblins". In: STAUFFACHER, Werner (org.). *Internationales Alfred Döblin Kolloquium*. Berna: Peter Lang, 1991, p. 112-119.

_____. "Zwischen altem und neuem Urwald. Zum Geschichtsbild von Döblins 'Amazonas'". In: _____ (org.). *Internationales Alfred Döblin Kolloquium*. Berna: Peter Lang, 1991, p. 103-111.

STEINEN, Karl von den. *Durch Central-Brasilien. Expedition zur Erforschung des Schingú im Jahre 1884*. Leipzig: F.A. Brockhaus, 1886.

_____. *Unter den Naturvölkern Zentral-Brasiliens. Reiseschilderung und ergebnisse der zweiten Schingú-expedition, 1887-1888*. 2ª ed., ed. popular. Berlim: D. Reimer (Hoefer & Vohsen), 1897.

STEPHAN, Alexander. *"Communazis": FBI surveillance of German emigré writers*. New Haven: Yale University Press, 2000.

STOOSS, Adelaide Maristela. *O espaço brasileiro e as possibilidades utópicas nas obras de Stefan Zweig e Hugo Loetscher*. Tese de doutorado, Universidade Federal do Paraná, 2009.

STRÄTER, Thomas. "Das Brasilienbild in der jüngsten deutschsprachigen Literatur. ABP. Afrika, Asien, Brasilien, Portugal". *Zeitschrift zur portugiesischsprachigen Welt*, Colônia, nº 2 (1996):28-41.

STRAUSS, Dieter (org.). *Julia Mann: Brasilien, Lübeck, Munique. Lebensstationen der Mutter von Heinrich und Thomas Mann*. Lübeck: Dräger, 1999.

(Ed. bras.: *Julia Mann: uma vida entre duas culturas*. São Paulo: Estação Liberdade, 1997.)

_____. "Les chances et les risques de l'interculturalité: la nouvelle trilogie brésilienne de Frido Mann". *Allemagne d'aujourd'hui*, n° 164 (2003): 135-138.

STREESE, Konstanze. "The Dialectics of Exotism. Alfred Döblin's Amazonas-Trilogy". In: GROSSEGESSE, Orlando (org.). *Portugal — Alemanha — Brasil. Actas do VI Encontro Luso-Alemão*. Vol. 2. Braga: Universidade do Minho, 2003, p. 141-153.

THEILE, Albert. *Schwan im Schatten: lateinamerikanische Lyrik von heute*. Munique: Langen und Müller, 1955.

THIMANN, Susanne. *Brasilien als Rezipient deutschsprachiger Prosa des 20. Jahrhunderts. Bestandsaufnahme und Darstellung am Beispiel der Rezeptionen Thomas Manns, Stefan Zweigs und Hermann Hesses*. Frankfurt/M.: Peter Lang, 1989.

TORNQUIST, Ingrid Margareta. *"Das hon ich von meiner Mama": zu Sprache und ethnischen Konzepten unter Deutschabstämmigen in Rio Grande do Sul*. Umea: Umea University, 1997.

TORRESINI, Elizabeth Rochadel. *História de um sucesso literário*. Olhai os lírios do campo *de Erico Verissimo*. Porto Alegre: Literalis, 2003.

TREVISAN, João Silvério. *Ana em Veneza*. São Paulo: Best Seller, 1994. (Ed. alem.: *Ana in Venedig. Roman*. Karin Schweder-Schreiner [Trad.]. Frankfurt/ M.: Eichborn, 1997.)

VALLENTIN, Wilhelm. (Capitão). *In Brasilien*. Berlim: H. Paetel, 1909.

VEJMELKA, Marcel. *João Guimarães Rosas "Grande sertão: veredas" und Thomas Manns "Doktor Faustus" im interkulturellen Vergleich*. Berlim: Tranvía, 2005.

VERISSIMO, Erico. *Gato Preto em campo de neve*. Porto Alegre: Editora Globo, 1961.

WARREN, Isolde. "Erico Verissimo". In: EITEL, Wolfgang (org.). *Lateinamerikanische Literatur in Einzeldarstellungen*. Stuttgart: Kröner, 1978, p. 146-155.

WEECH, J. Friedrich von. *Reise über England und Portugal nach Brasilien und den vereinigten Staaten des La-Plata-Stromes: während den Jahren 1823-1827*. Munique: Finsterlin, 1831 (Partes I, II e III).

WEHRLI, Peter K. *Der neue brasilianische Katalog. 148 Nummern aus dem "Katalog von Allem"* (alem. e port.). Zurique: Stähli, 2006.

_____. "Gibt's denn Bücher am Amazonas? Erfahrungen aus einer tropischen Buchmesse". *orte — Schweizer Literaturzeitschrift*, ano 21, n° 135 (maio/jun. 2004):59-63.

WILLEMS, Emilio. *A aculturação dos alemães no Brasil*. São Paulo: Companhia Editora Nacional, 1946.

WYSLING, Hans. "Thomas Manns Pläne zur Fortsetzung des 'Krull'" (1967). In: _____. *Dokumente und Untersuchungen. Beiträge zur Thomas-Mann-Forschung*. Berna: Peter Lang, 1974, p. 149-166.

_____. *Narzissmus und illusionäre Existenzform. Zu den "Bekenntnissen des Hochstaplers Felix Krull"*. Berna/Munique: Francke, 1982, p. 487-514.

ZIEBELL-WENDT, Zinka. *Relatos quinhentistas sobre o Brasil. Humanistas, pastores e mercenários*. Tese de doutorado, Freie Universität Berlin, 1993.

ZIELKE, Anne. *Arraia. Novelle*. Munique: Blumenbar, 2004.

ZILLY, Berthold (org.). *Brasilien: Land der Vergangenheit?* Frankfurt/M.: TFM, 2000, p. 49-57.

ZUR MÜHLEN, Patrick von. *Fluchtziel Lateinamerika. Die deutsche Emigration 1933-1945: Politische Aktivitäten und soziokulturelle Integration*. Bonn: Verlag Neue Gesellschaft, 1988.

ZWEIG, Stefan. "Amerigo. Die Geschichte eines historischen Irrtums (1940)". In: _____. *Zeiten und Schicksale. Aufsätze und Vorträge aus den Jahren 1902 bis 1942*. Frankfurt/M.: Fischer, 1990, p. 387-467.

_____. *Brasil, um país do futuro*. Kristina Michahelles (trad.). Porto Alegre: L&PM, 2008.

_____. *Briefe 1932-1942*. Knut Beck; Jeffrey B. Berlin (ed.). Frankfurt/M.: Fischer, 2005. (Cartas)

_____. "Dank an Brasilien (1936). In: _____. *Länder, Städte, Landschaften*. Frankfurt/M.: Fischer, 1981, p. 185-190.

_____. "Der begrabene Leuchter (1936)". In: _____. *Rahel rechtet mit Gott. Legenden*. Frankfurt/M.: Fischer, 1990, p. 74-191.

_____. *Die Welt von gestern. Erinnerungen eines Europäers (1942)*. 34ª ed. Frankfurt/M.: Fischer, 2003.

_____. "Kleine Reise nach Brasilien (1937)". In: _____. *Länder, Städte, Landschaften*. Frankfurt/M.: Fischer, 1981, p. 153-184.

_____. *Magellan. Der Mann und seine Tat (1937).* Frankfurt/M.: Fischer, 1983.

_____. "Montaigne" [fragmento]. In: _____. *Europäisches Erbe.* Richard Friedenthal (Ed.). Frankfurt/M.: Fischer, 1960, p. 7-81.

_____. "Reise nach Brasilien und Argentinien (8/8 até 1/9/1936)". In: _____. *Tagebücher.* Frankfurt/M., 1984, p. 391-412. (Diários)

_____. *Schachnovelle (1943).* Frankfurt/M.: Fischer, 1995.

_____. *Ungeduld des Herzens. Roman (1939).* 32ª ed. Frankfurt/M.: Fischer, 2004.

_____. *Zeit und Welt: gesammelte Aufsätze und Vorträge, 1904-1940.* Estocolmo: Bermann-Fischer, 1946.

Anexos

1. CARTA INÉDITA DE JULIA MANN PARA HEINRICH MANN*

Polling, 19/3 [1908]

Querido Heinrich,

Estávamos conjecturando sobre o que eu poderia dar-lhe pelo seu aniversário, escreva sobre isso, por favor. E então eu gostaria de lhe perguntar se você ainda não deu um presente de noivado à sua noiva; ou vocês por acaso já não fazem caso desses costumes? Eu apenas lembro isso para que você, sem querer, eventualmente não negligencie tal coisa. Você providencia os anéis de noivado, Tommy também o fez por ocasião de seu casamento, mas não sei se vocês ainda mantêm essas formalidades.

Tua noiva causou em mim profunda impressão. Ela parece uma fada; ela é o "Dichterliebe"** e, acima de tudo, tão natural, alegre, tão prestativa a mim e delicada, que eu logo passei a querê-la muito bem. Espero que ela sare logo da dor de garganta!

Eu enviei a você hoje 50M e 12M: sinto muito se eu tiver calculado menos que o necessário para cobrir os jantares.

Ontem, quando cheguei, dei-me pela casa fria como uma gruta, assim, disparei a correr para lá e para cá com óleo — forno, sepilhas,

---

* Manuscrito no Deutsches Literaturarchiv Marbach [Arquivo Literário Alemão de Marbach].

** Provável alusão ao ciclo de canções "Amor de poeta", de Robert Schumann.

graveto e carvão, para que me aquecesse o mais rapidamente possível. Pudéssemos ser abençoados com mais calor! Minha bochecha ainda por cima continua inchada. Trata-se de um dente que está bem fechado e das dores que Brubacher tratou e fechou provisoriamente, mas que se manifestam apesar do fechamento, até que eu retire a borracha, o que para elas é totalmente indiferente. (O caramujo marinho está *sempre* tranquilo e a música parece-lhe ser totalmente indiferente.)

Addio mio querido Enrico, recomendarão me a Inez

Tua Mai, que muito te estima!*

Ah! Pudera eu ainda usar minha língua materna!

---

* "Addio mio querido Enrico, recomendarão me a Inez", assim como "Mai, que muito te estima", foram originalmente escritas dessa forma por Julia.

2. CORRESPONDÊNCIA INÉDITA ENTRE THOMAS MANN E KARL LUSTIG-PREAN

Carta de Karl Lustig-Prean a Thomas Mann de 4 de setembro de 1942

São Paulo, BRASIL, Rua Aracaju, 253
Karl v. Lustig-Prean

O Movimento dos Alemães Livres do Brasil
Digníssimo Senhor Doutor!

A comissão executiva do Movimento dos Alemães Livres do Brasil pediu-me que lhe comunicasse o seguinte:

Desde 12 de maio deste ano, e sob a tolerância das autoridades, surgiu o Movimento dos Alemães Livres do Brasil, que desde então não apenas fez grandes avanços em termos numéricos, como também se desenvolveu até tornar-se uma verdadeira frente única, motivo suficiente de orgulho para nós todos. O movimento que, para seguir as leis no Brasil, tinha conduzido uma existência relativamente difícil apenas como círculo de leitores, surgiu do grupo Outra Alemanha, o movimento democrático dos adversários alemães de Hitler da Argentina, que foi brilhantemente conduzido por nosso amigo Dr. August Siemsen e que já existia desde 1937.

Temos o papel de estabelecer uma ponte dentro do movimento de Ludwig RENN (México) e do Outra Alemanha, na Argentina, no qual continuo sendo a pessoa de confiança no Brasil. São movimentos que estimamos muito.

Para nossa satisfação, podemos dizer que reunimos, só em Porto Alegre, no Sul do Brasil, mesmo contaminado pelos nazistas, 72 adversários do nazismo alemão, protegidos pelo exemplar governo estadual do Rio Grande do Sul.

Partidos, assembleias, relatos do jornalismo político são proibidos por lei. Ainda assim nós nos anunciamos: promovemos dias de atendimento ao público; mantemos salas de leitura; publicamos "cartas" aos nossos amigos (tudo em língua portuguesa!); conscientizamos as autoridades ininterruptamente por meio de petições etc. Fácil não é. O comitê é composto por pessoas jovens. Eu mesmo tenho 50 anos, o "próximo" tem apenas 30, e assim vai, graças a Deus, até 25. Católicos e socialistas, democratas, conservadores (como um filho de Schlange-Schöningen) etc. trabalham juntos e de modo produtivo. A cooperação com os amigos da Itália Livre está excelente, nosso protetor é o cônsul-geral americano. No Rio de Janeiro, os movimentos livres não são permitidos, lá representa-nos o padre franciscano, já idoso, Sinzig, que desde o primeiro dia trava uma batalha heróica contra a peste marrom.

Relatamos tudo isso ao senhor, digníssimo Senhor Doutor, porque queremos ver no senhor o centro intelectual e espiritual de todos os movimentos livres alemães; porque todos os nossos desejos mais sinceros são dirigidos ao senhor e porque toda a nossa admiração ilimitada destina-se ao senhor.

Para mim mesmo uma vez o senhor escreveu um prefácio magnífico para o Almanaque, quando estreei um espetáculo próprio como intendente em Augsburg, em 1929. Esse prefácio eu guardo comigo. Em meados de 1937, eu me demiti do cargo de redator-chefe da *Deutsche Presse* [Imprensa Alemã], em Praga, e tomei meu caminho para o Brasil, desde 1923 (!) na luta contra o Senhor Hitler ---

Nós nos alegraríamos muito em poder receber algumas linhas suas, e subscrevemo-nos com a mais alta consideração

pela comissão executiva do

[Movimento dos Alemães Livres do Brasil]

e

[A Outra Alemanha — Brasil]

Karl Lustig-Prean

Carta de Thomas Mann a Karl Lustig-Prean de 30 de setembro de 1942*

Prezado Senhor von Lustig-Prean,

Sou-lhe profundamente grato por suas informações interessantes e aprazíveis sobre o Movimento dos Alemães Livres no Brasil. Foi-me amável e valoroso saber sobre a atividade de sua associação, sobretudo porque aqui parece ter havido êxito em reunir tudo que é alemão para a luta moral contra o inimigo de todos nós, sem a interferência de quaisquer convicções partidárias.

Com votos cordiais pelo sucesso de seu trabalho
coloco-me a seu dispor
mui respeitosamente
Thomas Mann

---

* Registrada em: Regesten II, 42/398, p. 671. Viena, Biblioteca Nacional da Áustria, orig. 902/31-1.

Carta de Thomas Mann a Karl Lustig-Prean de 8 de abril de 1943*

Prezado Senhor von Lustig-Prean

O Movimento dos Alemães Livres é mais velho do que a sua existência oficial. No entanto, eu também gostaria de dar as congratulações e agradecer a seus dirigentes e membros do movimento por sua atividade, que contribui para manter no mundo a fé na existência de uma Alemanha melhor, pelo dia em que, um ano antes, a mais alta autoridade do país concedeu-lhe seu reconhecimento. O agradecimento se dirige também ao país imenso e acolhedor que lhes oferece proteção e liberdade de atuação, ao qual me sinto ligado por laços sanguíneos. Cedo soou em meus ouvidos o louvor de sua beleza, pois minha mãe veio de lá, era uma filha da terra brasileira; e o que ela me contou sobre essa terra e sua gente foram as primeiras coisas que ouvi sobre o mundo estrangeiro. Também sempre estive consciente do sangue latino-americano que pulsa em minhas veias e bem sinto o quanto lhe devo como artista. Apenas uma certa corpulência desajeitada e conservadora de minha vida explica que eu ainda não tenha visitado o Brasil. A perda de minha terra pátria deveria constituir uma razão a mais para que eu conhecesse minha terra mátria. Ainda chegará essa hora, espero. Aos nossos conterrâneos alemães, aos quais o Brasil oferece a possibilidade de fazer sobreviver ativamente a tradição da liberdade alemã e da tolerância, dirijo hoje meu sincero cumprimento.

A seu dispor

Thomas Mann

---

* Registrada em: Registen II, 43/99, p. 718; publ. em: Cartas 1937-1947, p. 306. Sobre isso, Diários, 6/4/1943, p. 560: "De manhã, carta de felicitação aos Alemães Livres em São Paulo." Viena, Biblioteca Nacional da Áustria, orig. 902/31-7.

Carta de Thomas Mann a Karl Lustig-Prean de 9 de agosto de 1943*

Prezado Senhor Lustig-Prean,
Foi muito gentil e atencioso de sua parte enviar-me esses impressos
que tanto me dizem respeito. Na medida do que pude entrever sob o
véu do idioma que infelizmente me é estranho, muito me alegraram as
simpáticas considerações sobre o escritor alemão de sangue brasileiro.
Com os mais sinceros votos
por seu trabalho e prosperidade
pessoal, a seu dispor
Thomas Mann

---

* Registrada em: Regesten IV, N 43/4, p. 500. Viena, Biblioteca Nacional da Áustria, orig. 902/31-2.

Carta de Karl Lustig-Prean a Thomas Mann de 10 de outubro de 1944

No original desse resumo feito por Lustig-Prean de sua redação escrita em português "Escritores alemães no exílio"* encontra-se um adendo escrito a mão:
Com os melhores cumprimentos e mais sinceros votos de um natal cheio de graças e um 1945 que venha trazer o nascimento de uma nova época alemã — uma época sob o signo de Thomas Mann!
São Paulo, Brasil, 10 de out. de 1944
Karl Lustig-Prean

Carlos de Lustig-Prean
São Paulo, Brasil
Rua Aracaju, 253

Escrito: Alemão
Tradução exata: respons. Lustig-Prean

São Paulo, Rua Aracaju, 253, 9/10/44

Carlos de Lustig-Prean: "As relações entre os emigrantes são difíceis de estabelecer. Sabemos, por ex., que na União Soviética escritores e jornalistas alemães encontraram ocupação e gozam da proteção do governo; alguns deles (Johannes R. Becher, Erich Weinert, Friedrich Wolf, Theodor Plivier, Willy Bredel e o austríaco Ernst Fischer) desenvolvem atividade intensa. Sabemos que a editora estatal, de Moscou, editou as obras completas de Heinrich Heine em alemão, e que essa mesma editora está preparando livros escolares alemães. Mas as obras literárias dos emigrantes na Rússia continuam quase desconhecidas para nós." —

---

* Versão original: Lustig-Prean, Karl. "Escritores alemães no exílio". Boletim Bibliográfico, Biblioteca Pública Municipal de São Paulo, ano 1, vol. 3 (abril/maio/junho de 1944), p. 7-16. Para a presente tradução, a mesma edição foi usada para os trechos que se referem ao texto publicado no Brasil e em português.

"Nas Américas há um país no qual se pode ter uma imagem de conjunto sobre a vida literária de seus imigrantes. Esse país é o *México*. A emigração literária reuniu-se lá em redor de uma personalidade de grande valor, o escritor Ludwig Renn. Registramos a existência de uma revista de um nível extraordinariamente elevado, *A Alemanha Livre*, e de uma editora, O Livro Livre [...]". — Seguem, então, indicações sobre o conjunto das obras, que a AL no México já publicou ou cuja publicação está indicada como prestes a ocorrer. Do mesmo modo, chamam a atenção publicações que ocorreram em língua espanhola. "O livro de Anna Seghers *A sétima cruz* é um romance dos mais comoventes, humanos, simples e excitantes; é o romance do homem desconhecido, do homem da rua, do lutador ilegal, heroico, incansável e desinteressado." Os escritores emigrados são enumerados em ordem alfabética. Quem encabeça a lista é Johannes R. Becher: "Escritor proletário e revolucionário, expressionista de grande lirismo, comunista. Nascido em 1891 em Munique, filho de um dos mais conceituados juízes dessa cidade, escreveu em 1914 *Decadência e triunfo*, em 1916 *Confraternização*, em 1917 *A nova poesia*, em 1926 *A única guerra justa* (obra proibida como crime de alta traição), em 1930 *Um homem dos nossos dias* e (poemas novos) *Colunas cinzentas*." Na forma de tópicos, mas com esboços cuidadosos, seguem Bert Brecht, Ferdinand Bruckner, Alfred Doeblin, Lion Feuchtwanger, Bruno Frank, Leonhard Frank, Oskar Maria Graf, Walter Hasenclever. Egon Erwin *Kisch*: "Kisch, que reúne em si as artes de reportagem tcheca e alemã nascido em Praga. Chamam-no de 'o repórter turbilhão'. *Czares, popes e bolchevistas* (1927) abre-lhe as portas para a Rússia, *Paraíso América* (1930), fecha-as para a América de uma vez por todas. Mas o México acolhe então o já sexagenário Kisch. Pablo Neruda, o grande poeta chileno, descendente de tchecos, protege Kisch e seu círculo literário." — Um capítulo especial é dedicado à *Família Mann*. "Sabemos que Heinrich Mann publicou no México um romance, *Lidice*, conhecemos o romance de Klaus Mann, *Mephisto* (contra os traidores intelectuais da Alemanha, oportunistas e aproveitadores), mas colocamos em primeiro lugar dois escritos breves de Thomas Mann: 'Carta ao Reitor da Universidade de Bonn', um ajuste de contas que se imortalizará nos anais da história e que chamou a atenção dos acadêmicos do mundo inteiro contra a vergonha que desonrou a Alemanha em 1933; e o panfleto 'Esta Munique...', que nos mostra o olímpico Mann na arena política e lança acusação contra o crime de Munique. Thomas Mann, o maior dos romancistas, hanseata, nascido em Lübeck, em 1875; cresceu na luta entre a arte moderna e a burguesia reacionária. Das críticas à decadente e moribunda burguesia, passa ao reconhecimento da necessidade de novas bases, de uma evolução, de novos fundamentos éticos. Do gracejo passa à luta pela palavra, à luta pelos princípios, e, sempre em ascensão, termina lutando pela alma do homem e do povo... (segue um retrato de um conjunto da obra). "Não esmiucemos a fraqueza da obra teatral de Thomas Mann, mas inclinêmo-nos respeitosamente perante o escritor corajoso e nobre. (Prêmio Nobel de 1929)." Os Neumann, Theodor Plivier: "As datas do seu nascimento e de outros fatos da sua vida não nos são conhecidas. Chamam-no de 'marinheiro', conheço sua peça teatral *Tubarões*, de uma sensualidade baixa (a vida de porto de mar, ladrões, prostitutas, cáftens) e todos conhecem *Os coolies do imperador* e *O imperador se foi, os generais ficaram*. Livros de uma visão profética, de revelações, infelizmente sem resultados práticos. (Foi assim? Assim foi!) Plivier vive em Moscou." Alfred Polgar; Ludwig Renn: "Aristocrata da Saxônia (Vieth von Golssenau), capitão do Estado-Maior na guerra de 1914. Autor do melhor livro sobre a guerra: *Guerra*. Em 1930 escreveu *Pós-Guerra*. Separa-se do mundo hipócrita em que vivia, transforma-se em político, cai prisioneiro do Sr. Hitler, foge para a Espanha, onde combate como tenente-coronel dos republicanos, depois foge para o México e lá se torna professor de uma universidade indígena. Escritor de raça e de caráter." Erich Maria Remarque, Roda Roda, profundamente ligado ao solo da pátria longínqua, da boa e fértil terra balcânica, terra que transmite forças aos seus filhos; Joseph Roth; René Schickele; Anna Seghers: "A Rosa Luxemburgo da literatura, a Käthe Kolwitz da poesia. A escritura do proletariado. Forte, fortíssima mesmo! Impressionante. As impressões que ela provoca gravam-se profundamente na nossa alma." (São mencionadas aqui Vicki Baum e Annette Kolb). Ernst Toller, Fritz von Unruh, Franz Werfel, Friedrich Wolf — "coloquemos um ramo (*Zweig*) túmulo de

Stefan Zweig, está fresca demais na nossa memória a lembrança desse escritor para que a perturbemos." — Arnold Zweig; Karl Zuckmayer. "Assim vão eles desfilando diante de nós: grandes, medianos e soldados desconhecidos da literatura alemã combatente e sofredora. Parentes de Goethe e de Stifter, netos dos grandes heroicos escritores, como Schiller, Lenz, H. L. Wagner, Klinger, Schubart, Grabbe e Buechner, os quais, por si só, tornam a vida literária alemã digna de existir. Enteados dos 'emigrantes' Heine e Börne. Corajosos ou covardes que a vida tornou heróis."

Carta de Thomas Mann a Karl Lustig-Prean de 11 de dezembro de 1944*

11 de dezembro de 1944
Mr. Carlos de Lustig-Prean
Rua Aracaju, 253
Sao Paulo, Brazil
South-America

Prezado Senhor de Lustig-Prean!

Agradeço muitíssimo suas informações tão simpáticas e interessantes. Evidentemente o artigo do *Boletim Biblio-Grafico* interessou-me muito e, em especial, preciso contar também para meu irmão [Heinrich] e meu filho [Klaus] sobre o trecho acerca da família Mann. Esse último, a propósito, está agora na Itália e presta seu serviço militar no Intelligence Service. Ele me escreveu que, à luz trêmula de uma vela e ao som distante da artilharia, em uma casa de campo crivada de balas, acabou de ler o último volume de minha obra sobre José; manifestou-se ainda acerca do texto com a inteligência crítica que valorizo nele desde sempre.

Retribuo seus cumprimentos de natal e de ano novo com a mais alta cordialidade. Que sejam realizados seus desejos para o futuro, desejos esses que são de todos nós, e sem que o destino pouco acolhedor traga muitos prejuízos para isso.

A seu dispor
Thomas Mann

---

* Registrada em: Regesten III, 44/486, p. 98. Viena, Biblioteca Nacional da Áustria, orig. 902/31-3.

Carta de Carlos de Lustig-Prean a Thomas de 31 de outubro de 1947

Digníssimo Senhor Dr. Thomas Mann!
Depois de um longo silêncio de ambos os lados, escrevo-lhe hoje, digníssimo Sr. Dr., por dois motivos: 1) um dos maiores escritores do Brasil e seguramente o mais importante sociólogo da América Latina, o professor universitário Dr. Gilberto Freyre, publicou um artigo de quatro colunas com o título de "Thomas Mann, filho de brasileira", no jornal *Diário de Notícias*, Rio de Janeiro, no dia 26 último, no qual ele conclama a Academia Brasileira de Letras a finalmente refletir e honrar, como convém, uma das maiores personalidades da literatura alemã moderna. No tempo do homem de Estado mais importante do Brasil, do barão do Rio Branco, também o Ministério das Relações Exteriores saberia como se comportar diante de um homem desse porte. Dever-se-ia levar em conta o que significa o seu sangue ser metade brasileiro etc. Em nosso país, ocorre muito raramente recordar-se de um "estrangeiro" dessa forma, e Gilberto Freyre, que entre outros é professor visitante em universidades americanas; cujas obras modelares, como *Casa-grande & senzala etc.*, têm uma magnificência para a América Latina, tal como o tem *Os Buddenbrook* para nós; que foi um dos intelectuais mais corajosos quando a palavra de ordem era combater a ditadura brasileira, que o levou à prisão; deputado federal pela União Democrática etc., quando justamente ele se dirige à Academia Brasileira de Letras com um apelo, então isso conta em dobro. Ele explicitou a esperança de que o senhor, apesar de ter mais de 70, possa sair de sua natural comodidade e aceitar um convite do Brasil. Gilberto Freyre, que escreveu sua última obra em inglês, *Interpretação do Brasil*, uma obra preciosa e ousada, mora em RECIFE (Pernambuco, Sto. Antonio de Apipucos, --- 2), em fragmentos, excertos e polêmicas leio volta e meia algo sobre sua viagem para a Europa, sua palestras etc. Infelizmente, aqui se tem ainda menos acesso do que antes a notícias completas, que possam dar um panorama geral; o correio demora mais tempo do que antes e os jornais europeus na maioria das vezes se perdem. Assim, eu ficava basicamente limitado quanto ao que se escrevia nos jornais católicos na Áustria e nos EUA. Se bem entendi o conteúdo, isto é, as motivações das ofensivas, então eu lhe

diria espontaneamente que estou totalmente do seu lado! O que rasteja para fora da toca dos ratos são apenas nazidiotas mal camuflados, que não apenas flutuam alegremente na superfície, mas também se manifestam; que utilizam a campanha anticomunista para se camuflar sorrateiramente como "democratas" e basear seus cálculos futuros no fato de que Oriente e Ocidente se arruínem mutuamente e ressuscitem assim o Kyffhäuser-Sachsenwald-Benhof. Também são aqueles que emigraram interiormente, o que soa magnífico e apenas quer dizer que eles se esconderam em suas tocas e, vez por outra, se colocaram para fora, para ver se não seria possível negociar com o Senhor Hitler (e só quando recebiam uma recusa dele é que se arrastavam novamente para sua venturosa emigração interior. Não fizeram quaisquer esforços para ficar furiosos. Que eles nada tenham a ver com os destemidos combatentes clandestinos e com as vítimas despedaçadas dos campos de concentração e prisões está claro. Atacar o senhor, e importuná-lo, digníssimo Dr. Thomas Mann, é algo criminoso, porque a primeira e mais alta tarefa dos falantes do alemão seria recordar-se de que o senhor foi o primeiro a libertar novamente a língua de Goethe, violentada por Hitler, e cuidou para que ela permanecesse ruidosa (ruidosa — por meio de uma boca competente), de modo que "nazisticamente" falando ela não fosse considerada alemã, mas como latidos de cães tinhosos e raivosos. Eu queria muito lhe dizer isso. --- Em confiança, gostaria de expressar a preocupação com que nós, no Brasil, possivelmente já estamos no caminho de volta para uma ditadura, com os graves acontecimentos, como era antes. Seria muito triste. Eu mesmo "devo" mudar-me para Santos como cônsul honorário, se o burocratismo não aprontar alguma das suas. Talvez seja possível desempenhar alguma atividade em honra a nossos velhos dias até mesmo em um orgãozinho estatal, mesmo eu que me mantive longe deles ao longo destes 55 anos. Eu me alegraria muito em receber do senhor ao menos um pequeno sinal de vida e o saúdo com o respeito e a consideração de sempre

de seu mais fiel

Carlos de Lustig-Prean

Carta de Thomas Mann a Karl Lustig-Prean de 6 de dezembro de 1947*

6 de dezembro de 1947
Prezado Senhor de Lustig-Prean!
Sua simpática carta por sorte chegou a mim no dia 31 de outubro. Agradeço-lhe pelas notícias interessantes. O apelo do Professor Dr. Freyre divertiu-me e comoveu-me. Quase não consigo imaginar de que maneira a Academia Brasileira pudesse atender à sua conclamação. Ela deveria nomear-me membro-correspondente? Claro que isso seria uma honra e uma alegria para mim. É assim que se dá, no meu caso, em relação à Academia Romana dei Licei.

Creio que o senhor, em face de notícias fragmentárias, confundiu-se um pouco sobre os ataques dos escritores alemães contra mim que o fizeram indignar-se. Tais querelas alemãs nunca me atingiram de fato, porque eu sei que essas opiniões sobre mim na Alemanha muitas vezes chegam atravessadas e que lá eu não tenho apenas adversários entre os jovens, mas também bons amigos. Muitos mal-entendidos foram esclarecidos por conta da publicação na Alemanha de minha conferência "Deutschland und die Deutschen" [A Alemanha e os alemães]. Eu acredito que uma ação ainda mais esclarecedora na velha pátria venha a ser meu novo romance, um mito do Fausto e a biografia de um músico, que trata bastante do destino alemão e virá mostrar a alguns que foi um erro ver em mim um desertor desse destino.

Mais uma vez obrigado pela gentil lembrança e tudo de bom,
a seu dispor,
Thomas Mann

---

* Registrada em: Regesten III, 47/415, p. 406. Viena, Biblioteca Nacional da Áustria, orig. 902/31-4.

Carta de Karl Lustig-Prean a Thomas Mann de 1º de maio de 1948

São Paulo, Brasil, Rua Luiz Coelho, 206, 1º de maio de 1948
Digníssimo Senhor Dr. Thomas Mann!
Mostrei ao *Gilberto Freyre* a sua carta gentil de 6 de dezembro de
1948. Ele assumiu novamente sua atividade de deputado no parlamento
do RIO e por causa de um de nossos jornais, *Folha da Manhã*, ter neste
domingo voltado à questão, e de ter incentivado uma ação da Academia
Brasileira de Letras a reverenciar o maior "filho de uma brasileira", o
que seria natural, eu suponho que um dia algo possa de fato vir a acontecer. O endereço do prof. Gilberto Freyre é no RECIFE. Pernambuco;
Santo Antonio de Apipucos. — Nossa livraria me ligou hoje e informou
que chegaria o romance do FAUSTO de Thomas Mann. O senhor pode
imaginar com que tamanha expectativa estávamos esperando o livro.
Agora gostaria de pedir um grande favor. Deixo ao acaso decidir se o
senhor terá ocasião de me ajudar nessa demanda. No fundo, não há
pressa, mas é algo que é muito importante para mim. Já há bom tempo
que ouvi de meu amigo social-democrata Valentin Baur, hoje deputado
no conselho econômico em Frankfurt no Meno, que haveria interesse de
me convocar uma vez mais para o cargo de administrador do Teatro
Municipal em *Augsburgo*. Devo dizer que isso me comoveu. Lá eu tive
meus anos de teatro (1928-31) mais felizes e artisticamente mais férteis;
tornei o teatro de Augsburgo revolucionário, não apenas para o sul da
Alemanha, e ajudei sobretudo a juventude a progredir nessas zonas...
tão conservadoras. Lá eu também conheci minha mulher em 1928; lá
ocorreu em 1930 o processo gigantesco contra Frank II que, naquele
tempo, ainda se podia conduzir e até mesmo ganhar. Me atrai muito a
ideia de ir a Augsburgo. Como o deputado *Baur* me informou, o prefeito de Augsburgo decidiu pela vinda minha e de minha mulher, porque
eu tinha esboçado um programa abrangente para a reconstrução de todos os estabelecimentos culturais da magnífica cidade. O governo militar americano, no entanto, considerou isso desnecessário e assim a coisa
toda ficou em suspenso. Um mal-entendido consiste certamente no fato
de que o administrador militar talvez tenha tido medo de que pudesse
haver muito dispêndio desnecessário de dinheiro, mas eu não só queria

ir à minha própria custa, como também não iria sem levar meu próprio dinheiro, de modo que a cidade não precisaria se preocupar comigo.

Também *pode* ser, e justamente o senhor, digníssimo Doutor, irá compreender, que recentemente está em cena a ânsia psicótica de vir mais um de "esquerda", embora eu batalhe desde 1910 em partidos cristãos, porém sempre na ala democrática, ou seja, na ala da esquerda. Na psicose de hoje, que é quase uma histeria, esquece-se que, desde 1910, houve luta contra os círculos mais reacionários e da União de Todos os Alemães na Áustria e, desde 1922, contra os precursores e simpatizantes dos nazidiotas. Não se pode esquecer, por outro lado, que a gente pertenceu ao Alemanha Livre mexicano como um dos presidentes de honra, ainda que como o representante do setor progressista católico. Os ventos mudaram e enquanto os EUA aceitaram a nossa colaboração, p. ex. aqui, desde 1937 (!), e nos confiaram tarefas ingratas e dificílimas (naturalmente sem alguma recompensa ou outro agradecimento qualquer) — agora somos provavelmente bolcheviques ou algo parecido. Isso nunca me impede, no entanto, de manter a opinião de que todas as forças antifascistas devem permanecer juntas e que não se podem combater opiniões políticas golpeando os combatentes que estão do mesmo lado, mas discutindo no nível intelectual, o que naturalmente não podia haver entre os nazis, cujo assim denominado "sistema" foi construído apenas sobre o gangsterismo. A partir daqui eu não posso detectar onde se poderia disparar a alavanca para receber a permissão em prol da viagem para Augsburgo, para onde iríamos à própria custa e por conta e risco. A partir da zona ORIENTAL nós tivemos um convite por meio de Paul Merker, mas não ouvimos falar mais nada sobre isso, ainda que suponhamos que esse correio não funcione totalmente e que todos achem a ideia bastante 'interessante'. Em 11 anos no Brasil, diferentemente da maioria dos emigrantes, nós nos esforçamos muito pelo país e pelas pessoas, não nos deixamos dissuadir pelo amor não correspondido, mas nós temos aqui, em uma cidade de 2 milhões de habitantes, apenas um teatro municipal com concertos ocasionais e, também ocasionalmente, temporadas estrangeiras, que nem sempre são boas, e um teatro privado, onde é possível ver mágicos, péssimos teatros de revista locais e ainda operetas italianas ou portuguesas asquerosas. (Televisão inventada: Posemuckel anos noventa — baixa temporada — tardes de domingo...). E como escritor? Justamente hoje escreveu o perspicaz Coaracy em um jornal: em um país como o Brasil nenhum escritor pode viver de literatura, cada um deve ter o seu cargozinho que lhe seja concedido. Minha mulher, que havia cantado Carmen ainda com 36 anos na Europa, tornou-se aqui seguramente uma das melhores professoras de canto; ela poderia também trabalhar no conservatório, se ela partisse os alunos ao meio e entregasse a metade para a taxa de matrícula... Eu gostaria muito de voltar a trabalhar de verdade e poder criar algo, daí o anseio... "voltar pra casa". Não faço ideia de como me aproximar dos chefes da administração militar em Augsburgo, creio, no entanto, que talvez haja em Washington alguma personalidade qualquer que o senhor conheça bem, ou que até mesmo lhe seja próxima, e que possa de maneira gentil exercer alguma influência nesse caso. (Poderia pegar informação no Dep. of State com Mr. Carol Howe Foster, que outrora foi cônsul-geral dos EUA aqui.) Eu lhe seria extremamente grato, digníssimo Sr. Dr. Mann, se o senhor pudesse contribuir ainda que minimamente para a realização do nosso desejo de poder regressar à Europa e lá colaborar. Eu tenho a impressão de que é quase uma obrigação fazê-lo. Com relação ao senhor, que pode servir a seu povo de toda a parte, é um pouco diferente; a nós, os inferiores, não nos é permitido comparar-nos com os intelectos diletos, nem o fazemos. Quando se vê que, na Europa, os nazidiotas rastejam em todo lugar, quer dizer, andam orgulhosos de cabeça erguida e, sendo lá favorecidos, tornam-se descarados, acredita-se dever-se estar presente para prestar ajuda. O seu honrado irmão tem contato com Paul Merker? Eu estimo muito Merker, que não esfriou nem humanamente, nem com relação ao partido. E perdoe-me, por favor, pelo enorme incômodo causado ao senhor por seu mais leal, com a mais alta consideração e gratidão,

Karl Lustig-Prean

Carta de Thomas Mann a Karl Lustig-Prean de 16 de maio de 1948*

Prezado Senhor Lustig-Prean!

Agradeço-lhe a carta de 1º de maio. Fiquei contente em receber notícias suas, só lamento que, nas circunstâncias em que o senhor me escreveu, não tenha como fazer nada pelo senhor. Não apenas entendo seu desejo de retornar à Alemanha e a Augsburgo e lá retomar sua antiga atividade antes tão bem-sucedida, mas o tenho mesmo em profunda consideração e desejaria imensamente que ele pudesse tornar-se realidade para o senhor. Se ainda vivêssemos aqui na América de Franklin Roosevelt, eu provavelmente lhe poderia ser útil. Mas o senhor mesmo, muito bem informado, alude à grande mudança dos ventos por aqui, e hoje em dia, tanto no State Department quanto no governo militar na Alemanha, meus anseios já não exercem influência alguma.

Sinto muito que eu tenha de responder-lhe com essa verdade. Eu espero que as dificuldades que se opõem a sua partida para Augsburgo possam ser amenizadas. Receba cumprimentos de minha parte e os melhores votos!

Respeitosamente

Thomas Mann

Em 15 de junho de 1948, Thomas Mann registrou em seu diário: "Lustig-Prean em São Paulo ao editor da vienense *Furche*, onde foi publicada uma crítica hostil ao romance. Coisa estúpida." Essa carta não se conservou.

---

* Registrada em: Regesten III, 48/261, p. 472. Viena, Biblioteca Nacional da Áustria, orig. 902/31-5.

Cartão-postal de Thomas Mann a Karl Lustig-Prean de 11 de agosto de 1951*

Ao senhor
Conselheiro do governo
Karl Lustig-Prean
Viena IV
Große Heugasse 15
Salzburg-Aigert
11 de agosto de 51
Caro Senhor Lustig-Prean,
Muito obrigado pelo seu cumprimento! Não, Viena desta vez não está mais na programação. Mas eu me alegro sinceramente em saber de suas novas condições, respeitáveis e industriosas. Com votos de felicidade ao senhor e sua esposa
Seu
Thomas Mann

---

* Registrado em: Regesten IV, 51/347, p. 73. Viena, Biblioteca Nacional da Áustria, orig. 902/31-6.

Carta de Katia Mann a Karl Lustig-Prean de 7/3/1955*

Senhora Thomas Mann
Kilchberg-Zurique
7 março 1955
Caro Senhor Conselheiro do Governo
Foi extraordinariamente amável de sua parte ter respondido minha carta tão prontamente e de modo detalhado. Claro que compreendemos totalmente suas dificuldades diante do concerto planejado. Nós todos ficaremos sinceramente contentes se houvesse condições para isso e, de qualquer modo, somos verdadeiramente gratos ao senhor pelos seus esforços nessas circunstâncias.

Thomas Mann decidiu-se pelo descanso e esperamos que logo possa voltar às condições normais. Ele lhe envia cumprimentos especiais e ficou muito alegre com as palavras benevolentes que o senhor atribuiu ao Krull. O autor não esperava pelo sucesso do livro.

Mais uma vez obrigada e saudações cordiais
Katia Mann

* Viena, Biblioteca Nacional da Áustria, orig. 902/30-1.

3. CARTAS INÉDITAS DE KARL LUSTIG-PREAN A HEINRICH MANN

Heinrich Mann tomou contato pela primeira vez com a atividade de Karl Lustig-Prean quando os colegas de Lustig-Prean no Brasil pediram a Heinrich Mann para enviar ao Brasil felicitações pelo aniversário de 50 anos do austríaco. Eis a carta que Heinrich Mann recebeu e que foi conservada (HM-Arquivo 2836).

Os amigos do
A OUTRA ALEMANHA
e o
DEPARTAMENTO CENTRAL
no *BRASIL*
São Paulo, BRASIL, fim de novembro de 1941.
Digníssimo Senhor Professor!

Um comitê de amigos e colaboradores do escritor Karl von Lustig-Prean, brasileiros, espanhóis, americanos, alemães e austríacos, assim como tchecoslovacos, reuniu-se para celebrar dignamente o aniversário de 50 anos de Lustig-Prean, que cai no dia 20 de janeiro de 1942. Conforme a vontade de Lustig-Prean, será mantida distância de toda comemoração pública. Isso corresponde também às condições políticas específicas brasileiras e ao tato que sempre se deve salvaguardar no país de acolhida.

Desde 1923, LUSTIG-PREAN combateu como publicista o fascismo sempre na linha de frente, isso documentado em centenas de artigos. Como diretor de teatro, em GRAZ, AUGSBURGO e BERNA, entre outras, pertenceu aos vanguardistas de uma arte jovem, liberal e progressista.

Por meio das indicações de LUSTIG-PREAN, deduzimos que o distinto senhor faz parte das personalidades a quem ele dedica sua reverência e seu respeito, de modo especial. E é por isso que nos dirigimos ao senhor, digníssimo, pedindo para recordar este 20 DE JANEIRO de

1942 e — se possível — dirigir a KARL v. LUSTIG-PREAN, São Paulo, Brasil, Rua Aracaju, 253, algumas palavras de felicitações, talvez com alguma foto.

Nós, que desde a chegada de Lustig-Prean ao Brasil em agosto de 1937 o consideramos um dos militantes mais incansáveis, seríamos imensamente gratos ao senhor.

Permita-nos a expressão da mais alta reverência do movimento

A OUTRA ALEMANHA

Grupo Brasil

Z. 2329

Carta de Lustig-Prean a Heinrich Mann de 23 de março de 1943

Karl v. Lustig-Prean, São Paulo, BRASIL,
Rua Aracaju, 253 23 de março de 1943
Ao Senhor Dr. Heinrich Mann, Los Angeles.
Digníssimo Senhor Doutor! Pedi ao seu ilustre irmão para repassar-lhe a carta, pois infelizmente eu não possuo seu endereço. Diante de todos, tenho a satisfação de comunicar, em nome do Movimento dos Alemães Livres no Brasil, que o senhor entrou para a presidência de honra do comitê latino-americano dos Alemães Livres e assumiu a presidência. Dado o fato de que não nos é permitido atribuir a condição de membro de honra, são proibidos os partidos políticos e associações, daí também tudo que é relacionado a associações registramos em nosso quadro de honra, que possui apenas sete nomes, também o seu ao lado do de seu irmão. O nosso movimento, o único permitido no Brasil, completará um ano em 12 de maio. Antes o governo o havia "tolerado" depois de ele ter existido extraoficialmente até então. Fizemos muito em chão firme, evitamos todo esfacelamento do consenso e tornamos real todos os fundamentos de nossos amigos mexicanos. Diz muito o fato de que nós recentemente pudemos reunir 593 adeptos durante um evento cinematográfico americano, porque a colônia nazista era de 99%, aterroriza etc., e nossos amigos judeus recolheram-se em sua congregação, que é extraordinariamente reacionária. Para o dia 12 de maio, queremos fazer uma publicação comemorativa bem pequena e pedimos ao senhor, mui digníssimo Senhor Doutor, que tenha a bondade de nos enviar uma pequena contribuição, como ½ ou ¾ de uma página datilografada que documente sobretudo nossa filiação às Américas e a profunda diferença entre os nazidiotas e os alemães. Nós lhe seríamos muito gratos. E ainda mais um pedido. O senhor poderia arranjar algumas linhas de Bassermann, que eu havia recebido como convidado em Augsburgo e Berna, ou de Veidt, que encenou ER em Berna? Isso seria bom para nós, porque ambos são bem conhecidos aqui e muito admirados. Também Luise Rainer é amada. O caminho até o coração passa pelo... cinema. A propósito, eu li recentemente o "anjo azul" com o professor que se chama Old Mud. Graças a Deus eu li *Ein ernstes*

Leben [Uma vida séria] em alemão. Todas as suas obras estão em nossas grandes bibliotecas. Agradeço de antemão a realização de nossos pedidos e o asseguramento de uma consideração especial

Com grande respeito e admiração

Karl Lustig-Prean

Carta de Lustig-Prean a Heinrich Mann de 6/10/1943

Alemão
São Paulo, Brasil
Rua Aracaju, 253
6 de out. 43
Digníssimo Senhor Doutor!
Por causa da demora do correio, envio ao senhor apenas agora meus votos mais sinceros de um feliz natal e de um feliz 1944, que, após a libertação da peste marrom, possa trazer uma Alemanha como o senhor havia imaginado, se eu bem entendi o senhor e sua obra.

Aqui tudo está inalterado, a trupe não muito grande de antinazistas se julga valente e permanece ligada ao movimento político; o melhor é que nenhum de nós amedontrou-se ou fraquejou mesmo em tempos difíceis. Junto com o senhor, que tanto admiramos, em um futuro liberto; com isso lhe saúda na mais alta consideração, e respeitosamente,
Karl Lustig-Prean

Carta de Lustig-Prean a Heinrich Mann de 28/1/1944

Alemão.

Karl v. Lustig-Prean, São Paulo, Brasil,

Rua Aracaju, 253 28 de jan. 1944

Prezado Senhor Dr. Heinrich Mann!

Em anexo, segue uma carta ao Bassermann, e eu lhe peço encarecidamente para enviá-la a ele, pois não sei seu endereço. Há alguns dias, eu soube que o seu UNTERTAN [O súdito] sairia aqui em português. Em meu livro que mencionei a Bassermann, eu escrevo (envio o original ao senhor por curiosidade)... Os irmãos Mann... o mais articulado Heinrich, que com o seu Untertan criou um dos rombos mais perigosos na burguesia reacionária (ele também escreveu o Anjo Azul, que fez de Marlene Dietrich uma estrela... O livro naturalmente se ajusta bastante ao público brasileiro, é mais melodramático do que literário. Eu me desliguei da condição de presidente de honra do movimento Alemanha Livre no México. Eu sou mesmo muito paciente, posso dizer também que fiz mais sacrifícios do eu poderia ter assumido, mesmo assim não pude mais suportar a campanha difamatória mesquinha que uma parte da emigração conduziu contra Renn etc. A Alemanha Livre tanto foi denunciada como comunista que teriam sido necessários dias e noites para retificar tal coisa. Como eu atuo há 20 anos contra os nazistas e (como o senhor pode imaginar) até 33 ou 38 tive poucos colaboradores, também agora volto a atuar sozinho. Com os votos mais cordiais e os mais respeitosos cumprimentos

Seu Lustig-Prean

4. CORRESPONDÊNCIA ENTRE THOMAS MANN E HERBERT CARO*

Carta de Herbert Caro a Thomas Mann de 14/10/1941

Prezado Senhor Thomas Mann!

Há mais ou menos três meses eu escrevi ao senhor uma carta, que do mesmo modo foi enviada ao endereço de seu editor americano, mas não recebi resposta. Eu suponho que nem os meus nem os seus escritos se perderam, assim eu me permito dirigir-me ao senhor mais uma vez. Uma parte considerável daquelas minhas linhas já perdeu a atualidade, de modo que eu agora repito apenas o resto que interessa:

A pedido da Livraria do Globo, em Porto Alegre, estou traduzindo o seu romance *Buddenbrook*. O senhor pode imaginar que tal tarefa, altamente honrosa, de modo algum é fácil de resolver. Entre as obras da literatura mundial que eu passei para o português até hoje — escritos de Ludwig, Spengler, Steinbeck, Jalusich, entre outros — eu nunca havia me deparado com esses tipos de dificuldades, contudo eu posso dizer que nunca um trabalho de tradução me causou tanta alegria como esse de um romance "clássico" da língua alemã.

Naqueles dias eu havia me dirigido ao senhor porque precisava de ajuda, pois o problema do dialeto, especialmente da personagem do senhor Permaneder, pareceu-me bastante difícil de ler e eu gostaria de saber como outros tradutores, especialmente de línguas românicas, resolveram essa questão. Nesse ínterim, eu acredito ter chegado a um resultado satisfatório por meio do uso da cor local do português. Minha tradução, que no momento se encontra na morte do senador, deve ter pronta uma primeira versão em aproximadamente duas semanas. O livro mesmo está previsto para julho de 1942 na programação de nossa editora. O motivo de minhas linhas de hoje é a repetição de um pedido

---

* Registrada em: Documentos do Arquivo Herbert Caro, Instituto Cultural Judaico Marc Chagall em Porto Alegre [fac-símile], *Contingentia*, n°. 2, maio de 2007, p. 71-73.

que eu já tinha enunciado em minha carta anterior a pedido da editora: o senhor poderia, mui honrado Senhor Thomas Mann, enviar-nos um bom retrato, eventualmente com uma assinatura, que deverá ser incluso na edição brasileira? Além disso, o senhor estaria disposto a escrever um prefácio para a edição brasileira? Para a realização de ambos esses pedidos seremos extremamente gratos ao senhor. Nessa oportunidade, eu não gostaria de deixar de manifestar em minha tradução que, com seu conteúdo humano profundo e com seu retrato tão cuidadoso do *milieu*, o *Buddenbrook* terá boa recepção também no Brasil. Naturalmente que há bastantes elementos estranhos a este jovem país, e por ora sem tradição, que estão nesse livro extraordinariamente alemão e nórdico. Alguns leitores encontrarão nele algum encanto de estrangeiridade exótica, que os retratos de países distantes exercem sobre os europeus. Alguns serão capazes para além disso de preencher a profundidade psicológica desse romance magnífico. Eu aconselhei a Livraria do Globo, que hesitou entre publicar primeiro a *A montanha mágica* ou *Os Buddenbrook*, a começar com esse último, e espero que isso também esteja de acordo com o senhor.

O senhor Erico Verissimo, o coordenador literário de nossa editora, que o senhor conheceu em Denver, pediu-me para lhe transmitir seus cumprimentos e sua admiração.

Agradeço-lhe de antemão por sua resposta gentil e me despeço com minha mais alta consideração

Mui respeitosamente

14/10/41

Carta de Thomas Mann a Herbert Caro de 5 de maio de 1942*

1550 San Remo Drive
Pacific Palisades, Calif.
5 de maio de 1942

Prezado Senhor Caro:
Por algum infortúnio, suas primeiras cartas de fato não chegaram a mim por conta de uma combinação de circunstâncias infelizes. O grande culpado disso são minhas repetidas mudanças de endereço: no outono, eu me encontrava em um Lecture Tour com constantes mudanças de hospedagem, sendo que várias vezes cartas redirecionadas a mim foram perdidas; no verão, mudamo-nos de Princeton para a Califórnia, o que causou muita confusão.

Agora eu estou contente por ter recibo ao menos sua carta de 15 de abril durante a "construção", e manifesto minha alegria pela publicação iminente da edição em português do meu romance de juventude, de cuja tradução o senhor está cuidando. Não subestimo naturalmente as dificuldades que a transmissão desse livro exige justamente para uma língua românica, mas eu confio em sua grande experiência e em suas capacidades linguísticas e artísticas comprovadas com frequência. Achei a decisão de dar prioridade ao *Buddenbrook* antes da *Montanha mágica* completamente feliz. Embora aqui nos Estados Unidos a repercussão do *Magic Mountain* tenha sido muito maior do que a do *Buddenbrook*, eu também estou convencido, como o senhor, de que o romance burguês seja mais acessível para um público sul-americano literariamente talvez menos preparado e de que possa servir melhor a minha introdução como escritor.

Com prazer irei satisfazer o seu desejo de uma fotografia assinada para a edição. Por outro lado, gostaria de pedir para me dispensar da escrita de um prefácio. No momento, estou extremamente ocupado com o término da escrita do último volume do ciclo de José, que já está

---

* Registrada em: Regesten II, 42/149, p. 620. O documento original assinado por Thomas Mann encontra-se no Arquivo Herbert Caro do Instituto Cultural Judaico Marc Chagall, em Porto Alegre.

bastante atrasado e por causa de toda sorte de demandas está ameaçado de atrasar mais ainda. A ocupação com um livro antigo não corresponderia agora aos meus planos. Eu saudaria, no entanto, se talvez a editora pudesse conseguir para isso um historiador brasileiro da literatura para dedicar ao romance algumas linhas introdutórias. Seria muito mais prática uma introdução de minha pessoa e de minha biografia literária para um público de quem eu ainda sou desconhecido. É mais decisivo para esse objetivo um especialista do que eu mesmo.

Eu gostaria de usar esta oportunidade, prezado Sr. Caro, para expressar meus sinceros agradecimentos por seus esforços e o esmero que o senhor dedica à minha obra. Eu me alegro sinceramente pela publicação do livro e espero receber um exemplar tão logo o livro seja publicado.

A seu dispor

Thomas Mann

5. CARTAS INÉDITAS DE STEFAN ZWEIG A KLAUS MANN

A reprodução das cartas inéditas se dá segundo cópias depositadas no Arquivo Literário Municipal de Munique (Monacensia).

(escrito a mão)
Hotel Paysandu (até 26 de outubro) [1940] depois
a/c Editora Guanabara 132 Rua Ouvidor *Rio*

Caro Klaus Mann, exausto de tantas leituras públicas e da hospitalidade fantástica dos brasileiros, dei uma escapada para a serra por oito dias, antes de prosseguir viagem em minha *tournée* para Buenos Aires, passando por Montevidéu — tem seu preço sair da Inglaterra, o que não foi fácil. Gostaria que fosse possível ao invés disso ficar sossegado aqui no Brasil, neste país encantador que eu amo como a nenhum outro — o país é realmente um último bastião da tolerância e as pessoas aqui são de uma bondade inata. Eu quero muito escrever sobre o experimento singular da absoluta igualdade entre índios, negros[,] brancos[,] mulatos que só o Brasil conduziu antes de todos os países da Terra, e até agora com todo o sucesso.

Sobre a sua revista: o mais importante é que ela seja barata, muito barata. Vocês nos EUA perderam a noção do quanto o dólar está supervalorizado e que 25 centavos aqui e na Europa são inviáveis. Caso contrário, os acontecimentos e assuntos ficam inacessíveis. Além disso, eu gostaria que o senhor me satisfizesse um desejo antigo, o de que trouxesse em cada número uma coluna de hospitalidade para com uma língua estrangeira: ora uma poesia alemã, polonesa, da mais alta escolha, ora uma coluna da mais preciosa prosa francesa ou italiana, como sinal de boa disposição[.] O que eu puder fazer por isso há de suceder e eu também estou disposto a tudo — mas repito: tudo depende do custo, caso contrário a revista não vinga fora dos Estados Unidos. E agora ou nunca é hora de preservar a união.

Espero encontrar-me em Nova York em janeiro e poder vê-lo/Tudo de bom e abraço — Afinal de contas o senhor tem quase todos os amigos a sua volta/Seu Stefan Zweig

(Cabeçalho)
a/c EDITORA GUANABARA
132, Rua Ouvidor
Rio de Janeiro

(Cabeçalho)
PETRÓPOLIS (BRASIL)
(34, Rua Gonçalves Dias)

14 de out. de 1941

Caro Klaus Mann!
A sua carta do dia 1º chegou às minhas mãos somente agora, as letras estão bastante borradas, porque ela caiu na água com o malote de cartas, em Porto Rico. Uma revista em língua alemã aqui está totalmente fora de cogitação no momento. Apesar das boas relações, teve-se de suspender até mesmo as publicações de periódicos em inglês. Eu até me informei a esse respeito, por causa da intenção de eventualmente publicar minha autobiografia em língua alemã. Mas como seria se fosse um anuário, que abrisse mão de notícias mais atuais, teatro, exposições, concertos, e simplesmente reunisse artigos fundamentais? Se não podemos trazer uma revista, então um anuário seria como o fez Wolfenstein em sua época, na verdade o que há disponível, fazendo uma seleção representativa, para a qual naturalmente também as colaborações da DECISION apresentariam um material de base excelente.

Certamente eu lhe mandarei um capítulo da autobiografia. No momento, eu estou melhorando um pouco o texto, com bastante cuidado, mas em 14 dias eu espero poder mandar-lhe um excerto.

A sua revista [Decision] não pode acabar de jeito nenhum. Eu achei precisamente o último caderno magnífico. Eu me lembro, aliás, com relação à DEMAIN, da última guerra, que o pobre Guilbeaux implorava desesperadamente por assinantes; que, depois da guerra, procuravase também desesperadamente um ano inteiro de volumes para as bibliotecas, que era adquirido a preços altíssimos. De qualquer modo, deixe de lado cinquenta ou cem exemplares de todos os números, eles formam um capital para o qual hoje um antiquário sensato faria um adiantamento.

Com as melhores saudações
Seu Stefan Zweig

(Cabeçalho)
a/c EDITORA GUANABARA
132, Rua Ouvidor
Rio de Janeiro

(Cabeçalho)
PETRÓPOLIS (BRASIL)
(34, Rua Gonçalves Dias)

8 de dez. de 1941

Caro Klaus Mann!
Eu demorei um pouco a responder, porque eu queria escrever algo positivo. Antes tenho ainda que lhe agradecer profundamente também pelo desejo de feliz aniversário, pela passagem para a idade senil.

No que concerne aos livros em alemão, não há avanços significativos a relatar. Meu amigo e tradutor Alfredo Cahn (Zapiola 1194, Buenos Aires), uma das pessoas mais decentes, mais inteligentes e confiáveis que eu conheço, está montando uma editora na Argentina em grande estilo. Ele quer e pode produzir de vinte a cinquenta livros em alemão no ano. A situação é a seguinte: uma das maiores editoras se agrega a uma seção, como ocorreu com a Querido, e a única condição — fácil de preencher — é a de que seja assegurada a ele a prioridade para as traduções em espanhol. As dificuldades que vejo: isso enquanto Bermann-Fischer puder produzir, e seu pai e Werfel (até eu mesmo) estivermos ligados a ele. Mas talvez seja possível iniciar aí uma colaboração. A editora quer investir um capital relativamente grande. Hoje, os livros são impressos por muito pouco modo bastante respeitável. Assim, não só o anuário que sugeri em minha última carta torna-se realidade, como também uma editora que funciona regularmente. — Naturalmente, os escritores de fala alemã não devem contar com honorários consideráveis, já que o volume de vendas será mais limitado por força da necessidade, mas os escritores verão ao menos seus livros serem publicados, e isso já é bastante. Eu já escrevi para Kesten, para ver se ele de qualquer modo pode organizar para Cahn uma lista aproximada de livros essenciais que estariam disponíveis no momento. Talvez o senhor possa consultá-lo sobre isso e entrar em contato com Alfredo Cahn diretamente (Zapiola 1194, Buenos Aires). Eu repito mais uma vez que eu tenho Alfredo Cahn, que também escreveu um livro excelente, como uma das pessoas mais confiáveis e inteligentes. Uma editora não poderia estar em melhores mãos.

Algo ainda para evitar uma reprovação tácita: o motivo pelo qual eu ainda não lhe mandei um capítulo de minha autobiografia é meramente técnico. Nós não temos cópias suficientes, pois em viagens via marítima é preciso sempre reter uma ou duas cópias de reserva. Mas essa situação penosa será resolvida em breve.

Um abraço afetuoso de
Stefan Zweig

6. À PROCURA DA CASA MANN. UM RELATO DE PETER K. WEHRLI*

A ideia de instituir um lugar de encontro para artistas e intelectuais na paisagem bela e encantada da baía de Paraty foi colocada em nossa cabeça logo depois de uma primeira viagem ao Brasil com Frido Mann em 1994. E de lá ela não quer se desalojar. Sobretudo porque havia uma casa que tinha ela exclusivamente arrebatado a imponderabilidade do destino da família a que pertence Frido. Por isso nós nos encontramos poucos dias após o retorno à Suíça, em uma sessão de uma pequena orquestra na Rua Weinberg. Primeiro, tratava-se de entrar em contato com o proprietário da casa. Em Paraty, foi-nos dito sorrateiramente algumas vezes que a Boa Vista pertencia a "um banco libanês com sede em Lugano". Na lista telefônica, encontramos uma joalheria com o mesmo nome. Na época que se tinha esperado, quando cartas não foram respondidas, Frido Mann sentou-se diante do diretor do banco, em Lugano, para relatar que nossos sonhos ambiciosos seriam empecilho para a instituição de um "parque de diversões" voltado para turistas na zona da Fazenda Boa Vista.

Apesar da rejeição, perseguíamos obstinadamente a ideia de um centro cultural — se não fosse na casa de Julia Mann, o centro ao menos deveria ser instituído em algum outro prédio em Paraty. De outra maneira, deveria ser também um "centro ambulante" sem morada fixa, que fizesse seus eventos em praças e nas ruas, no dia a dia de Paraty. Era certo que o centro deveria ter o nome de Julia. Então fundamos uma associação. A partir das contribuições anuais de nossos membros, o nosso projeto seria facilmente promovido, talvez mais tarde até adquirir a propriedade adequada.

Quando nossa associação Casa Mann chegou aos aproximados 40 membros, surgiu a possibilidade de dar um imenso empurrão ao nosso

---

* Peter K. Wehrli, nascido em 1939, estudou história da arte em Zurique e Paris. Trabalha desde 1965 como redator na televisão suíça. É vice-presidente da Associação Suíça Casa Mann, que planeja o centro cultural euro-brasileiro Julia Mann em Paraty, Rio de Janeiro, Brasil. Membro da redação da revista literária *Orte* [Lugares].

propósito: de 25 de outubro a 2 de novembro de 1997, um festival Julia Mann em Paraty! O motor para essa "festa" era o Dieter Strauss do Instituto Goethe de São Paulo. Graças a sua assiduidade, o festival pode começar com a *vernissage* de uma exposição sobre a vida de Julia Mann na Casa de Cultura de Paraty, exposição essa que também pode ser vista depois em museus da Europa. Nas noites tropicais incomparáveis de Paraty, em geral com um céu estrelado, foram organizados concertos, leituras, apresentações teatrais e noites de filme. A obstinação de Dieter Strauss tornou possível que o público do festival pudesse ir em botes pela baía até a Fazenda Boa Vista. No salão do primeiro andar realizou-se um concerto (com a leitura de *Da infância de Dodô*), no qual o próprio Frido Mann tocou no piano de cauda. Por uma noite inesquecível, a casa de Julia tornou-se no dia 31 de outubro de 1997 um centro cultural.

Quando estava na internet, veio de repente a notícia na tela do monitor de que o suposto banco libanês em Lugano não existia mais e que seu diretor estava preso. Por consequência, durante alguns anos nada mais se sucedeu além de nossas tentativas repetidas de descobrir quem seria o dono da propriedade paradisíaca em Paraty. Rumores circulavam através do Atlântico, também mensagens de jornalistas misteriosos, de que eles teriam descoberto os "verdadeiros, genuínos e únicos" donos da Boa Vista e teriam se oferecido para agilizar o projeto em Paraty, com a condição de que o presidente e o vice-presidente da Casa Mann não se imiscuíssem nas negociações. Com nossas pesquisas tão diretas, e na contramão de nossas intenções, nós teríamos criado um incêndio que só pessoas externas poderiam apagar. Elas não receberam de nós uma resposta.

Em meio ao tempo de espera, quando as atividades da associação Casa Mann foram temporariamente suspensas, surgiu uma carta de um senhor que se dizia ser o dono da Boa Vista. Nós o convidamos para uma de nossas reuniões da presidência no Arquivo Thomas Mann Arquivo, porque ele havia manifestado sua intenção de transformar a Fazenda Boa Vista em um centro cultural. Com a autoconfiança de um verdureiro siciliano, ele levou consigo um arquiteto, que já mostrou os primeiros planos para a reforma da Boa Vista. "O refúgio secreto de Thomas Mann" era o título para tudo aquilo. Como se T.M. tivesse visitado o país de sua mãe.

Nosso amigo, como ele se portou desde o começo, veio com o seguinte: "Eu quero de vocês a cultura para a casa, o dinheiro eu já tenho!" Parecia que seu sacrifício como investidor tivesse saído de uma massa falida do banco recém-quebrado, com um certificado de indébito no qual constava a Fazenda Boa Vista — foi algo assim que interpretamos juntos a partir de sua torrente de palavras tortuosas. Sua afirmação solene de amizade reforçou nossa convicção de ter motivo para confiar. Depois de meses de deliberações, de vários voos de nosso benfeitor para Paraty, reuniões de contrato e elaboração da concepção para a manutenção do centro, resolvemos perguntar-lhe em uma carta por que o capital inicial prometido a nós não havia chegado ainda. Para nosso espanto ladinamente declarado — pois nesse ínterim já tínhamos suspeitado de algo — não recebemos a resposta dele, mas da firma em nome da qual nosso amigo sempre alegara falar: a firma não tinha nem propriedade nem interesse no Brasil e ela não tinha reconhecido custos eventuais que nosso amigo pudesse ter demandado naquela ocasião. Nunca mais ouvimos falar desse "amigo", que nos fizera crer que ele partilhava de nossos planos para um centro de encontro para além das culturas.

E novamente não ocorrera mais nada em aproximadamente dois anos. Até o fim de 2008, o novo capítulo na história da associação Casa Mann se anunciava: o proprietário definitivamente verdadeiro da Fazenda Boa Vista foi localizado e sua posse tinha sido confirmada em um tabelionato. E mais: ele tinha manifestado a intenção de vender a propriedade. Era inútil recolher dinheiro dos círculos de membros de nossa Casa Mann e patrocinadores da indústria para a aquisição da casa, pois o cônsul-geral da Alemanha no Rio de Janeiro tomou a coisa para si. Pensava-se que a República Federal da Alemanha logo poderia se tornar proprietária da casa materna e paterna da mãe de Thomas Mann. Quem sabe.

Aquilo que a Alemanha havia feito para o escritor e sua família durante décadas mais sombrias seria redimido na pessoa de sua mãe de uma maneira altamente produtiva. Ademais, o traçado de linhas brasileiro de linhas na árvore genealógica dos Mann seria colorido com mais força e unido ao traçado europeu.

7. O FESTIVAL JULIA MANN EM PARATY, 1997: UM RELATO DE DIETER STRAUSS*

O psicólogo, teólogo, músico e escritor Frido Mann perguntou-me sorrindo se eu não queria ir junto para Paraty, ele que recém tinha apresentado a versão em português de seu romance sobre o campo de concentração Theresienstadt no Instituto Goethe de São Paulo. Sua bisavó Julia Mann tinha vivido os seus primeiros sete anos de vida lá, na maravilhosa Fazenda Boa Vista. E se eu queria. Era uma chance única de conhecer a localidade de Paraty, que se mantém totalmente como nos séculos XVIII e XIX, que está na lista de monumentos mundiais da Unesco.

Fiquei imediatamente fascinado pelo charme mórbido da Boa Vista, pela arquitetura colonial da localidade de Paraty e pela vida "entre culturas" de Julia Mann. Rapidamente nasceu a ideia de um festival de dez dias sobre Julia, com uma exposição e um livro com foco em sua vida, com programação de música, teatro de dança e filme. Os objetivos eram apontar, com essa programação, a importância de Julia Mann e da propriedade Boa Vista, evitar a construção de um *resort* de férias na fazenda, restaurar a Boa Vista e transformá-la em um instituto cultural euro-brasileiro com *artists in residence*. Uma programação desafiadora para a Casa Mann/Zurique e para o Instituto Goethe de São Paulo.

A exposição documentou três etapas da vida de Julia: a felicidade infantil nos trópicos, o casamento em Lübeck com o senador de finanças Mann em Lübeck, no qual os casados "teriam permanecido mentalmente estranhos" entre si (Krull, 1996), e, depois da morte precoce do senador em 1891, a libertação de Julia na cidade boêmia de Munique. Primeiro, fez-se a exposição em outubro de 1997 na Casa da Cultura

---

* O germanista Dieter Strauss lecionou nas Universidades de Bonn e Nijmegen antes de chegar ao Instituto Goethe em 1974. Trinta e três anos de trabalho linguístico e programático levaram-no à Europa, Ásia, América Latina e ao norte da África. Hoje ele trabalha como autor livre e na concepção de exposições.

de Paraty, que fica atraentemente em uma das casas restauradas no centro histórico, e, mais tarde, mais uma vez no velho presídio no porto — talvez um indício da segunda parte da vida de Julia, o casamento austero na Lübeck "medieval", como à sua maneira seu filho Thomas Mann via a cidade.

De repente ficou claro para mim que Ismael Ivo, que tinha acabado de fazer uma turnê com sua peça de dança *Othello* para o Instituto Goethe, teve de ser conquistado para Paraty com seu solo *Delirium of a Childhood*: o dançarino e coreógrafo famoso, que nasceu em São Paulo, move-se como um equilibrista sobre a corda bamba entre o teatro de dança e a dança de expressão corporal: "A forma de minha dança confronta o público com sentimentos existenciais, e não apenas com os sentimentos agradáveis." Em sua peça *Trauma einer Kindheit* [Trauma de infância] refletem-se não apenas destinos entre duas culturas, como também algumas feições da vida de Frido e Julia Mann: uma pessoa cindida, trazida das *Kindertotenliedern* [Canções sobre a morte das crianças] de Gustav Mahler e de suaves canções de ninar africanas, sobe lentamente da "terra" de sua pedra gigante, ela mesma com cor de terra, que a acoberta. A forma solitária atua perdida por entre o som de uma gaita de boca minúscula. Ela descobre o mundo enquanto bebê e, como adulta, a luta pela sobrevivência e a absurdidade da vida. Essa viagem pela recordação ilustra o mau uso de um continente, que seus ancestrais tiveram de abandonar, e uma infância que é caracterizada pela pobreza, miséria e cisão. A relação de Frido Mann com seu pai Michael, o músico e professor de germanística de Berkeley, não tinha sido também quebrada e, com isso, perturbado sua infância do mesmo modo? Ele não tinha se movido em pelo menos quatro profissões? Como músico, psicólogo, teólogo e mais tarde escritor? Ele mesmo não sentia como um "desabrigado"? São paralelos sobre paralelos. Julia, por outro lado, teve uma infância feliz, depois, no entanto, foi colocada sob tortura na gaiola dourada de Lübeck e somente no leito de morte voltou ao seu sotaque brasileiro, talvez a si mesma, em uma conversa com seu filho mais novo Viktor.

No filme *Morte em Veneza*, de Luchino Visconti, o compositor Gustav von Aschenbach, imerso em uma crise pessoal e artística, viaja para

Veneza. Quando ele descobre o belíssimo rapaz Tadzio, ele não consegue dominar platonicamente seus sentimentos por ele e cai cada vez mais profundamente em seus encantos eróticos. Assim como Frido Mann caiu na magia de Paraty, que o atraiu magneticamente, uma atração da qual ele só pôde se libertar alguns anos mais tarde. Não se questionou o fato de que os filmes da programação correspondente devessem ser exibidos na praça central de Paraty como *open air*.

A "repatriação" de Frido Mann na Fazenda Boa Vista, como primeiro membro da família Mann depois da mudança de Julia em 1858, sem dúvida representou o ponto alto: depois da irrupção da noite, o público foi levado em pequenos botes do píer de Paraty para cruzar a baía e chegar à fazenda. Tochas acesas mostravam o caminho pelo jardim até o grande salão. Sobre o piano estava pendurado um dos retratos mais bonitos de Julia do ano de 1900, que a mostra de perfil sorrindo diante de uma chaminé de mármore. Não era sem motivos que naquela época dois irmãos artistas perguntavam-se se eles frequentavam assiduamente o salão de Munique, de Julia, por causa do encantamento erótico de suas duas filhas ou justamente por causa dela. Frido Mann deu um concerto de piano em que ele tocou Mozart, que muito cativou o público especialmente para esse "ambiente de retorno".

Em cooperação com o Buddenbrookshaus/Lübeck [Casa Buddenbrook], a exposição seguiu em *tournée* pela Alemanha e pela Suíça e, como coroação, foi exibida no Museu de Literatura Strauhof, em Zurique. Em 2005, o diretor brasileiro Marcos Strecker-Gomez rodou um documentário sobre Julia e o Instituto Goethe de São Paulo repetiu, em 2007, a exibição do *Delirium* com Ismael Ivo. Frido Mann transformou literariamente as raízes brasileiras de Julia em sua trilogia *Brasa*, *Nachthorn* [*Cor de nuit*] e *Hexenkinder* [Filhos de bruxas].

Por causa de relações de propriedade obscuras, a restauração da Boa Vista não pôde ser feita anos a fio. Hoje estão em processo negociações com os novos proprietários e com o Departamento de Relações Exteriores, em Berlim, que planeja a constituição de uma academia de artistas para *artists in residence*.

8. A COMEMORAÇÃO PELOS 150 ANOS DE NASCIMENTO DE JULIA MANN NO MUSEU DA REPÚBLICA, NO RIO DE JANEIRO, AGOSTO DE 2001: UM RELATO DE FRIDO MANN

Depois de a exposição "Julia Mann — uma vida entre culturas" ter sido exibida em várias cidades europeias e sul-americanas, que já tinha começado no início de 1997, sempre ligada a exposições sobre o tema, a exposição chegara ao Brasil, quando se aproximavam os 150 anos de nascimento de Julia Mann em 14 de agosto de 2001. Como ponto alto do tributo a Julia Mann, a diretoria da Casa Mann europeia, a Casa Mann do Brasil e o Instituto Goethe do Rio de Janeiro decidiram fazer uma celebração, que se estendeu pelo mês de agosto, nas salas monumentais do Museu da República, no antigo palácio presidencial, na ex-capital do Rio de Janeiro.

A série de eventos foi organizada a partir de um trabalho árduo com meses de preparação, sobretudo por Gerda Poppinga, um membro da diretoria da Casa Mann do Brasil, bem como pela professora catedrática Dra. Charlotte Emmerich. A abertura comemorativa da exposição ocorreu no dia 3 de agosto de 2001. Na noite do dia do aniversário, foram proferidas três palestras no Salão Nobre do palácio do museu: por Vamireh Chacon, da Universidade de Brasília, por Paulo Soethe, da Universidade Federal do Paraná, e por Frido Mann. Ao meio-dia do dia 15 de agosto, houve uma apresentação abrangente de música de câmara, da música clássica e popular, no século XIX de Julia Mann, tocada e cantada por músicos brasileiros. Até o grande encerramento do evento no fim de agosto, em complementação à exposição permanente de Julia Mann exibida até então, houve mostras de diversos vídeos e filmes sobre a Família Mann, bem como o do *Morte em Veneza*, de Luchino Visconti, com legenda em português.

No dia 31 de agosto, com repetição em 1º de setembro, o encerramento e o ponto alto das festividades constituíram-se de uma leitura cênica da atriz brasileira Giulia Gam. A xará de Julia Mann, Giulia, neta de dinamarqueses, nascida na Itália e emigrada para o Brasil quando criança, em certa medida na contramão de Julia, leu excertos das lembranças de Julia, de cartas ao seu filho Heinrich e de suas histórias curtas, ao ar livre, no pátio do palácio, travestida de Julia Mann de Lübeck. Um grupo maior de atores, sob a direção de Caco Coelho, encenava com ela, ao mesmo tempo e de maneira fascinante, os acontecimentos correspondentes, sobretudo o nascimento de Julia na floresta brasileira e sua trágica despedida do Brasil aos 7 anos, tudo isso a partir de rodadas cênicas estaticamente coloridas e surrealistas.

Cronologia

1821 Nascimento de Johann Ludwig Hermann Bruhns em Lübeck, filho de um vinicultor.

1828 Nascimento de Maria da Silva em Angra dos Reis, filha de um proprietário de terras de origem portuguesa.

1840 Emigração de Hermann Bruhns para o Brasil.

1841 Criação de uma firma de exportação de café e açúcar em São Paulo. Aquisição de ricas plantações entre Santos e Rio de Janeiro.

1847 Casamento de Hermann Bruhns com Maria da Silva.

1851 *14 de agosto*: nascimento de Julia da Silva Bruhns na floresta, não muito longe de Paraty.

1856 *19 de março*: morte de Maria da Silva durante o nascimento do sexto filho, que morreu também.

1858 Hermann Bruhns leva Julia e seus outros irmãos para Lübeck.

1869 *4 de junho*: casamento de Julia com Johann Thomas Heinrich Mann.

1871 *27 de março*: nascimento de Luiz Heinrich Mann.

1875 *6 de junho*: nascimento de Thomas Mann.

1888 Abolição da escravatura no Brasil.

1889 Fim da monarquia do Brasil. Proclamação da República. Dom Pedro II vai para o exílio.

1893 *12 de abril*: morte de Hermann Bruhns em Kassel.

Outubro: depois da morte de seu marido (em 1891), Julia Mann se muda de Lübeck para Munique.

1901 É publicado o romance *Os Buddenbrook*, de Thomas Mann.

1903 Surge o escrito autobiográfico de Julia Mann *Da infância de Dodô* (publicado em 1958).

1905 *11 de fevereiro*: Thomas Mann e Katia Mann se casam em Munique.

Julho: Erik Pringsheim, irmão de Katia, é "banido" para a Argentina.

1907 É publicado o romance *Zwischen den Rassen* [Entre as raças], de Heinrich Mann.

1907/08 *20 de novembro até 29 de fevereiro*: viagem de Hedwig Pringsheim para a Argentina e o Chile. Os registros em seu diário sobre essa viagem, que foram consultados por Thomas Mann para o seu romance *Felix Krull*, foram publicados apenas em 2006.

1908 *Fim de janeiro*: Erik Pringsheim morre em Virorco, Argentina.

1923 *11 de março*: morre Julia Mann em Weißling, Alta Baviera. Ela foi enterrada no cemitério de Munique, em meio à floresta, ao lado de sua filha Carla, que por seu turno havia se suicidado em 1910.

1924 É publicado o romance *A montanha mágica*, de Thomas Mann.

1929 Encontro de Thomas Mann com o historiador brasileiro Sérgio Buarque de Hollanda em Berlim.

1930 Depois de um golpe militar, Getúlio Vargas toma o poder no Brasil. Ele se mantém no cargo presidencial até 1945 e volta ao poder, em eleição democrática, entre 1951 e 1954.

1933 Começo do exílio para Heinrich e Thomas Mann. Primeiro sul da França e Suíça, depois EUA.

1936 *Setembro*: Primeira viagem de Stefan Zweig para o Brasil.

1939 *Setembro*: começo da Segunda Guerra Mundial.

1940 Fuga de Heinrich Mann, junto com Golo Mann, para os Estados Unidos, passando pela Espanha e por Portugal.

1940/41 *Agosto-janeiro*: viagem histórico-cultural de Stefan Zweig pelas regiões do Brasil.

1941 *Julho*: é publicado no Rio de Janeiro o livro de Stefan Zweig *Brasil, um país do futuro*.

Na *primavera*, Thomas Mann e sua família se mudam de Princeton (costa leste americana) para Pacific Palisades (Califórnia).

A partir de *setembro*, os Zweig alugam uma casa em Petrópolis.

Dezembro: ataque de tropas japonesas à base militar americana Pearl Harbor, no Havaí.

1942 *23 de fevereiro*: suicídio de Stefan e Lotte Zweig em Petrópolis, pouco depois do aniversário de 60 anos de Stefan.

Agosto: o Brasil entra na Segunda Guerra Mundial ao lado dos Aliados.

1945 É publicada a autobiografia de Heinrich Mann, *Ein Zeitalter wird besichtigt* [Uma época revisitada].

1947 É publicado o romance *Doutor Fausto*, de Thomas Mann.

1949 *21 de maio*: suicídio de Klaus Mann em Cannes, sul da França.

1950 *12 de março*: morre Heinrich Mann em Santa Monica, Califórnia.

1954 É publicado o romance-fragmento *Confissões do Impostor Felix Krull*.

1955 *12 de agosto*: Thomas Mann morre em Zurique.

1958 São publicadas as *Lembranças da infância de Dodô*, de Julia Mann, pela Editora Osgarten, de Constança.

1975 Primeira publicação no Brasil sobre as relações entre Thomas Mann e o Brasil: *Thomas Mann e o Brasil*, de Vamireh Chacon (Universidade de Brasília).

1991 É publicado o volume *Ich spreche so gern mit meinen Kindern* [Gosto muito de conversar com meus filhos], com escritos de Julia Mann (esboços, troca de correspondência com Heinrich Mann e *Lembranças da infância de Dodô*), pela editora Aufbau de Berlim e Weimar.

1994 *Fim de fevereiro até começo de abril*: primeira viagem ao Brasil de Frido Mann, pela ocasião da edição brasileira do *Ich spreche so gern mit meinen Kindern* (*Cartas e esboços literários*).

1996 *Março*: fundação da Associação Casa Mann para preservação e uso cultural da casa de Julia em Paraty.

1997 *Outubro/novembro*: programação do Instituto Goethe de São Paulo junto com a Associação Casa Mann, em Paraty e São Paulo, sobre a história de Julia Mann.

Dezembro: Primeira exposição sobre Julia Mann no Buddenbrookshaus de Lübeck [Casa Buddenbrook]. Temporadas da exposição: Bonn, Munique, Zurique, Casa Thomas Mann em Nidden, no istmo da Curlândia, Santiago do Chile, Belém, Rabbat (Marrocos), entre outras.

1999 É publicado o romance *Brasa*, de Frido Mann.

2000 É publicado o romance *Hexenkinder* [Filhos de bruxa], de Frido Mann.

2001 *Agosto*: grande comemoração pelos 150 anos de nascimento de Julia Mann no Museu da República no Rio de Janeiro: "Julia Mann: uma vida entre culturas".

2002 É publicado o romance *Nachthorn* [Cor de nuit], de Frido Mann.

2006 *Abril até julho*: série de preleções "Brasilien-Deutschland. Literarische und wissenschaftliche Beiträge zum gegenseitigen Bild" [Brasil-Alemanha. Contribuições literárias e científicas para um retrato mútuo], na Universidade de Tübingen, em colaboração com Karl-Josef Kuschel, Frido Mann e

Paulo Astor Soethe. Exposição Julia Mann na Biblioteca da Universidade de Tübingen.

Inge e Walter Jens publicam *Auf der Suche nach dem verlorenen Sohn. Die Südamerika-Reise der Hedwig Pringsheim 1907/1908* [À procura do filho perdido. A viagem à América do Sul de Hedwig Pringsheim, entre 1907 e 1908].

2008 É publicada a autobiografia de Frido Mann, *Achterbahn. Ein Lebensweg* [Montanha-russa. Trajetória de uma vida].

Posfácio

Este livro é resultado de cooperação pouco comum, que tem sua própria história. Ela começou em 1994, quando Frido Mann viajou pela primeira vez para o Brasil para acompanhar publicamente a edição brasileira dos escritos de sua bisavó. Ele soube como direcionar a atenção da mídia brasileira para a casa da infância de Julia, que se encontra conservada na bela região costeira de Paraty, 250 km ao sul do Rio de Janeiro.

Em setembro de 1999, Paulo Astor Soehte germanista e professor na Universidade Federal do Paraná, em Curitiba, levou Karl-Josef Kuschel (Universidade de Tübingen) para Paraty, no contexto de uma longa viagem pela América do Sul. Em 2001, Paulo Soethe iniciou seu contato em público com o legado de Julia Mann durante a comemoração pelos 150 anos de seu nascimento, no Museu da República, no Rio de Janeiro. Ali ele proferiu a palestra "Montanha e sertão: entre as culturas, paisagens do encontro". Ali Frido Mann e Paulo Soethe se conheceram. Dado o fato de que a colaboração científica e a amizade entre Karl-Josef Kuschel e Paulo Soethe se mantiveram, logo deu-se em Tübingen um encontro com Frido Mann, que soube conquistar o apoio de Karl-Josef Kuschel, Hans Küng e Walter Jens para o projeto Casa Mann.

A partir de um esforço conjunto por valorizar o legado de Julia Mann em favor da intensificação das relações culturais entre Brasil e Alemanha, surgiu o plano para uma série interdisciplinar de preleções no *Studium Generale* da Universidade de Tübingen. No segundo semestre de 2006 do calendário acadêmico alemão, Paulo Soethe, Frido

Mann e Karl-Josef Kuschel, juntamente com outros colegas especialistas, entre eles o escritor Luis Antonio de Assis Brasil, fizeram preleções na série intitulada "Brasilien-Deutschland. Literarische und wissenschaftliche Beiträge zum gegenseitigen Bild" [Brasil-Alemanha. Contribuições literárias e científicas para uma imagem recíproca]. Paulo Soethe conseguiu levar a grande exposição sobre Julia Mann de Lübeck para Tübingen. Ela foi aberta ao público na biblioteca da Universidade de Tübingen entre abril e julho de 2006. Frido Mann fez a conferência de abertura dessa exposição sobre a vida de sua bisavó. O engajamento no tema e as relações de amizade seguiam adiante. As viagens de Frido Mann para o Brasil e as estadas para estudos e pesquisas de Paulo Soethe na Universidade de Tübingen (como bolsista Humboldt durante um ano, de 2005 a 2006, entre outras) caracterizaram também os três anos seguintes. Desse modo ficou clara a intenção de aproveitar no âmbito literário e publicista os resultados já adquiridos em torno de Julia Mann e, nesse formato, tornar consciente o público alemão, pela primeira vez, de que não se pode escrever uma história da família Mann sem pensar em suas raízes brasileiras. O Brasil se reflete em três gerações da família Mann: na história de Julia, nas obras de Thomas e Heinrich Mann e não menos nos trabalhos de Frido Mann. Para uma aproximação aprofundada entre Alemanha e Brasil, seja ela política, social ou cultural, a contribuição da família Mann é imprescindível.

O trabalho em torno deste livro foi feito com muito coleguismo. O prólogo e o capítulo I foram escritos por Paulo Soethe e Karl-Josef Kuschel, ainda que Paulo Soethe tenha tomado para si a tarefa de todo o trabalho em arquivo e de apresentação do estado da questão no Brasil. Em primeiro lugar, é preciso agradecer-lhe tanto por ter fornecido uma parte substancial da documentação e das referências bibliográficas deste livro quanto por ter mostrado como os estudos literários brasileiros já assumiram ativamente o nosso tema.

O que a pesquisa deve em especial a Izabela Furtado Kestler já expressamos nas dedicatórias. A notícia abaladora de sua morte repentina veio na fase final do trabalho sobre este livro, na qual recorremos justamente às suas pesquisas sobre literatura de exílio e relatamos a troca de correspondência de Karl-Lustig Prean com Thomas Mann, que ela explorou pela primeira vez.

Paulo Soethe escreveu o capítulo II, Karl-Josef Kuschel o capítulo IV e Frido Mann o capítulo V e o depoimento literário, em seção própria. No entanto, todos os textos foram lidos um pelos outros e acordados mutuamente. Assim, surgiu um livro para o qual cada um fez sua parte e que do mesmo modo pretende ser entendido como uma obra comum.

Curitiba — Tübingen — Zurique, julho de 2009
KJK FM PAS

Notas

1. Sobre a discussão a respeito da elaboração literária "entre-mundos", ver Ette (2005).
2. Julia Mann (2000, p. 7-14).
3. Cf. Märkel (1875), Böller (1883), Hinden (1921), Willems (1946), Aulich (1953), Oberacker (1955), Brunn (1967), Harms-Baltzer (1970), Freyre (1971), Baranow (1972), Pohle (1989), Pinsdorf (1989), Altenhofen (1996), Tornquist (1997), Neumann (2005), Spinassé (2005), Campos (2006), Soethe (2007a), Bader (2010). Em 2012, a germanista e estudiosa de teatro Fernanda Baukat da Silveira defendeu dissertação de mestrado sobre o teatro amador de língua alemã no sul do Brasil.
4. Cf. Fleischer (1967), Bossmann (1972), *Impressum* (1984), Brinck (1986), Lomeier (1995), Huber (2009).
5. Exemplos de trabalhos de escritores de língua alemã (também de *literatura trivial e literatura de viagem*) são: Schlichthorst (1824), Weech (1831), Burmeister (1853), Valentin (1909), Krause (1911), Schüler (1912), Jacques (1924 s.), Guenther (1927), Bonsels (1927), Bonsels/von Dungern (1931), Moeschlin (1931), Eschmid (1931 s.), Jacob (1951), Hoffmann-Harnisch (1952), Arnau (1960 s.), Löhnorf (1961), Hamann (1964), Moser (1966). Sobre isso, ver: Große (1999), Obermaier (2001). Sobre a *presença de cientistas de língua alemã* no Brasil no século XIX e início do XX, ver: Kohlhepp (2006); são exemplos de obras desses cientistas: Spix (1824), Schaffer (1824), *Das Merkwürdigste* (1836), Steinen (1886 s.), Ehrenreich (1891), Canstatt (1899), Lamberg (1899). São outros exemplos de *estudos sobre o diálogo entre a literatura brasileira e a de língua alemã*, assim como sobre a *presença de escritores alemães no Brasil*: Sommer (1941), Roche (1968), Aner (1969), Fouquet (1970), Rosenfeld (1973/1974), Oliveira (1974), Bader (1980), Alves de Souza (1985), Andrade (1986), Baitello (1987), Röder (1993), Cziesla/Engelhardt (1995), Badenberg (1995), Bolle (1999), Soethe

(1999), Cohen (2001), Siebenmann (2003), Neumann (2005), Vejmelka (2005), Soethe (2007b).

6. Sobre isso, ver, entre outros: Koch (1972), Kux (1980), Souza (1988 ss.), Längle (1994), Bauschinger/Cocalis (1994), Briesemeister (1994), Kohut (1996), Sträter (1996), Chiappini/Zilly (2000), Ávila (2001), Großegesse (2003), Opitz (2003), Matos (2003), Alker (2005), Cortez (2006), Dewulf (2007).

7. Briesemeister, 1994, p. 65.

8. Großegesse, 2003.

9. Cf. Honold; Scherpe 2004.

10. Ette, 2001.

11. Sobre o romance *Brasa*, ver Strauss, 2003; Rall, 2005.

12. Müller, 1915, p. 270 ss. Sobre o romance, ver, entre outros: Liederer, 2004; Schwarz, 2004.

13. Müller, 1915, p. 137.

14. Döblin, 1991. Sobre isso: Erhardt (1968), Sperber (1975), Schmidt-Bergmann (1991), Stančić (1991), Stauffacher (1991), Heinze (2003), Streese (2003).

15. A trilogia sobre a América do Sul de Döblin surgiu no momento em que o escritor engajava-se intensamente pelo sucesso do movimento territorialista judeu. Em 1935, escreveu: "Quando nos manifestamos ante uma comunidade exterior, não judaica, deve-se dizer que é preciso afinal considerar o imenso significado da colonização extensiva para o desenvolvimento completo da humanidade e para o desbravamento de vastos territórios na África, Austrália e América do Sul que até agora foram apenas descobertos e politicamente delimitados, sem que ainda tenham sido aproveitados economicamente. A colonização extensiva por meio do trabalho coletivo dos Estados revela-se muito provavelmente o grande tema político do futuro [...]" (Döblin, 1995, p. 197). Fonte: *Fuga e reunião do povo judeu* (1935) [Flut und Sammlung des Judenvolkes], Parte II: Fim do sofrimento judeu – Terra judaica [Ende der Judennot – Jüdisches Land], subtítulo: Como se chega à terra? [Wie kommt man zu Land?]). No quarto capítulo deste livro, voltaremos a essa questão, tendo em vista o destino trágico de Stefan Zweig no Brasil.

16. Sobre a questão do exílio de intelectuais de língua alemã no Brasil, ver, entre outros, Moeller (1983), Eisenberg-Bach (1983), Zur Mühlen (1988), Kestler (2004; original alemão: 1992), Hohnschopp/Wende (1994), Schneider (2001), Pfersmann (2004).

17. Zweig, 1941.

18. Flusser, 1994, p. 223.

19. Em ordem alfabética:

Becher, Ulrich. *Brasilianischer Romanzero*. Reinbek bei Hamburg: Rowohlt, 1962 (ver também: *Samba*, 1950; *Makumba*, 1968). Sobre o autor, ver: Krukowski, 1983; Sousa, 1996; Bohunovsky, 2008.

Fichte, Hubert. *Explosion. Roman der Ethnologie*. Frankfurt/M.: Fischer, 2006. Sobre o autor, ver: Simo, 1994; Bauschinger, 1998; Carp, 2002; Braun, 2005.

Kaschnitz, Marie Luise. *Ein Wort weiter*. Hamburg: Claassen, 1965; em especial os poemas: "Torres" (p.13), "Bertioga" (p.22), "Bentevi" (p.12) e "Rosenquartz" (p.23). Sobre isso, ver: Sousa 1996, p. 58-67; p. 77-78; p. 137-139.

Loetscher, Hugo. *Mundo dos milagres*. Trad. de Adelaide Stooss. Curitiba: Candela, 2009. Sobre o autor, ver: Sabalius (1995 s.), Dewulf 1999, Stooss 2009.

Menasse, Robert. *Sinnliche Gewissheit*. Frankfurt/M.: Suhrkamp, 1996 (Ver também: *Selige Zeiten, brüchige Welt*, 1996.)

Meyer-Clason, Curt. *Äquator. Roman*. Bergisch Gladbach: Lübbe, 1986. Sobre isso: Grossegesse, 2003.

Ransmayr, Christoph. *Morbus Kitahara. Roman*. Frankfurt/M.: Fischer, 1995.

Wehrli, Peter K. *Der neue brasilianische Katalog. 148 Nummern aus dem "Katalog von Allem"* (alemão e português). Zürich: Stähli, 2006.

20. Cf. Krüger, 1995 (alemão: 1993).

21. Cf. Zielke, 2004 (sobre isso: Soethe 2006c).

22. Sobre isso, ver Ette, 2004, p. 270 s.

23. Thomas Mann, 1983, p. 153.

24. Julia Mann, 1993, p. 17.

25. Sobre isso, ver Sene (1997); Brunn (1967); Hinden (1921).

26. Cf. Sene, 1997, p. 103. Sene remete-se a Caro (1975).

27. Mendelssohn, 1975, p. 14.

28. Idem.

29. In: Sene, 1997, p. 108.

30. João Silvério Trevisan dedica especial atenção a Ana quando lhe concede protagonismo literário e histórico em seu romance *Ana em Veneza*, a que dedicamos um item específico no Capítulo III.

31. Julia Mann, 1993, p. 21.

32. Strauss *et al.*, 1997, p. 142.
33. Julia Mann, 1993, p. 24.
34. Idem, p. 21.
35. Cf. Loose, 1979, p. 15.
36. Katia Mann, 1976, p. 31.
37. Thomas Mann, 1983, p. 153.
38. In: Strauss, 1997, p. 77.
39. Thomas Mann, 1983, p. 154.
40. Julia Mann,1993, p. 43.
41. Holanda, 1996, p. 255.
42. In: Julia Mann, 1993.
43. Idem, p. 220.
44. Idem, p. 221.
45. Idem, p. 223.
46. Schäffner, 1995, p. 12.
47. Strauss *et al.*, 1997, p. 142.
48. Sobre o trauma do exílio, ver as contribuições de João Silvério Trevisan e Frido Mann em Strauss *et al.* (1997).
49. Thomas Mann, 1984, p. 65.
50. Ver Kesting, 2003; Koopmann, 2005.
51. Já no romance *In einer Familie* [Em uma família] (1894), a personagem principal Dora von Grubeck é apresentada como filha de um americano de origem alemã e judaica e de uma sul-americana mestiça (v. Oh, 1995).
52. Julia Mann, 1993, p. 101.
53. Idem, p. 102.
54. Ver Schäffner, 1995. Ver também Flügge (2006, p. 97), que relata: "Inés vivia em Berlim desde o outono de 1909 e frequentava a escola de teatro de Max Reinhardt. Em 24 de janeiro de 1912, ela deu à luz Lilly. Não se sabe quem é o pai e ela também nunca se casou. Em 1917, atuou no teatro em Zurique. Depois de 1918, foi viver em Munique, onde passou a trabalhar para a companhia de filmes Monachia e atuar em alguns filmes mudos. Uma doença psiquiátrica pôs fim à sua carreira. Então, Inés foi viver muitos anos às margens do Lago Maggiore e morreu em 1976, em Luino, próximo a Ascona, aos 92 anos."
55. Julia Mann, 1993, p. 18. [Optamos por fazer pequenas modificações na tradução brasileira a fim de preservar a escolha vocabular estrangeirizante e a grafia do texto de Julia Mann. N. da T.]
56. Idem.

57. Todas as outras indicações se referem à edição integral do livro de bolso da editora Fischer, 1987.

58. Julia Mann, 1993, p. 17.

59. Idem, p. 36.

60. Elke Emrich, Posfácio a Heinrich Mann, *Entre as raças*, 1987, p. 502.

61. Dürbeck, 2007, p. 13-17.

62. Cf. Dürbeck, 2007, p. 13. O nascimento de Julia Mann ocorreu sob outras condições. Seu pai não era um colonizador alemão, mas um comerciante e imigrante no Império brasileiro já independente. Não obstante, o questionamento "racial" também pode ser transposto para a sua situação.

63. Ludwig Ewers, 1907, p. 1.

64. Dürbeck, 2007, p. 17.

65. Cf. Emrich, 511.

66. Bartels, 1925, p. 126.

67. Dürbeck, 2007, p. 9.

68. Ludwig Ewers, 1907, p. 1.

69. Stefan Ringel, 2002, p. 142.

70. Max Brod, 1907, p. 174.

71. Giachetti, 1903.

72. Cf. tese de Kaja Papkes (2007) sobre o romance.

73. Associações entre a personagem italiana Pardi, do romance *Entre as raças* de Heinrich Mann, e Cipolla, de *Mário e o mágico*, de Thomas Mann, foram feitas já em 1965 pela germanista italiana Lea Ritter Santini: "Pardi, com o significado político da personagem intuída naquela ocasião com a força plena da inteligência, precede o mágico, o hipnotizador Cipolla de Thomas Mann, em um contexto em que tal exasperação de ideias ainda não poderia ter nascido da percepção direta da realidade, mas do presságio, ainda vago, de um desenvolvimento quase imprevisível." [Pardi precede il mago, l'ipnotizzatore Cipolla di Thomas, con tutto il significato politico del personaggio intuito con forza d'intelligenza maggiore allora, in un clima in cui l'irritazione non poteva nascere della sensibilità di fatti reali, ma dal presagio, ancora vago, di sviluppi quasi imprevedibili.] (Santini, 1965 p. 169). Em uma carta de 3 de março de 1943 ao seu editor Kantorowicz. Heinrich Mann escreveu: "Se esse romance [*O súdito*] apresenta a prefiguração do nazismo, então um outro romance escrito entre 1905 e 1907, *Entre as raças*, já revela o fascista (sem que eu soubesse; eu tive apenas a sensação do fenômeno por vir)." Em suas memórias *Ein Zeitalter wird besichtigt* [Uma época revisitada] (1946), o mesmo argumento se repete: "Eu

não poderia ter negado o fascista italiano; eu o descobri e o figurei quando ele sequer se dava conta de si, e nem mesmo almejava o poder." (In: Mann, Heinrich, 1988, p. 297.) Sobre o assunto, ver também o estudo mais recente *Heinrich Mann und Italien* [Heinrich Mann e a Itália]: Cerri, 2006.

74. Emrich, 1987, p. 474. Thomas Mann afirmou em uma entrevista de dezembro de 1929: "Na primavera será publicado um novo romance: *Mário e o mágico*. Eu o li para meu irmão e foi uma grande satisfação para mim que ele lhe tenha agradado. Esse romance me parece característico na medida em que reúne o pessoal e o político. Ele se passa na Itália. [...] O conflito do aleijado, uma espécie de mágico com talento para a telepatia, que é morto ao fim – essa é a personagem central – explica-se não tanto pelo seu próprio destino, mas pela Itália fascista. Eu não temo em declarar abertamente que não simpatizo em hipótese alguma com o fascismo. Eu não consigo compreender como um povo tão amável, inteligente e, sobretudo, de igual modo cético como o italiano pode tolerá-lo. De fato tolerar é a designação correta. Eu realmente não desejaria o fascismo para a Alemanha." (In: Hansen, Heine, 1983, p. 157)

75. Jürgen Haupt (1980, p. IX) faz uma distinção "entre dois homens (tipos) contrários": "o propenso à ação e ao entendimento essenciais e vitais, Pardi, tipo de tirano ao molde 'italiano', e, contrário a ele, o 'alemão' Arnold, sonhador, tímido e antissocial, que aos poucos se transforma rumo à humanidade, à 'ternura' e à 'ação' (luta com Pardi)."

76. Dürbeck, 2007, p. 9.

77. Idem, p. 30.

78. Segelcke, 1989, p. 34.

79. Sobre o tema das expedições científicas para o Brasil nos séculos XIX e XX, ver Kohlhepp, 2006.

80. Canstatt, 1899, p. 5.

81. De fato, no que concerne à sua obra literária, os contemporâneos de Heinrich Mann já haviam percebido e considerado a parcela brasileira em seu caráter. Em seu "Rede auf Heinrich Mann" [Discurso sobre Heinrich Mann] (1931), Gottfried Benn escreve, por exemplo: "[Por volta de] 1900, os irmãos Mann [vieram] e trouxeram a luz. Ensinaram para uma geração literária o perigoso, a presença do delírio, a decadência que pertence notoriamente às coisas da arte; trouxeram de seu sangue miscigenado o *Molequinho de meu pai* que Lola cantava – e Lola via tudo que cantava, via a pátria, mas também o lugar frio com o vento boreal úmido, que trazia o odor de um mar nórdico; trouxeram o requinte artístico, um

fenômeno que nunca mais será levado à extinção na Alemanha" (cf. Gottfried Benn. "Rede auf Heinrich Mann". In: *Unterhaltungsblatt der Vössischen Zeitung*, n°. 75, 29/3/1931; reimpresso em Benn, 1987, p. 316 f.).

82. Adorno, 1972, p. 7.
83. Ibid., p. 11.
84. Ibid., p. 9.
85. Ibid., p. 11.
86. Sobre isso, ver Soethe, 2005. In: Bolle; Galle, 2005.
87. São relativamente poucos os trabalhos dedicados à presença e ao significado de elementos brasileiros na vida e na obra de Thomas Mann. A maioria deles foi escrita no Brasil. Um balanço dos anos 1970 aponta para o trabalho de Vamireh Chacon, *Thomas Mann e o Brasil* (1975); depois, foram publicados, entre outros, os trabalhos de Carlos Alberto Azevedo (1976); Claudia Dornbusch (1992); Susanne Thimann (1989) e Richard Miskolci (2003), bem como a terceira edição da publicação dos escritos de Julia Mann (2000), editada por Rosemarie Eggert, também traduzidos para o português já em 1993. Especialmente Dieter Strauss, Frido Mann e João Silvério Trevisan (1994; alemão: 1997) contribuíram para trazer à tona as raízes brasileiras de Julia Mann. Alguns trabalhos no campo da literatura comparada tratam dos pontos de aproximação entre as obras de Thomas Mann e o grande romancista brasileiro João Guimarães Rosa. Vamirch Chacon (1975) menciona no capítulo "Thomas Mann e o romance brasileiro" que Franklin de Oliveira foi o primeiro a aproximar o cidadão de Lübeck do sertanejo de Cordisburgo (p.61). A propósito, ver Oliveira (1974). Outros trabalhos sobre o tema são: Roberto Schwarz (1969), que atribui a Jacó Guinsburg as ideias originais do texto; Margarida Aner (1969); Ana Luiza Andrade (1986); Gabriela Hoffmann-Ortega Lleras (1995) e, de longe o mais pormenorizado, Marcel Vejmelka (2005).
88. Honold; Scherpe, 2004.
89. Honold, 2005, p. 93.
90. Ibid., p. 95.
91. Ibid., p. 93.
92. Adorno, 1972, p. 15
93. Kurzke, 2000, p. 212-214.
94. Cf. Kurzke, 2000, p. 212.
95. Thomas Mann, 1983, p. 153.
96. Detalhes em M. Dierks; R. Wimmer, 2004. Mais recentemente, H. Detering, 2005.

97. Bartels, 1925, p. 126.

98. Cf. Kurzke, 2000, p. 214.

99. Julia Mann, 1993, p. 21.

100. *Tonio Kröger*, 2000, p. 93.

101. Renner, 2005, p. 87.

102. Ibid., p. 88.

103. Ibid., p. 89.

104. Idem.

105. Ibid., p. 90.

106. Ibid., p. 91.

107. In: *Diários*, 17/2/1948, obs. 3, p. 709.

108. Kurzke, 2000, p. 501.

109. Reg. III, 47/268; *Blätter der Thomas Mann-Gesellschaft*, n° 8, 1968, 19-19; cf. *Diários*, 1940-1943, p. 608 f.

110. Rosenfeld, 1994, p. 20 s.

111. Cf. Azevedo, 1976.

112. No âmbito do debate sociológico, Richard Miskolci (2003) considera esse aspecto da autocompreensão de Thomas Mann como artista e mestiço.

113. Portmann, 1935, p. 16.

114. Ver, por exemplo, "Verzeichnis der Bilder" [Índice das imagens] (Portmann, 1935, p. 21): "*Morpho menelaus* (Disseminado em toda a América do Sul). Segundo Koch-Grünberg, os índios o temem como espírito que lhes envia a malária."

115. Jens, Walter; Jens, Inge, 2006.

116. Ibid., p. 21f.

117. Ibid., p. 37.

118. Ibid., p. 22.

119. Ibid., p. 58.

120. Mann, Golo, 1991, p. 84.

121. Wysling, 1974, p. 152.

122. Transcrições em Wysling, 1982.

123. In: Jens, Walter; Jens, Inge, 2006, p. 107-108.

124. As *leituras de Thomas Mann* sobre o Brasil se limitam a *Brazilian Adventures*, de Peter Fleming (1907-1971), conforme registro no diário do escritor em 26/9/1935: "Leio com prazer o livro de viagens sobre o Brasil do jornalista inglês Fleming. Vou tarde para a cama." E Stefan Zweig, *Brasil, um país do futuro*: "Após o jantar, o livro de Stefan Zweig sobre o Brasil." (*Diários*, 4/12/1941); além disso, o livro de Karl Loewenstein

(1891-1973), *Brazil under Vargas*, que Thomas Mann recebeu em 25/9/1942, segundo anotação em diário. O autor dedicou a obra justamente a Thomas Mann: "To Thomas Mann, in token of many years of friendship". Dali a dois dias, novo registro de Thomas Mann em diário: "Li *Brazil under Vargas* de Loewenstein" (*Diários*, 27/9/1942); em 29/9/1942, menciona-se uma carta enviada ao "Prof. Loewenstein", em agradecimento pela obra. Mann também leu a obra *Estrangeiro. Der Fremdling*, de Heinrich Eduard Jacob (1889-1967); a observação no diário: "*Estrangeiro*, romance de H.E. Jacob, algo brasileiro." (*Diários*, 21/5/1951). Thomas Mann escreve uma carta ao escritor em 24/10/1951, em que considera o romance envolvente e emocionante. Ele teria "lido em curto espaço de tempo" e apreciado a descrição da natureza (cf. *Regesten und Register*, 51/428, p. 88). Cabe mencionar também um outro episódio em que Thomas Mann tem contato com o Brasil. No posfácio de Reinhard Andress ao romance *Der Schmelztiegel*, de Marte Brill (1894-1969), ele menciona haver no espólio dessa escritora a cópia de uma carta de Thomas Mann, de 8/7/1941. Na carta, Mann mencionaria um manuscrito que Brill teria enviado a ele e no qual ele haveria elogiado sua "tenacidade e pertinácia artística", bem como seu "talento". Mann encontraria no manuscrito "algo tocante e instigante sobre a tragédia desta época" (Brill, 2002, p. 346). Na correspondência trata-se justamente do romance *Der Schmelztiegel*, em que a escritora narra sua vinda ao Brasil como exilada por causa da perseguição aos judeus na Alemanha durante a Segunda Guerra Mundial. Ainda segundo Andress, Thomas Mann teria aconselhado Marte Brill a enviar a tradução em língua inglesa do romance, feita por Ruth Mary Moore, diretora da São Paulo Graded School, para a editora Knopf, de Nova York, mas a editora não mostrou interesse pela obra, assim como teria ocorrido no Brasil com a versão em português, recusada por conta da censura sob o Estado Novo.

Outra forma de contato com o Brasil foi a troca esporádica de *correspondência com parentes*. Em 23/12/1942, Thomas Mann registra em seu diário: "Carta em inglês para Julia Pedroso em São Paulo, prima" (*Diários*, p. 512). Julia Pedroso (1870-1969) era filha de Heinrich Nicolaus Stolterfoth e de sua mulher Maria, nascida da Silva Bruhns, irmã de Julia Mann. Anos mais tarde, em 9/1/1948, uma nova informação no diário de Thomas Mann sobre esse contato familiar: "Grande contentamento pela carta em inglês de Julia Petroso (*sic*), nascida Stolterfoht de São Paulo" (*Diários*, p. 209). Cartas inéditas de Erika Mann à "Srta. Stolterfoht" (de

2 e de 24/3/1960, disponíveis no Arquivo Literário Municipal de Munique, Monacensia, cf. seção de Documentação) registram o encontro da filha do escritor com outra das primas. Trata-se, provavelmente, de Caroline Amalia Oscara Stolterfoht, pois é a única filha de Maria que não se casou, o que justifica a referência de Erika a "Fräulein", na carta (cf. Krüll 1997: Anexos).

Thomas Mann também travou contato com a *diplomacia brasileira*. Em anotação em seu diário de 18/11/2009 ele registra: "Jantar com enviados brasileiros e tchecos e suas esposas". Mais importante ainda o encontro de 30/6/1940: "O enviado brasileiro. Com ele, e por causa de Golo, à mesa, mais tarde." Em 29/2/1940 Thomas Mann já havia registrado: "Sobre Golo, sua permanência problemática, a conveniência de sua vinda [...]". Está em questão a possibilidade de um visto brasileiro para a saída de Golo Mann, que ainda se encontrava na Alemanha. Tentativas de obtenção de um visto norte-americano haviam fracassado e a situação de Golo na Europa tornava-se insustentável. Segundo Schneider (2001, p. 83), a associação católica St. Raphael "realiza uma importante ação de salvamento dos assim chamados cristãos não arianos [...]. Seus esforços de possibilitar a emigração de alemães para além-mar, sobretudo para o Brasil, encontram apoio do Vaticano [...]: por iniciativa do presidente da Associação St. Raphael, do bispo Wilhelm Berning e do cardeal Michael von Faulhaber, Pio XII empenha-se junto ao governo brasileiro pela permissão de 3 mil vistos para cristãos não arianos; o presidente Vargas aceita, por fim. Desse contingente, mil vistos foram redirecionados para emigrantes que se dirigiam a outros países da Europa, cuja partida foi se tornando cada vez mais difícil, após a eclosão da guerra." Possivelmente Golo Mann dispôs de um desses vistos. Na página 119 do catálogo da exposição "Brasilien, Fluchtpunkt in den Tropen. Lebenswege der Flüchlinge des Nazi-Fascismus" [Brasil, um refúgio nos trópicos. A trajetória dos refugiados do nazi-fascismo] (Carneiro 1995) encontra-se uma cópia pouco legível de um telegrama de 2/7/1940, que Carlos de Martins Pereira e Souza (da embaixada brasileira de Washington) envia para o Ministério de Relações Exteriores do Brasil com o pedido de permissão para fornecer um visto de entrada a Angelus Gottfried Thomas Mann (Golo Mann), filho de Thomas Mann e neto da brasileira Julia da Silva Bruhns. Nesse mesmo telegrama, o nome "Meyer" relaciona-se claramente ao de Agnes Meyer, que se empenhava pela concessão do visto. Em seu *A gênese do Doutor Fausto* (2001, p. 13), Thomas Mann relata que, em novembro de 1942, "hospedado em Crescent Place, no palacete de Eugene Meyer e sua bela esposa" (trata-se de Agnes Meyer), ele participa de um jantar "ao qual compareceram os embaixadores brasileiro e tcheco e suas respectivas esposas" (idem). O embaixador brasileiro era justamente Pereira e Souza, que anos antes expedira o telegrama para que se concedesse o visto a Golo Mann.

125. Na *biblioteca de Thomas Mann* (TM-Archiv, Zurique) encontra-se, por exemplo, um exemplar de *El Túnel*, de Ernesto Sábato, em tradução inglesa (*The outsider*), com dedicatória do escritor argentino. Thomas Mann se manifestou positivamente sobre a obra em seu diário (*Diários*, 23/12/1950): "Muito bem impressionado". Também dois exemplares de antologias da lírica latino-americana: Palm, 1955, com uma dedicatória do editor; e Theile, 1955. Sobre esse historiador de arte, escritor, jornalista e tradutor, Albert Theile (1904-1986), Thomas Mann anotou o seguinte: "Chá. Sr. Theile do Chile (*Deutsche Blätter*, Folhas Alemãs). Retornou agora da Europa, em Basel e Munique. Politicamente perspicaz e experiente." (*Diários*, 1/3/1953). De 1943 a 1946, Albert Theile publicou, juntamente com Udo Rukse (1892-1972), a revista *Deutsche Blätter*, que Thomas Mann também lia regularmente: por exemplo, em 16/9/1944: "Depois da refeição, lendo a *Deutsche Blätter* chilena sobre George, sobre Reforma Imperial [*Reichsreform*]." Em 16/2/1945: "Lendo de noite a *Deutsche Blätter*, uma revista corajosa." Em 18/7/1945, Thomas Mann se alegra com o caderno 25 de maio/junho dessa revista, que contém uma "homenagem a Thomas Mann pelo aniversário de 70 anos": "O caderno de aniversário da *Deutsche Blätter*, com artigos entusiasmantes." Ele mesmo escreve para a revista, cf. anotação no diário em 15/9/1945: "começado o artigo de aniversário sobre Kahler para a *Deutsche Blätter*." A homenagem de Thomas Mann a Erich von Kahler (1885-1970) foi publicada no caderno 28 de novembro/dezembro de 1945. Thomas Mann teve contatos esporádicos também com outras revistas, como *Antartica*, que publicou sua homenagem a Bruno Walter. Cf. anotação nos *Diários* em 16/11/1944: "'Misión de la Música' em *Antartica*, Santiago, Chile." Sobre o periódico *Deutsche Blätter* (ou *Hojas alemanas*, em espanhol), v. artigo de Horst Nitschak, em número recente da *Revista Chilena de Literatura* (abr. 2010).

Thomas Mann fez várias anotações em seu diário sobre a *divulgação e recepção de sua obra* na América Latina: em 11/2/1937, "A revista chilena *Excelsio* traz *La montaña* mágica em espanhol em versão completa." Em 5/6/1937: "A edição espanhola da América do Sul de *Freud y el porvenir*."

Em 3/11/1937: "Edição chilena de *Geschichten Jaakobs* [As histórias de Jacó]." Em 24/5/1941: "Conferência em espanhol de 'L.i.W' de F. Ayala em *La Nación*, Buenos Aires." Em 10/7/1942: "Com a correspondência: palestra 'Actualidad y Presencia de La Montaña Mágica' de A. P. Diez-Canseco (Equador)." Em 5/2/1943: "Revista mexicana *Luminar* com o artigo 'Th. M. y el Pensamiento Occidental' de Weinrich." Em 6/2/1943: "Edição espanhola *Las cabezas trocadas* de Buenos Aires." Em 16/3/1943: "*Buddenbrook* em português do Rio." Em 6/5/1943: "Redação de programas alemães [do 'Deutsche Hörer!', Ouvintes alemães!] desde agosto de 1942 para a edição espanhola da América do Sul." Em 22/1/1944: "Edição argentina de *Cervantes, Goethe, Freud.*" Em 6/1/1945: "De tarde, ocupando-me com a palestra sobre José [trilogia *José e seus irmãos*] para a publicação no Chile." Em 2/1/1947: "Edição chilena de *Herr u. Hund* [O dono e o cão], *El amo y el perro.*" Em 14/6/1948: "Artigo extenso sobre o Fausto no *Argentinisches Tageblatt*". Em 12/10/1949: "Pequeno livro *Ensayo sobre cinco temas de TM.*, de F. Alegria, San Salvador-Berkeley. (Análise de *A montanha mágica*)."

Vale mencionar da mesma maneira a *visita de Gabriela Mistral à casa de Thomas Mann* em outubro de 1948, que parece não ter sido muito exitosa: "Chá, Gabriela Mistral com Miß Dana, péssimo entendimento" (*Diários*, 25/10/1948). O encontro foi intermediado por Doris Dana, poetisa americana, tradutora e amiga de Gabriela Mistral. Thomas Mann a conhecera já em 1946 e, em sua tradução, tinha lido o texto de Mistral sobre a obra dele mesmo: "Artigo surpreendente de Mistral sobre mim [em: *Deutsche Blätter*, caderno 25, 1945], que Dana traduziu do espanhol para o inglês" (*Diários*, 6/8/1946). Em março de 1949, Thomas Mann recebeu um "telegrama de simpatia de Madame Mistral" (*Diários*, 30/3/1949).

126. Estudo recente de Marlen Eckl (2010) dedica longo capítulo a Karl-Lustig Prean.

127. In: Hamacher, 2005, p. 9.

128. Ibid., p. 10.

129. Quanto a isso, ver Görtemaker, 2005.

130. Cf. Schneider, 2001, p. 86.

131. Lehmberg, 2000.

132. *Diários*, 6/4/1942, nota 5, p. 909.

133. Carta de 10/4/1942, Regesten II, 42/115. Cf. também *Diários*, 6/4/1942.

134. Como observador acurado dos acontecimentos de sua época, Thomas Mann estava informado das consequências políticas da presença marrom

(nazista) na Bolívia e na Argentina. O registro de diário de 25/3/1942 comprova a sua leitura da obra de Hugo Fernández Artucio (1942), professor na Universidade de Montevidéu, Uruguai: "Lendo o livro de H.F. Artucio *The Nazi Underground in South America*. Horror. Exerce cada vez mais força sobre mim a sensação de que, sob o véu da guerra, esteja a caminho uma conspiração fascista dos governos contra os povos, à *la* Munique." (*Diários*, 25/3/1942)

Em janeiro de 1943, soou aos ouvidos do escritor uma notícia sobre o golpe [*Putsch*] bizarro na Bolivia que tinha levado ao poder o nazi-fascista major Gualberto Villaroel e seu Movimiento Nacionalista Revolucionario. Thomas Mann anotou as visões grotescas do futuro: "Hitler vai até a Argentina, os seus vão clandestinamente, o partido se torna nacional-bolchevista e terá para si a juventude de todos os países na Terceira Guerra Mundial. A próxima guerra será comandada pelos Estados Unidos e pela América do Sul. O golpe na Bolívia, trabalho alemão. Essas são as novidades sobre o futuro. Eu espreito, cansado." (*Diários*, 8/1/1944)

Anos depois, em março de 1950, as notícias da "movimentação dos nazistas alemães na Argentina" que chegam a Thomas Mann "pelos contatos de Erika" são registradas de modo pragmático e sóbrio: "Suas propriedades, construídas como fortalezas. Perón mais ou menos seu prisioneiro. Probabilidade do afastamento dele." (*Diários*, 15/3/1950)

135. Carta de 28/8/1942, Regesten II, 42/320.

136. Sobre a situação de Thomas Mann nos Estados Unidos sob o macarthismo, ver Görtemaker, 2005. Sobre a atividade do FBI durante o exílio de escritores alemães nos Estados Unidos, ver Stephan, 2000.

137. Cf. carta de Karl Lustig-Prean de 28/1/1944 a Heinrich Mann "Eu me desvinculei da presidência de honra dos Alemães Livres no México" (ver a Documentação, neste livro).

138. Kestler, 1992, p. 130-131 (port.: Kestler, 2003, p. 152).

139. *Julia Mann*, 2005, 53 Min. Direção: Marcos Strecker, 2005. Além disso: *Julia Mann e o paraíso perdido*, 2000, super VHS, colorido, 22 min. Direção: Nena Gama; montagem: Lia Capovilla; som: Virginia Rosa e Matias Capovilla.

140. Segundo informação de Izabela Furtado Kestler, em conversa informal, parentes de Lustig-Prean no Brasil disporiam de outras cartas sob domínio privado.

141. Lustig-Prean, 1952, p. 258-259.

142. Cf. Horch, 1993, p. 80.

143. Sobre isso: ver Mühlen, 1988; Kestler, 1992 (edição bras.: 2003), ver nota 15.
144. Ver Rosenfeld, 1994.
145. Guinsburg; Martins Filho, 1995.
146. Sobre isso: Candeloro, 1995; *Contingentia*, Porto Alegre (UFRGS), n°. 1, v. 2, 2007.
147. Cf. Schneider, 2001, p. 86: "No Brasil havia uma forte presença de ordens católicas alemãs, bem como instituições eclesiásticas ou próximas à igreja. Também personalidades católicas isoladas entre os alemães emigrados para o Brasil coordenavam ajuda para imigrantes e se posicionavam cada vez mais criticamente diante do desenvolvimento político na Alemanha."
148. Também uma carta anterior do Movimento dos Alemães Livres no Brasil, com o pedido de que Heinrich Mann escrevesse um texto por ocasião das comemorações pelos 50 anos de Lustig-Prean, em janeiro de 1952.
149. Cf. Lustig-Prean, 1944.
150. Em 2008, o historiador Dennison Oliveira publicou importante estudo sobre o tema: *Os soldados brasileiros de Hitler*.
151. Lustig-Prean, 1952, p. 329.
152. Sobre o assunto, v. Bordini, 2007.
153. A atenção de Erico Verissimo a Thomas Mann já vinha de alguns anos. A *Revista do Globo* de Porto Alegre, da qual o escritor gaúcho foi secretário, depois diretor e por muitos anos mentor e conselheiro intelectual, traz em sua edição de setembro de 1937, por exemplo, um artigo de Verissimo, intitulado "O romance-rio" (ilustrado, inclusive, com uma foto de Thomas Mann, entre outras). No texto, ao fazer considerações sobre o valor do "romance caudaloso, o romance calhamaço", que ressurgia com força na contramão da inquietude dos tempos modernos, Verissimo menciona a grandiosidade (literária e física) de *A montanha mágica*.
154. Interessante que, ao final da mesma carta, ao comentar a eleição presidencial que se aproximava e justificar sua preferência por Juarez Távora, da União Democrática Nacional, Erico Verissimo torna produtiva a leitura do romance, fazendo de "Felix Krull" um conceito, que aplica ao então candidato Ademar de Barros, do Partido Social Progressista. Lê-se na carta: "Espero com ansiedade as eleições. Torço para o Juarez, apesar de não ter excessivos entusiasmos por ele. Não quero a volta do gang dos Vargas, nem a vitória do Plinio ou do Felix Krull da política nacional, Ademar. Que me resta? Juarez."
155. Torresini, 2003, p. 299.

156. Idem, p. 299
157. Idem, p. 312.
158. Em uma carta de 17 de dezembro de 1941 (que se encontra no Arquivo Erico Verissimo do Instituto Moreira Salles sob o código 02a0243), Verissimo relata a Joaquin Ortega, docente da School of Inter-American Affairs da University of New Mexico, que em menos de um mês a primeira edição de 10.000 exemplares já tinha se esgotado e que estavam sendo impressos mais 5.000 deles.
159. Verissimo, 1961, p. 253.
160. Idem, p. 312.
161. Mann, *Diários*, p. 240.
162. Idem. O editor dos *Diários* e biógrafo de Mann, Peter de Mendelssohn, corrige o escritor em nota à p. 822.
163. Ver Trevisan, 2005.
164. *Ana em Veneza*, 1994, p. 64.
165. Idem, p. 60-62.
166. Idem, p. 72.
167. Idem, p. 126.
168. Idem, p. 131.
169. Idem, p. 144.
170. Idem, p. 170.
171. *Ana em Veneza*, 1994, p. 167.
172. Julia Mann, 1993, p. 20.
173. Idem, p. 81.
174. Julia Mann, 1993, p. 20.
175. Idem, p. 34.
176. *Ana em Veneza*, 1994, p. 119.
177. Idem, 1994, p. 123.
178. *Ana em Veneza*, 1994, p. 175.
179. Idem.
180. Idem, p. 313.
181. *A morte em Veneza*, 2000, p. 25.
182. Idem.
183. Idem, p. 23.
184. Idem, p. 26.
185. Henrick Stahr e Angela Pawlik (1999) fazem uma análise acurada dessas figuras no romance *Ana em Veneza*, em diálogo com personagens criadas por Thomas Mann.

186. Idem, p. 334.

187. Essa primeira personagem mefistofélica, é, segundo Stahr e Pawlik: "(...) uma personagem demoníaca sem identidade – sem idade, sem lugar, sem sexo (...) uma personificação da negação, um representante do fastio pela vida e pela arte e do niilismo, um símbolo do sacrifício da vida pela arte: o que é sexual foi mortificado para alcançar uma voz de beleza sobrenatural, a perfeição da arte é obtida por meio de uma monstruosidade." (Stahr et al, 1999, p. 95)

188. *Ana em Veneza*, 1994, p. 343.

189. Idem, p. 344.

190. Idem, p. 343.

191. Idem, p. 549.

192. Cf. Henrick Stahr e Angela Pawlik, 1999, p. 99.

193. Carta de 1940, escrita antes de 26 de outubro. Essa e outras duas cartas (14/10/1941 e 8/12/1941) de Stefan Zweig para Klaus Mann, que o primeiro escreveu do Brasil, estão de posse do Literaturarchiv der Stadt München (Monacensia) [Arquivo Literário da Cidade de Munique]. Esses escritos inéditos até então são reproduzidos na seção de documentação.

194. "Dank an Brasilien" [Agradecimento ao Brasil], de Stefan Zweig, pertence ao volume de título *Länder, Städte, Landschaft* [Países, cidades, paisagem] (1981).

195. Ver os diários de Stefan Zweig (1984), p. 391-412.

196. O volume *Länder, Städte, Landschaft* [Países, cidades, paisagem] (1981) contém o ensaio "Kleine Reise nach Brasilien" [Pequena viagem ao Brasil].

197. Prater, 1991, p. 303.

198. Cf. Boeckh, 2005.

199. Cf. Thimann, 1998.

200. Cf. A. Dines, 2006; I. Schwamborn, 2003.

201. Dimas, 2000, p. 55 s.

202. Gerhard Drekonja-Kornat, 1999, p. 116.

203. Dines, 2006.

204. Cf. Leftwich, 1958.

205. Zweig, 1960, p. 58.

206. Tradução de André Vallias, disponível no site da Casa Stefan Zweig, http://www.casastefanzweig.com.br/sec_texto_view.php?id=16, acessado em 18 fev. 2013.

207. Prater, 1991, p. 346.

208. *"This creative understanding came from a deep and tender humaneness and kindness which has helped many others to live. It is all the more grievous*

therefore that these attributes were not sufficiently robust to help him to survive the darkness and to see the day" (*Diários*, 24/2/1942, obs. 1, p. 899).

209. Na versão desse escrito (em *Cartas*, vol. II, 241 f.) falta justamente essa passagem, inédita até aqui. Cf. o original no Literaturarchiv der Stadt München (Monacensia) [Arquivo Literário da Cidade de Munique].

210. Mann, Klaus; Zweig, Stefan (1942), in: _____. *Zweimal Deutschland. Aufsätze, Reden, Kritiken 1938-1942*, U. Naumann (Ed.). Hamburg: M. Töteberg, 1994, p. 385-390, citação p. 390.

211. Klaus Mann, 1993, p. 604 s.

212. Na ocasião do já mencionado 11º Congresso da Associação Latino-Americana de Germanistas, ocorreu, em Petrópolis, o colóquio "Stefan Zweig e a América Latina". Cf: Bolle; Galle, 2005, p. 101-130.

213. Carta de 10 de outubro de 1809 de Wilhelm von Humboldt a sua mulher Caroline. Thomas Mann menciona a citação em seu discurso "Minha casa de veraneio" que ele proferiu em 1º de dezembro de 1931, na frente do Rotary Club, em Munique.

214. Cf. Jindrich Mann, 2007.

215. Sobre o romance *Brasa*, ver Strauss, 2003; Rall, 2005. O artigo de Dietrich Rall foi publicado nos anais do 11º Congresso da Associação Latino-Americana de Germanistas e antes discutido no colóquio "As raízes brasileiras da família Mann". Sobre isso, Bolle; Galle, 2005, p. 56-78.

216. Cf. Krüll, 1991.

217. Frido Mann, *Babylon. Roman*, 2007.

O texto deste livro foi composto em Sabon,
desenho tipográfico de Jan Tschichold de 1964
baseado nos estudos de Claude Garamond e
Jacques Sabon no século XVI, em corpo 11/15.
Para títulos e destaques, foi utilizada a tipografia
Frutiger, desenhada por Adrian Frutiger em 1975.

A impressão se deu sobre papel off-white
pelo Sistema Cameron da Divisão Gráfica
da Distribuidora Record.